ANALYSIS

+20%

Data Analysis
with Excel

엑셀로 하는
데이터 분석

장은실 · 오경선 · 양숙희 지음

생능출판

엑셀로 하는 데이터 분석

초판발행 2021년 2월 28일
제1판4쇄 2024년 8월 30일

지은이 장은실, 오경선, 양숙희
펴낸이 김승기, 김민수
펴낸곳 (주)생능출판사 / **주소** 경기도 파주시 광인사길 143
출판사 등록일 2005년 1월 21일 / **신고번호** 제406-2005-000002호
대표전화 (031)955-0761 / **팩스** (031)955-0768
홈페이지 www.booksr.co.kr

책임편집 이종무 / **편집** 신성민, 최동진 / **디자인** 유준범, 노유안
마케팅 최복락, 심수경, 차종필, 백수정, 송성환, 최태웅, 명하나, 김민정
인쇄 성광인쇄 / **제본** 일진제책사

ISBN 978-89-7050-481-0 93000
정가 24,000원

📖 머리말

지금은 하드웨어와 정보통신 기술의 발전을 바탕으로 다양한 유·무선 장치들이 결합하여 정보들이 손쉽게 만들어지고, 그러한 정보를 클릭 한 번으로 받아볼 수 있는 시대이다. 지금, 이 순간에도 많은 양의 데이터가 생성되고 있다. 우리가 이러한 데이터를 버려두면, 데이터들은 버려지게 될 것이다. 하지만 우리가 약간의 기술과 노력을 기울인다면 다양한 분야에서 유용한 정보로 거듭날 수 있게 된다. 이에 집필자들은 많은 양의 데이터를 가치 있게 만들기 위한 목적으로 〈엑셀로 하는 데이터 분석〉을 집필하게 되었다.

본 교재는 범용적으로 많이 사용되고 있는 엑셀을 이용하여 더욱 쉽게 데이터 분석을 할 수 있도록 핵심적인 내용과 실습 예제 중심으로 구성하였다. 엑셀을 처음 배우는 학습자들을 위하여 별도의 장을 구성하여 더욱 쉽게 이해할 수 있도록 하였고, 엑셀을 이미 다룰 수 있는 학습자들을 위하여 더욱 폭넓게 학습할 수 있도록 다양화하였다.

본 교재를 통해 학습자들이 기본적인 내용을 배우고 실습하는 데 그치는 것이 아니라, 엑셀을 활용하여 데이터를 분석하는 접근 방식을 체득하게 될 것이다. 또한, 학습이 거듭될수록 일상생활의 문제 영역까지 확대하여 데이터를 분석할 수 있을 것으로 기대한다. 모쪼록 본 교재를 통하여 엑셀을 이용해서 데이터를 분석해야 하는 많은 분이 도움을 받았으면 한다.

끝으로 본 교재를 집필하는 동안 함께 고민하고 연구하는 데 힘이 되어준 집필진분들께 감사를 표하며 많은 도움을 주신 생능출판사에 깊은 감사의 말씀을 전한다.

2021년 2월
저자 일동

이 책의 특징 및 구성

■ 이 책의 특징

- 엑셀을 이용한 데이터 분석의 핵심적인 부분을 다룬다.
- 엑셀과 데이터 분석을 처음 배우는 학습자도 이해하기 쉽게 구성하였다.
- 주어진 문제 상황에 맞는 분석 기법을 선정하고, 적절한 엑셀 기능을 활용하여 다양한 형태로 분석할 수 있도록 하였다.

■ 이 책의 구성

- 본 교재는 크게 5개의 분야로 구성되어 있는데, Part 1은 데이터 분석에 대한 개요를 다루고, Part 2는 엑셀의 기본 기능에 대하여 학습한다. Part 3은 데이터 수집과 저장에 대한 방법을 다루고, Part 4는 데이터 전처리와 정형화에 대하여 학습하며, Part 5는 데이터 분석에 대한 실질적인 데이터 탐색과 분석에 관한 내용을 학습한다.

Part 1	Part 2	Part 3	Part 4	Part 5
데이터 분석에 대한 개요	엑셀의 기본 기능	데이터 수집과 저장 방법	데이터 전처리와 정형화	실질적인 데이터 탐색과 분석

- 〈강의 계획안〉은 중간고사와 기말고사를 포함하여 15주로 구성하였는데, 2장과 3장에서 엑셀의 기본 기능과 주요 함수 기능을 다루고 있어 엑셀을 처음 배우는 학생들을 위하여 3주로 배정하였지만, 학습자의 수준에 따라 융통성 있게 내용의 폭과 깊이를 조절하여 진행하면 좋을 것이다.

📖 강의 계획안

주차	교재 차례	주요 내용
Part 1. 데이터 분석에 대한 개요		
1	01. 데이터 분석 개요	· 데이터 분석의 이해 및 필요성 · 데이터 분석의 활용 분야 및 분석 도구 · 데이터 분석 처리 과정
Part 2. 엑셀의 기본 기능		
2	02. 데이터 입력과 그래픽 활용	· 엑셀의 이해 및 기본 기능, 데이터 입력 · 차트와 스파크라인
3		
4	03. 데이터 다루기	· 수식과 셀 참조의 이해 · 엑셀 핵심 함수
Part 3. 데이터 수집과 저장 방법		
5	04. 데이터 수집과 저장	· 데이터 수집 방법 · 다운로드 또는 크롤링으로 데이터 수집 · 데이터 인코딩 방법
6	05. 데이터 가공하기	· 셀 서식 및 표시 형식, 표 기능 · 수집한 데이터 가공하기
Part 4. 데이터 전처리와 정형화		
7	06. 데이터의 변환과 처리	· 결측값 및 특잇값 찾기 · 데이터 분리와 선택 · 데이터 정렬
8		중간고사
9	07. 데이터의 기본 추출	· 수식을 이용한 조건부 서식과 필터링 · 데이터 조회 및 추출
10	08. 데이터의 고급 추출	· 그룹 데이터 처리 · 피벗 테이블을 이용한 데이터 집계와 분석
Part 5. 데이터 탐색과 분석		
11	09. 데이터의 가상 분석	· 목표 설정(목표값 찾기, 시나리오, 데이터 표) · 시뮬레이션(해 찾기)
12	10. 데이터의 속성 분석	· 데이터 기술통계분석 · 데이터 분석 도구를 활용한 기술통계분석
13	11. 데이터의 관계 시각화	· 도수분포표와 히스토그램 · 상관관계, 상관관계 분석, 회귀 분석
14	12. 데이터 통계분석 활용	· 통계분석을 활용한 가설검정 · 교차 분석, 분석 도구를 활용한 가설검정
15		기말고사

차례

01

데이터 분석 개요

contents

데이터 분석 개요

학습목표

- 데이터 분석이 무엇인지 알고 필요성에 대하여 설명할 수 있다.
- 데이터 분석의 활용 분야에 대하여 설명할 수 있다.
- 데이터 분석 도구의 종류에는 무엇이 있는지 알고, 데이터 분석 도구로써의 엑셀을 설명할 수 있다.
- 데이터 분석 처리 과정에 대하여 설명할 수 있다.

현대 사회는 정보통신기술의 발달로 수많은 데이터가 발생되고 있고 공유되고 있다. 하드웨어의 기술 발전으로 데스크톱 컴퓨터에서 태블릿, 스마트폰에 이르기까지 다양한 장치들로 정보들을 손쉽게 만들어 낼 수 있고, 유선 및 무선 인터넷 기술의 발달로 클릭이나 터치로 지구 반대편에 있는 사람들이 순식간에 정보를 받아볼 수 있는 시대가 된 것이다. 이렇게 발생된 데이터들은 누군가가 필요로 하지 않는다면 그저 버려지는 데이터들이 될 것이다. 하지만 약간의 기술과 노력으로 다양한 분야에서 유용한 정보로 거듭날 수 있게 된다.

1.1 데이터 분석의 이해

우리는 하루에도 수많은 종류의 데이터들이 엄청나게 생성되고 있는 시대에 살고 있다. 눈을 뜨면 알게 되는 오늘의 날씨 데이터, 날씨가 좋아 무심코 찍은 풍경 사진, 운동 후 측정하면서 발생하는 근육량과 체지방량, 맛집 리스트에 메모해 두었다가 방문한 맛집의 음식 퀄리티, 서비스, 청결 등에 대한 데이터는 우리가 원하던 원치 않던 끊임없이 생성되는 데이터들이다.

이러한 데이터들은 상황에 따라 수집, 계산, 비교, 분석, 공유, 평가되어 유용한 정보가 되는 것이다. 예를 들어 건강하고 보기 좋은 몸을 만들기 원한다면 식사 조절과 운동을 하게 될 텐데, 어떻게 해야 힘들지 않게 식사 조절을 할지, 어떻게 해야 효과적인 운동을 할지 등에 대한 계산과 분석을 하고 적용해야 효율적으로 몸을 만들 수 있을 것이다.

전문가에 의해 지도받은 운동과 제한된 식사로 성실히 임했음에도 근육량이 늘지 않고 체지방도 줄지 않는 결과가 나타나는 경우도 있다. 이럴 때는 어느 부분에서 잘못되었는지 관찰하고 분석하게 되는데, 그 원인으로는 정확하지 않은 데이터 때문일 수도 있고, 무리한 기준이 될 수도 있다. 원치 않는 결과에 대한 데이터는 새로운 정보를 얻기 위하여 사용되고, 추후 만족스러운 결과로 가기 위해 도움이 되는 데이터로 사용된다.

이와 같이 주어진 데이터를 수집, 계산, 분석하여 새로운 정보를 얻어내거나 예측하기 위한 과정을 데이터 분석이라고 한다. 데이터 분석은 전문 분야에서만 사용되는 것이 아니다. 건강하고 보기 좋은 몸을 만들기 위한 예처럼 우리는 일상생활 중에서 의도하던 의도하지 않았던 끊임없이 계산과 분석을 하면서 데이터 분석을 하고 있다. 이러한 일상생활을 좀 더 확대한 것이 데이터 분석 또는 빅데이터 분석이라고 할 수 있다. 이 장에서는 데이터 분석이 무엇이고, 왜 필요한지, 데이터 분석 도구에는 무엇이 있으며, 데이터 분석 처리 과정은 어떻게 되는지에 대하여 알아보자.

(1) 데이터 분석의 정의

데이터(data)란 사실(Fact)을 나타낸 것으로써 숫자, 문자, 이미지, 오디오, 동영상 등의 형식으로 표현한 모든 것을 의미한다. 데이터는 필요에 따라 정보(information)가 될 수 있다. 예를 들어 건강하고 보기 좋은 몸을 만들기 원하는 사람에게는 현재 자신의 근육량, 체지방량은 운동과 식사 종류를 선택할 때 좋은 정보가 된다. 하지만 단순히 근육량과 체지방량의 정보만으로 운동과 식사 종류를 쉽게 결정하지는 않는다. 목적에 따라 종합적으로 수집된 데이터를 적당한 계산과 비교 등의 과정을 거쳐 유용한 정보로 도출해 내야 하는데 이러한 작업을 데이터 분석이라고 한다.

> **NOTE** **데이터 분석(Data analysis)**
>
> 문제 해결을 위한 목적으로 데이터를 수집, 전처리 및 정형화, 분석하는 과정이다. 데이터 분석은 다양한 접근 방식이 있고 다양한 기술을 아우르며 각기 다른 비즈니스, 과학, 사회과학 분야에 널리 사용된다. 오늘날 비즈니스 부문에서 데이터 분석은 의사 결정을 더 과학적으로 만들어주고 더 효율적으로 운영할 수 있도록 도와주는 역할을 한다.

데이터 분석을 위해서는 데이터가 매우 중요하다. 정확한 데이터 분석을 위한 데이터의 특징을 정리하면 다음과 같다.

〈표 1-1〉 데이터 분석을 위한 데이터의 특징

데이터의 특징	설명
문제 해결 또는 개선을 위한 데이터	데이터 분석을 하는 목적은 문제 해결이나 개선을 위함인데, 목적에 맞지 않은 데이터는 오히려 데이터 분석에 방해가 된다. 예를 들어 건강한 몸을 만들기 위해 독서량이나 취미 정보는 필요하지 않다. 있어도 그만 없어도 그만인 데이터는 데이터 분석을 복잡하게 만들기 때문에 반드시 필요한 데이터를 판단해야 한다.
정확한 수치 데이터	데이터 분석을 위해서는 수집한 데이터가 정확한 수치 데이터여야 하고 그 수치 표현 형식도 일관되어야 한다. 예를 들어 체지방량에 대하여 1년 전에 측정한 데이터를 기준으로 하거나 초기에 실수형으로 정의한 체지방량을 문자형으로 표현한다면 데이터 분석 과정이 복잡해지거나 오류가 발생할 것이다. 데이터 분석을 위한 데이터는 정확하고 일관되게 표현되어야 정확한 결과를 얻을 수 있다.
적당한 양의 데이터	데이터 분석을 할 때 적은 양의 데이터를 이용하게 되면 한쪽으로 편향된 결과가 나타나게 됨으로써 문제 해결 및 개선에 적절하지 않은 정보를 제시할 수도 있다. 반면 너무 많은 양의 데이터를 이용하게 되면 복잡하고 데이터 자체의 가치와 일관성이 떨어질 수도 있다. 데이터 분석을 위해서는 적당한 양의 데이터가 필요한데, 적당한 양의 기준은 데이터 분석 목적에 따라 결정된다.

(2) 데이터 분석의 필요성

건강하고 보기 좋은 몸을 만들기 위해 운동은 하지 않으면서 식사는 굶는다면 체중은 감량되겠지만, 건강하고 보기 좋은 몸이 되지는 않을 것이다. 건강하고 보기 좋은 몸을 원한다면 자신의 몸 상태에 따라 적당한 운동을 선택해야 하고, 식사 습관을 점검하여 개선해야 하며, 생활 습관 중에서 나쁜 습관은 버려야 할 것이다. 또한 몸을 만드는 기간 동안은 운동, 식습관, 생활 습관 등을 관찰하면서 몸의 변화에 따른 건강 문제를 점검할 기회를 갖게 된다.

이처럼 데이터 분석은 문제 해결을 위해 무턱대고 아무렇게나 하는 것이 아니라 문제의 핵심을 제대로 파악하는 것으로부터 출발해야 하는데, 정확한 문제의 핵심 파악은 문제 상황을 구성하는 데이터에서 정보를 얻어내는 것이 가장 좋다. 문제 핵심을 파악한 후에는 문제 해결 또는 개선의 목적을 정의하고, 그 목적 달성을 위해 필요한 데이터를 수집한다. 수집한 데이터에서 필요한 정보를 추출하고 대안을 제시하여 실행한다면 만족스러운 문제 해결의 결과가 나타날 것이다. 만약 대안을 실행하는 도중에 문제가 발생하더라도 분석을 통해 얻은 정보를 이용하면 대처가 가능할 것이다. 이와 같은 데이터 분석의 필요성을 정리하면 다음과 같다.

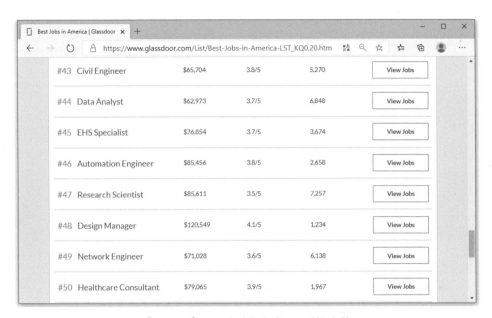

[그림 1-1] 2020년 미국의 베스트 직업 순위

위와 같이 중요하고도 매우 필요한 데이터 분석을 전문적으로 하는 사람을 데이터 분석가 (Data Analyst)라고 한다. 사람들이 어떤 분야에 관심이 있는지, 자주 찾는 정보는 무엇인지, 한번 찾으면 얼마 동안 머무는지, 데이터를 쓸모 있고 가치 있게 만드는 사람인 것이다. 데이터 분석가는 〈글래스도어(Glassdoor)〉가 발표한 2020년 미국의 베스트 직업 순위에 44위로 선정될 정도로 인기가 많다. 이 순위는 단순히 연봉이 높아서만 선정된 것이 아니라 일과 삶의 균형 측면에서 최고의 직업 순위이다.

1.2 데이터 분석의 활용 분야

정보통신기술의 발전으로 기존에 있었지만 관리되지 않고 버려졌던 데이터에서 경제적인 가치를 찾으려는 노력이 시도되었는데, 이 과정에서 데이터의 가치를 찾아 활용한 사례가 등장하면서 많은 사람들이 관심을 가지게 되었다. 실제 페이스북, 아마존, 구글, 트위터 등의 여러 기업에서 데이터를 활용하여 경제적 가치를 찾아내고 비즈니스에 적용하고 있다.

다양한 분야에서 데이터 분석이 활용되고 있는데 그중에서도 마케팅 분야에서 가장 활발하게 활용되고 있다. 마케팅의 기획과 실현은 소비자의 심리학을 바탕으로 이루어졌었는데, 근래에는 데이터 분석 마케팅이 현실화되면서 기존의 마케팅 전략보다는 시장과 소비자의 데이터 분석 결과에 많이 의존하고 있다. 상세 거래 정보, 위치 정보, 후기, 구매 패턴 등의 데이터들을 추출하고 상관관계 분석을 거쳐 마케팅 전략을 설계하는 데 활용되고 있다.

(1) 국외 활용 사례

아마존, 구글, DHL, 넷플릭스 등의 여러 국외 기업들이 활용하고 있는 데이터 분석들을 정리하면 다음과 같다.

〈표 1-2〉 데이터 분석 국외 활용 사례

분류	국외 기업	활용 내용
고객 관계 관리 / 경험의 변화	아비바생명	고객 맞춤형 보험 상품 제공
	사우스웨스트 항공	고객 맞춤형 광고
	타깃	고객 맞춤형 상품 프로모션
	넷플릭스	시청자들의 행동 관찰, 선호도 분석을 통한 맞춤형 콘텐츠 제작
내부 프로세스 / 효율성 개선	DHL	물류 효율화, 투자 의사 결정에 참고
	자라(Zara)	효율적인 물류 배송망 운영
	구글	데이터 센터 성능 및 에너지 사용 최적화
	테슬라	데이터 분석을 통해 의사 결정을 내리는 데이터 드리븐(Data-Driven) 경영 방식 도입
신규 가치 제안 창출	아마존	고객 주문 전에 예측 배송
	GE	산업 인터넷으로 스마트 공장 구현
	후지쯔	농업용 빅데이터 분석 솔루션 제공

(2) 국내 활용 사례

신한카드, 엔씨소프트, 이마트, SK텔레콤 등의 여러 국내 기업들이 활용하고 있는 데이터 분석들을 정리하면 다음과 같다.

〈표 1-3〉 데이터 분석 국내 활용 사례

분류	국내 기업	활용 내용
고객 관계 관리 / 경험의 변화	신한카드	고객 라이프 스타일 맞춤형 상품
	엔씨소프트	사기 탐지(Fraud detection) 알고리즘을 통한 불법 행위 모니터링
	옥션, G마켓, 11번가	고객 구매력에 따른 개인화된 상품 추천과 광고 배달
내부 프로세스 / 효율성 개선	삼성SDS	제조업 생산성 향상 지원 솔루션
	이마트	데이터 분석을 통해 의사 결정을 내리는 데이터 드리븐(Data-Driven) 경영 방식으로 생산한 자체 생산(PB) 상품
신규 가치 제안 창출	SK텔레콤	상권 분석 및 타켓 마케팅 지원 서비스

1.3 데이터 분석 도구

데이터 분석의 중요성과 필요성이 알려지면서 많은 종류의 데이터 분석 도구가 개발되었다. SAS, SPSS 등의 통계 프로그램, 하둡(Hadoop) 분산 지원 프레임워크, 구글 애널리틱스 웹 분석 서비스, R, 파이썬, 엑셀 등의 다양한 종류의 데이터 분석 도구가 등장했는데, 데이터 분석 도구를 선택할 때는 고려해야 하는 사항이 있다. 이를 정리하면 다음과 같다.

〈표 1-4〉 데이터 분석 도구를 선택할 때 고려 사항

고려 사항	설명
처리 성능	처리 성능은 데이터의 양과 처리 속도로 판단할 수 있는데, 분석해야 하는 데이터의 양에 따라 처리 속도가 다르기 때문에 분석해야 하는 데이터의 양을 가늠하여 그에 적합한 데이터 분석 도구를 선택해야 한다.
데이터 구성	데이터에는 표 형식으로 구성된 경우가 대부분이지만 종류에 따라 벡터, 행렬 등으로 구성될 수 있다. 데이터의 형태에 따라 그에 맞는 데이터 분석 도구를 선택해야 한다. 즉, 수집된 데이터를 분석에 알맞은 형태로 표현하고 구성하는데 제약이 적은 데이터 분석 도구가 필요하다.
분석 기법	데이터 분석에는 기본 연산, 집계, 통계 기법이 필수로 사용된다. 데이터 분석 도구가 제공하는 집계, 통계 기법이 다양할수록 다각도로 분석할 수 있기 때문에 데이터 분석의 목적과 수집된 데이터의 양에 따라 분석 기법을 선택하고, 그 기법을 지원하는 데이터 분석 도구를 선택해야 한다.
시각화	데이터를 분석하여 중간 및 최종 결과를 공유하는 과정 중에 가독성과 전달력을 높일 수 있는 기능이 중요하다. 예를 들어 차트의 경우 분석 목적과 데이터 형식, 분석 기법에 따라 차트의 종류를 선택하여 결과를 표현하게 된다. 따라서 결과를 공유하는데 다양한 시각화 방법과 편리한 편집 기능을 제공하는 데이터 분석 도구가 필요하다.

(1) 데이터 분석 도구의 종류

적은 양의 데이터를 분석할 때는 엑셀, R, 파이썬, SAS, SPSS 등이 유용하고, 빅데이터 분석에는 하둡, 구글 애널리틱스 등이 적합하다. 하둡, 구글 애널리틱스 등은 빅데이터 분석에 표현할 수 있는 데이터 형식과 구성이 무제한이며, 엑셀, R, 파이썬 등은 시각화 기능을 가장 강력하게 지원한다. 시각화를 통한 분석 결과의 공유가 중요해짐에 따라 빅데이터 분석 도구들도 시각화 기능을 업그레이드하고 있다.

데이터 분석을 하는 목적에 따라 빅데이터 분석 도구가 적절할 때도 있지만, 일상생활에서도 빈번하게 하고 있는 데이터 분석에는 R, 파이썬, 엑셀 등을 이용해서도 충분히 유용하게 분석할 수 있다. 또한 데이터 분석 과정과 방법을 학습할 때는 빅데이터를 이용하기보다는 적은 양의 데이터를 이용하여 데이터 분석 방법을 학습해 놓으면 빅데이터 분석할 때 충분히 활용할 수 있다. 다양한 데이터 분석 도구 중에서도 적은 양의 데이터 분석에 용이한 R, 파이썬, 엑셀에 대한 특징을 정리하면 다음과 같다.

1) R

R은 통계학자인 뉴질랜드 오클랜드 대학의 로버트 젠틀맨(Robert Gentleman)과 로스 이하카(Ross Ihaka)가 만든 오픈 소스 통계 프로그래밍 언어로써 통계 목적의 다양한 연산과 출력에 용이하도록 최적화되어 있다. R은 많은 통계 함수 패키지를 제공하기 때문에 제약 없이

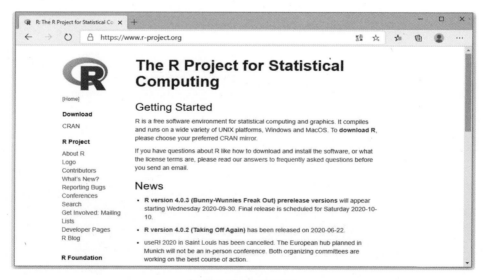

[그림 1-2] R 홈페이지

다양한 기법으로 데이터를 분석할 수 있다. 초보자도 쉽게 데이터 분석 프로그래밍을 할 수 있도록 다양한 통계 소스를 제공하고 있고, 이를 적용하여 쉽게 분석 결과를 얻을 수 있다. 다양한 시각화 기능도 제공하고 있어 분석 과정과 결과를 공유하기 편리하고, 다른 프로그래밍 언어와 연계한 개발, 웹과 연동이 가능하여 개발자 입장에서도 사용하기 편리한 데이터 분석 도구이다.

2) 파이썬(Python)

파이썬은 1991년 네덜란드 프로그래머인 귀도 반 로섬(Guido van Rossum)이 만든 프로그래밍 언어이다. 최근 교육용 프로그래밍 언어로 인기가 많고 컴퓨터와 대화하는 방식의 인터프리터 언어로 간단하면서도 직관적인 문법 구조로 되어 있어 개발자뿐만 아니라 초보자도 쉽게 배워 사용할 수 있다. 많은 종류의 라이브러리와 확장 패키지를 제공하기 때문에 코드를 작성하는 사람이 원하는 기능을 라이브러리나 패키지에서 찾아서 활용할 수 있다. 무엇보다 다른 언어 또는 데이터베이스와 호환성이 좋아 빠르고 효과적으로 프로그래밍을 할 수 있다는 점과 다양한 자료 구조 제공은 데이터 분석 도구로써 파이썬의 큰 장점이다. 하지만 통계 프로그래밍을 위해 만들어진 R과 달리, 파이썬은 특정 분야를 위해 만들어진 프로그래밍 언어가 아니다 보니 통계적 라이브러리나 패키지가 R보다는 빈약한 편이다. 최근에는 통계 라이브러리가 대거 추가되어 R 못지않은 데이터 분석 도구로써 점차 업그레이드되고 있지만, 빠르지 않은 처리 속도와 제한적인 시각화 기능은 앞으로도 계속 발전될 필요가 있다.

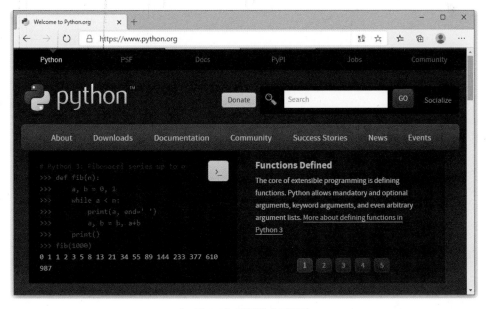

[그림 1-3] 파이썬 홈페이지

3) 엑셀(Excel)

엑셀은 Microsoft 사에서 만든 계산용 스프레드시트 프로그램으로 계산이 많은 문서 작업에 탁월한 기능을 제공한다. 다양한 함수와 차트 등의 시각화 도구를 비롯하여 여러 가지 분석 도구 기능을 제공하기 때문에 데이터 분석 입문자에게는 매우 유용한 데이터 분석 도구이다. 특히 R이나 파이썬은 데이터 관리뿐만 아니라 데이터 분석 코드를 작성하고 관리해야 하지만, 엑셀은 데이터 위주의 분석 도구이기 때문에 워크시트를 구성하는 셀에 데이터를 입력하고 필요한 셀에 함수를 적용하여 결과를 확인하는 방식으로 사용하여 분석 과정 중에 데이터의 정확성과 일관성에 집중할 수 있게 된다. 필요에 따라 VBscript를 이용하여 더 확장된 데이터 분석도 가능하다.

엑셀은 통계 목적으로 만들어진 프로그램이 아니기 때문에 집계 및 통계 기법과 시각화 기법은 R에 비해 제약이 있지만 데이터 분석에 많이 사용하는 상관분석, 회귀분석 등의 기본 통계 기법이나 머신러닝 기능 등은 수준 있는 편이다. R, 파이썬, 엑셀 모두 적은 양의 데이터 분석에 적당한 도구이지만 특히 엑셀은 데이터의 양이 많아질수록 관리가 어려워지기 때문에 처리 용량이나 고급 분석 기능에 있어서는 제약이 있다.

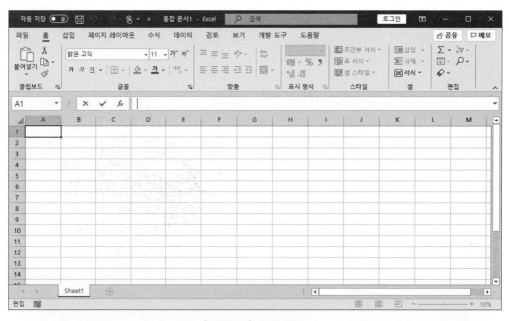

[그림 1-4] 엑셀 화면

(2) 데이터 분석 도구로써의 엑셀

엑셀은 데이터 분석 도구 중에서 제약이 가장 많지만, 많은 사람들이 데이터 분석 도구로 엑셀을 유용한 분석 도구로 꼽는다. 이와 같은 이유를 정리하면 다음과 같다.

〈표 1-5〉 엑셀이 데이터 분석 도구로 유용한 이유

유용한 이유	설명
코딩이 아닌 메뉴를 이용한 데이터 분석	데이터 분석 도구로써의 엑셀의 가장 큰 장점은 프로그래밍을 하지 않아도 쉽게 데이터 분석을 할 수 있다는 것이다. 엑셀은 메뉴와 함수 활용 방법을 조금만 익히면 쉽게 데이터 분석을 할 수 있으며, 오로지 데이터에만 집중하여 분석할 수 있다.
데이터 분석 과정을 이해하기 좋음	데이터 분석을 학습할 때는 대용량 데이터를 이용하여 분석하는 것보다는 적은 양의 데이터를 이용하여 분석하는 것이 데이터 분석 과정을 이해하는 데 유용하다. 적은 양의 데이터를 분석할 수 있게 되면 대용량 데이터를 분석하는데 쉽게 적응할 수 있게 된다.
데이터 분석 목적의 프로그램	엑셀은 계산을 바탕으로 필터링, 피벗 테이블, 차트 등의 기능을 이용하여 데이터의 특징을 파악하고 집계나 통계 등을 할 수 있다. 이 모든 것이 데이터 분석의 기본 작업이자 데이터 분석의 한 과정이다. 즉, 엑셀은 단순한 계산 목적의 프로그램이 아니라 데이터 분석 목적의 프로그램이다.
일반적으로 사용되는 도구	빅데이터 분석 도구, R, 파이썬 등에 비하여 엑셀은 일반적으로 사용되는 도구이다. 사무용 업무 활용 프로그램으로 엑셀을 많이 사용하고 있듯이 일상의 데이터를 이용하여 데이터 분석을 학습하기에 최적의 도구이다.

1.4 데이터 분석 처리 과정

데이터 분석 처리 과정은 문제 해결의 목적 정의, 데이터 수집, 데이터 전처리와 정형화, 데이터 탐색과 분석, 활용을 위한 공유 및 평가의 단계를 거친다.

[그림 1-5] 데이터 분석 처리 과정

문제 해결을 위한 데이터 분석 처리 과정에서 단계별로 완전히 처리한 후에 다음 단계로 진행하는 것이 일반적이지만 매번 단계별로 완전한 처리가 어려울 수도 있다. 하지만 단계별 진행을 하면서 문제점이 발견되면, 이전 단계로 돌아가 완전히 처리한 후에 다음 단계를 진행하는 것이 데이터 분석 결과의 완성도를 높이는 방법이다.

예를 들어 데이터 수집 단계에서 문제 해결의 목적이 명확하지 않다면, 이전 단계로 돌아가 목적을 분명하고 상세히 정의한 후 데이터를 수집하는 것이 좋다. 데이터의 양이나 종류가 부족하다면 이전 단계로 돌아가 데이터를 추가로 수집하여 단계별로 진행하는 것이 좋은데, 마지막 단계인 데이터 분석 활용 단계에 이르기까지 앞 단계를 여러 번 반복할 수도 있다. 데이터 분석 처리 과정의 각 단계에서는 어떤 일을 하는지에 대하여 알아보자.

(1) 문제 해결의 목적 정의

문제 해결을 위한 데이터 분석을 할 때는 가장 먼저 문제가 무엇인지, 무엇을 원하는지를 정의하는 것이다. 문제가 명확치 않은 상태에서 데이터 분석을 진행하게 되면 완성도 높은 결과를 제시하기 어렵고 문제를 더욱 복잡하게 만들 수도 있다. 문제를 명확히 정의하게 되면 데이터 수집 단계에서 분석을 위한 접근 방법을 결정할 수 있고, 원치 않는 작업을 최소화하여 데이터 분석이 수월해질 수 있다. 따라서 명확한 문제 정의를 하는 것이 데이터 분석의 목적을 정의하는 것이라고 할 수 있다. 건강하고 보기 좋은 몸만들기와 같은 개인적인 문제 해결의 목적뿐만 아니라 사회적 또는 기업적 측면에서의 다양한 문제 해결 또한 목적이 존재하므로 문제 해결을 위한 목적은 기준과 범위를 분명하고 상세하게 정의해야 한다. 이를 위해 고려해야 할 사항은 다음과 같다.

〈표 1-6〉 문제 해결을 위한 데이터 분석의 목적을 정의할 때 고려 사항

고려 사항	설명
문제의 배경	문제의 배경 이해는 문제 해결의 목적을 정하는데 기준이 된다. 현재의 문제 상황만으로 문제 해결의 목적을 정하게 되면 근본적인 문제 해결이 되지 않을 수도 있다. 예를 들어 건강하고 보기 좋은 몸을 만들기 위해 체중 감량에만 목적을 두게 된다면 결코 원하는 목적을 달성할 수 없게 된다. 따라서 문제 해결을 위한 목적을 정의할 때는 문제 상황 및 배경을 정확하고 상세히 관찰하여 이해해야 한다.
요구 사항 파악	문제의 배경을 이해하고 나면 고려해야 할 요구 사항을 파악해야 한다. 예를 들어 건강하고 보기 좋은 몸을 만들기 위해서는 운동을 해야 하는데, 무릎이 안 좋다면 무릎에 무리가 가는 운동은 피해야 할 것이다. 이러한 요구 사항은 데이터 분석의 목적을 현실성 있게 정의할 수 있게 되고, 분석 과정에서 데이터 간의 연관성을 고려하는 데에도 영향을 준다.
분석 범위	데이터 분석의 목적을 정의하는 것은 무엇을 얼마나 원하는지를 정하는 것인데, 이를 위해서는 분석할 범위를 정해야 한다. 보기 좋은 몸을 만들기 위한 목표가 근육량 및 체지방량 달성인지, 예쁜 옷을 입기 위한 몸의 사이즈 달성인지에 따라 필요한 데이터의 종류와 양, 분석 방법이 다를 수 있다. 따라서 데이터 분석 범위를 명확히 함으로써 불필요한 데이터 수집이나 적절하지 않은 분석 방법을 피할 수 있다.

위와 같이 문제의 배경, 요구 사항 파악, 분석 범위를 정확히 파악하여 데이터 분석의 목적을 정의하게 되면 다음 단계에서 필요한 데이터의 종류와 양, 데이터 속성을 정하는 기준이 마련되는 것이다.

(2) 데이터 수집

이전 단계에서 데이터 분석을 위한 목적을 명확히 정의했다면 목적에 맞는 데이터를 수집해야 한다. 데이터를 수집하는 것은 문제를 해결하기 위해 필요한 준비물을 준비하는 것이다. 데이터를 수집하려면 수집할 데이터의 속성을 찾아내서 정의해야 한다. 예를 들어 건강하고 보기 좋은 몸만들기의 목적을 구성하는 속성에는 기본적으로 신장, 체중, 허리둘레, 근육량, 체지방량, 성별, 나이 등의 정보가 포함될 수 있다. 목적의 요구 사항, 범위에 따라 운동의 종류 및 강도, 식습관, 생활 습관, 각종 건강 수치가 필요할 수 있는데, 이와 같이 목적에 따라 필요한 데이터의 모든 속성을 정의해야 한다. 데이터의 속성을 정의할 때는 데이터의 형식과 규칙(실수, 문자, 소수점 이하 자릿수, 유횻값의 범위 등)에 대하여 일관성 있는 기준을 정해야 한다. 데이터의 양은 데이터 분석의 목적을 통해 가늠한 최소량의 데이터를 수집하여 데이터 분석 처리 과정을 진행하되 필요에 따라 추가로 데이터를 수집하는 것이 좋다.

데이터 수집 방법은 문제 해결의 목적 단계에서 어느 정도 결정되는데, 기존의 데이터를 활용하는 방법, 일정 기간 동안 또는 일정량의 데이터가 수집될 때까지 관찰하는 방법, 설문조사 방법 등으로 문제와 목적에 따라 결정할 수 있다. 단, 어떤 방법으로 수집하든지 정의된 데이터에 알맞은 데이터를 수집해야 시간 낭비와 오류를 최소화할 수 있다.

(3) 데이터 전처리와 정형화

데이터 수집 단계에서 확보한 데이터로부터 유용한 정보를 추출하려면 데이터 전처리와 정형화 과정을 거쳐야 한다.

데이터 전처리는 필터링, 데이터 형 변환, 정제 작업 등으로 이루어진다. 필터링으로 불필요하거나 중복된 데이터를 제거하고, 데이터를 형 변환하여 분석이 수월한 데이터 유형으로 변환하며, 정제 작업으로 수집된 데이터의 불일치성을 교정한다. 즉, 데이터 수집 단계에서 손실된 값을 보정하거나 무의미한 데이터를 제거하는 것이다.

데이터 정형화에서는 데이터 분석이 수월하도록 데이터 통합, 데이터 변환, 데이터 축소 등의 가공 작업이 이루어진다. 데이터 통합으로 관련성 있는 데이터끼리 결합하고, 데이터 변환으로 단위 등이 다른 것을 일치하도록 변환하며, 데이터의 고유 특성이 손상되지 않는 범위 내에서 데이터를 축소하여 분석의 효율성을 높인다. 즉, 데이터 가공의 정형화를 통하여 분석의 효율을 높이는 것이다.

(4) 데이터 탐색과 분석

데이터 탐색과 분석 단계에서는 문제 해결의 목적으로 데이터를 수집하고 전처리 및 정형화 단계를 거친 후, 미래 상황을 예측할 수 있는 자료를 제공할 수 있도록 다양한 수학적 연산과 추론 방법을 이용한다. 데이터 분석 단계는 크게 데이터 탐색과 데이터 일반화 과정으로 구분할 수 있다.

1) 데이터 탐색

데이터 분석을 정확히 하려면 수집된 데이터의 전체를 살펴보는 것으로부터 시작한다. 전체적으로 데이터를 살펴보는 과정에서 이전 단계에서 수집한 데이터의 품질을 확인하게 되는데, 탐색 단계를 통하여 데이터의 오류, 범주나 형식의 오류, 데이터량의 적절성 등을 확인함으로써 본격적인 데이터 분석 전에 데이터를 정리할 수 있게 된다. 그리고 다양한 통계, 추론식에 필요한 여러 가지 기준값(평균, 중간값, 최댓값, 최솟값, 표본의 수 등)을 마련하는 과정이기도 하다. 데이터 탐색 과정에서의 고려 사항은 다음과 같다.

〈표 1-7〉 데이터 탐색 과정의 고려 사항

고려 사항 1	문제 상황의 정확한 표현

데이터의 분산과 편향성으로 문제 상황을 정확히 표현했는지 판단할 수 있다. 분산은 데이터가 평균에서 떨어진 정도인데, 분산이 너무 크면 데이터의 보편성이 떨어지기 때문에 문제 해결의 일반화된 예측이 어렵고 너무 작으면 문제 상황의 다양한 가능성을 충분히 반영하지 못한다. 편향성은 예측값에 데이터가 치우친 정도인데, 편향성이 너무 높으면 예측값에 가깝기 때문에 문제 상황의 정확한 규칙 발견이 어렵고 너무 낮으면 문제 상황은 정확히 반영할 수 있지만, 보편성이 떨어지기 때문에 일반화하기 어려울 수 있다. 분산과 편향성의 균형을 맞추는 것은 어렵지만 수학적 계산과 판단으로 데이터의 분산과 편향성의 균형을 최대화하여 분석에 활용해야 한다.

고려 사항 2	일관성 있는 문제 상황 반영

수집한 데이터의 내용과 형식이 문제 해결의 목적에서 벗어나 일관성 없는 데이터가 되면 이를 가지고 분석할 경우 오류가 발생하거나 문제 해결과 무관한 결과를 얻게 될 수 있다. 일관성을 유지하는 가장 기본적인 방법은 문제 해결의 목적 정의 단계에서 문제와 목적을 명확히 정의하고, 데이터 수집 단계에서 데이터를 상세하고 정확하게 정의하는 것이다. 이를 통해 데이터 분석에 필요한 데이터를 구분하고 정확한 측정 기준을 제공하여 데이터 내용과 형식의 일관성을 유지할 수 있게 된다.

위의 두 고려 사항 기준에서 벗어난 데이터가 있다면 데이터 수집 단계로 돌아가 데이터 수정 및 추가 수집 등의 작업을 다시 수행해야 한다.

2) 데이터 일반화

데이터 일반화 과정에서는 문제 해결의 목적에 따른 문제 상황을 이해하고 개선 및 해결 방법을 위한 근거를 마련한다. 문제 상황의 이해는 개선 또는 문제 해결책 제시를 위한 가장 기본적인 단계이기 때문에 데이터 탐색 과정에서 정리한 데이터를 이용하여 최대한의 정보를 도출해야 한다. 따라서 정의된 문제와 목적에 따라 데이터 계산, 정렬, 분류, 비교 등의 작업과 다양한 통계적 추론 방법을 활용한다. 데이터 일반화 과정의 주요 작업은 다음과 같다.

> **NOTE** **데이터 일반화 과정의 주요 작업**
> ① 데이터의 대푯값(평균, 최대, 최소 등) 파악
> ② 데이터 범위, 분산과 편향성을 이용한 규칙성과 특이점 발견
> ③ 조건에 따른 필터링, 그룹화를 이용하여 데이터 선별 및 비교
> ④ 미래 예측 및 개선 방향 제안

위의 주요 작업은 필요에 따라 선택적으로 수행한다. 어떤 작업이든 정의된 문제와 목적에 필요한 결과물을 얻어낸다면 데이터 일반화 과정에 해당된다.

(5) 활용을 위한 공유 및 평가

데이터 분석 결과가 도출되면 올바른 개선 또는 해결책 제시를 위하여 공유하여 평가한다. 평가를 위한 공유에서는 다음과 같은 내용을 포함한다.

> **NOTE** **공유 사항**
> ① 데이터 분석 계기, 문제 해결의 목적과 정의된 문제
> ② 수집된 데이터의 상세 내용 및 수집 방법
> ③ 정의된 목적에 따른 분석 방법과 결과
> ④ 분석 결과를 통해 도출한 과거와 현재 상황
> ⑤ 예측 가능한 미래 상황과 대안

위의 내용을 포함하여 공유하면 데이터 분석 과정의 단계에서 도출한 결과를 검토하고 평가할 수 있다. 평가 결과에 따른 개선 또는 해결책은 문제 상황에 적용한 후 얻어낸 새로운 데이터를 기록하고 적용한 개선 또는 해결책을 평가한다. 공유 및 평가 단계는 문제 상황과 결과 이해는 물론이고 분석 결과에 따른 개선 또는 해결책을 제시함으로써 문제 해결을 시도한 후의 성과 기록과 평가의 모든 것을 포함한다.

공유 및 평가 단계에서의 가장 효율적인 기능은 시각화이다. 수치적인 데이터와 데이터 분석의 중간 및 최종 결과를 차트 등으로 도식화하여 표현함으로써 데이터의 전체적인 특징을 한눈에 쉽게 파악할 수 있도록 해주며 미래 동향을 예측하여 시뮬레이션하는데 효율적인 기능이다.

연습문제

1. 데이터 분석의 정의를 작성하시오.

2. 데이터 분석이 필요한 이유를 작성하시오.

3. 데이터 분석의 활용 분야에 대하여 작성하시오.

4. 데이터 분석 도구의 종류를 작성하시오.

5. 데이터 분석 처리 과정을 작성하시오.

02

데이터 입력과 그래픽 활용

contents

데이터 입력과 그래픽 활용

- 엑셀을 이해하고 기본적인 기능을 다룰 수 있다.
- 다양한 형태의 데이터를 이해하고, 작성할 수 있다.
- 숫자 데이터를 그래프로 표시하는 차트를 이용하여 다양한 형태로 데이터를 비교 및 분석할 수 있고, 셀 안에 작은 차트인 스파크라인을 이용하여 데이터 크기 비교 및 추세를 간편하게 분석할 수 있다.

계산 작업을 포함하는 문서 작업 및 데이터를 분석할 때 많이 사용하는 프로그램 중에 하나가 엑셀이다. 자동적으로 계산되는 문서를 작성하다 보면 워드프로세서처럼 쉽다고 느껴지지는 않겠지만, 데이터 분석을 위한 첫걸음이라 생각하고 차근차근 학습하다 보면 충분히 원하는 엑셀 문서를 작성할 수 있게 될 것이다.

2.1 엑셀의 이해 및 기본 기능

계산과 데이터 분석용 문서를 작성할 때 사용하는 프로그램을 스프레드시트라고 한다. 스프레드시트 프로그램 중에서 사용 빈도가 높은 것으로 Microsoft 사의 엑셀(Excel)이 있다. 엑셀을 본격적으로 학습하기에 앞서 엑셀에서 제공하는 다양한 기능, 화면 구성, 동작 방법 등에 대하여 알아보자.

(1) 엑셀의 특징

엑셀은 계산 작업을 할 수 있는 다양한 기능과 문서를 작성할 때 필요한 간단한 서식 기능들을 제공하고 있으며, 데이터 분석을 쉽게 할 수 있는 분석 도구들을 제공하고 있다. 엑셀에서 사용할 수 있는 주요 기능들은 다음과 같다.

1) 계산 작업과 문서 작성

판매 현황, 실적 분석 등의 계산 작업이 필요한 문서를 손쉽게 작성할 수 있도록 자동 서식, 셀 서식, 함수 등을 지원하고, 계산이 필요 없는 문서들도 워드프로세서처럼 작성할 수 있으며, 표로 구성된 문서들은 셀에 데이터를 입력하고 서식을 지정하여 워드프로세서보다 빠르게 문서를 작성할 수 있다.

2) 시각화 도구와 차트

실적 분석, 주가 변동, 작업 현황 등의 자료를 그래프를 통하여 시각적으로 표현함으로써 자료의 구조를 알기 쉽게 해주는 차트 기능을 지원하고 있고, 시각화 도구 등을 이용하여 시각적으로 돋보이도록 작성할 수 있다.

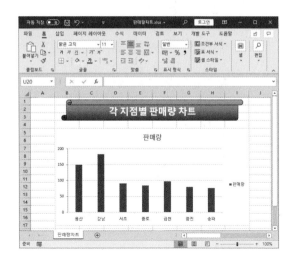

3) 데이터 분석 기능

회원 관리, 제품 관리 등의 많은 자료를 보다 손쉽게 입력 및 관리할 수 있도록 기본적인 데이터베이스 기능을 제공하고 있고, 많은 자료들 중에서 원하는 자료를 검색하거나 특정 조건에 해당하는 자료들만 요약하거나 추이를 예측할 수 있도록 하는 다양한 분석 기능을 지원한다.

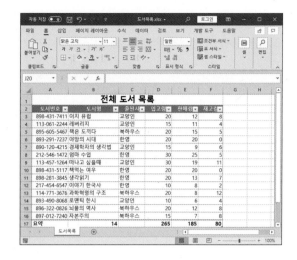

4) 자동화 도구

원하는 작업을 한 번에 처리할 수 있도록 하는 매크로와 VBA(Visual Basic for Applications) 등의 자동화 도구를 제공하여 엑셀에서 실행되는 간단한 처리 프로그램들을 만들 수 있다.

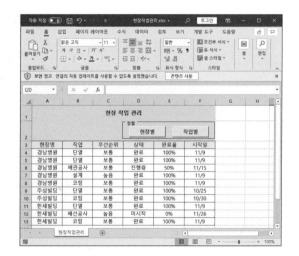

(2) 엑셀 실행 및 종료

엑셀을 실행할 때는 윈도우의 [시작] 버튼을 클릭하거나 바탕화면의 바로가기 아이콘을 더블클릭하여 실행한다. 엑셀로 작성한 통합 문서를 직접 더블클릭하여 엑셀 프로그램을 실행할 수도 있다.

1) [시작] 메뉴에서의 엑셀 실행

[시작] 버튼을 클릭한 후 [Excel]을 클릭하여 엑셀 프로그램을 실
행한다.

2) 엑셀 통합 문서를 직접 더블클릭하여 엑셀 실행

[내 PC]에 저장해 놓은 해당 엑셀 통합 문서를 직접 더블클릭
하면 엑셀 프로그램이 실행된 후 해당 통합 문서를 자동으로
불러와서 표시해 준다.

3) 엑셀 종료

엑셀을 종료할 때는 엑셀 프로그램 오른쪽 상단 모서리의 ✖ [닫기] 버튼을 클릭하여 통합 문
서를 종료하면서 엑셀 프로그램을 종료할 수 있고, [파일] 탭 - [닫기]를 클릭하거나 Ctrl+F4
를 눌러 현재 열려 있는 엑셀 통합 문서만 종료할 수 있다.

- ■ [닫기] 버튼을 클릭하여 엑셀 종료

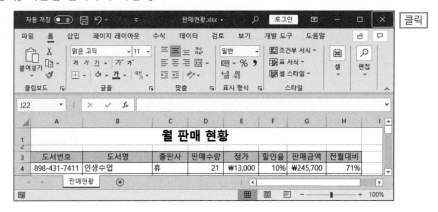

- [파일] 탭 – [닫기]를 클릭하여 엑셀 종료

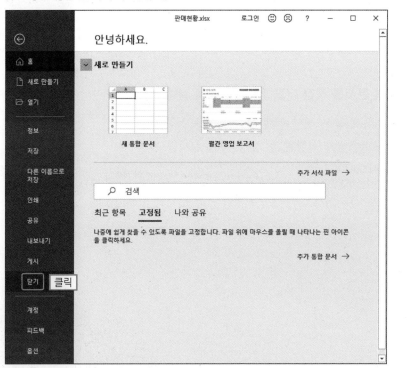

(3) 엑셀 화면 구성

엑셀을 실행하면 다음과 같은 화면이 표시된다. 엑셀의 기능별 위치를 알아 두면 엑셀을 원활하게 활용하기 좋다. 엑셀의 작업화면 구성과 각 기능의 역할에 대하여 알아보자.

❶ [파일] 탭: 통합 문서 작업을 할 수 있는 기본적인 메뉴와 [옵션] 메뉴를 제공하여 여러 항목의 옵션을 지정할 수 있다.

❷ 빠른 실행 도구 모음: 기본적으로 [저장], [취소], [다시 실행]이 등록되어 있으며, 사용자가 임의로 추가하거나 삭제할 수 있다.

❸ 제목 표시줄: 현재 통합 문서의 이름이 표시되고, 오른쪽에는 창 크기를 조절할 수 있는 [최소화], [최대화], [닫기]의 [창 조절] 단추가 있다.

❹ 리본 메뉴: 엑셀 기능의 메뉴들을 탭과 아이콘 형태로 묶은 그룹으로 구성되어 있다.

❺ 이름 상자: 현재 선택된 셀 주소를 열 머리글과 행 머리글로 구성된 형태로 표시한다.

❻ 수식 입력줄: 현재 선택된 셀의 데이터나 수식이 표시되며, 수식 입력줄에 셀 내용을 직접 입력할 수 있다.

❼ 셀: 데이터가 입력되는 기본 단위이다.

❽ 셀 포인터: 현재 선택한 셀을 의미하며 데이터를 입력하거나 편집할 수 있는 상태이다.

❾ 행 머리글/열 머리글: 행과 열 머리글의 번호를 이용하여 셀의 위치를 표시하는데, 행 머리글을 클릭하여 전체 행을 선택할 수 있고 열 머리글을 클릭하여 전체 열을 선택할 수 있다.

❿ 시트 탭: 워크시트 이름이 표시되고 작업할 워크시트를 선택할 수 있으며, 시트 탭 가장 오른쪽에 있는 [새 시트]를 클릭하여 새 워크시트를 삽입할 수 있다.

⓫ 상태 표시줄: 현재 작업 상태에 대한 정보가 표시되고, 통합 문서 보기 및 화면 확대/축소 단추가 있다.

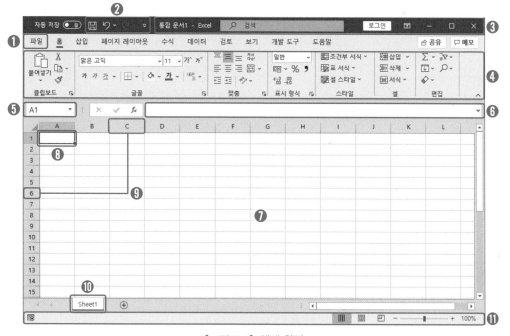

[그림 2-1] 엑셀 화면

(4) 엑셀의 기본 구조와 셀 선택

엑셀에서 수식과 함수를 이용하여 계산 작업을 하고 데이터를 분석하려면 먼저 데이터를 입력해야 한다. 엑셀에서 데이터를 입력하는 기본 단위를 '셀'이라고 하고, '셀'들이 모여 있는 공간을 '워크시트'라고 한다. 엑셀의 기본 구조를 구성하고 있는 '셀', '워크시트', '통합 문서'를 이해하고 셀을 선택하는 방법에 대하여 먼저 알아보자.

1) 셀 구조

엑셀을 실행하면 중앙에 가로와 세로로 나누어진 칸들이 있다. 이 칸들을 '셀'이라고 부르는데, 엑셀에 입력하는 모든 데이터와 수식이 입력되는 기본 단위이다. 하나의 셀에는 하나의 데이터 또는 수식을 입력한다.

● 셀의 이해

셀의 위치를 표시하는 셀 주소는 열과 행 머리글의 번호를 이용하여 [A1], [B1]과 같은 형식으로 표현하는데, 마우스로 특정 셀을 클릭하면 해당 셀에 굵은 녹색 테두리가 표시되고 이름 상자에 셀 주소가 표시된다. 엑셀의 셀들은 1,048,576개의 행과 16,384개의 열로 구성되며, 셀 경계선을 표시해 주는 회색 선은 안내선으로써 인쇄할 때 출력되지 않는다.

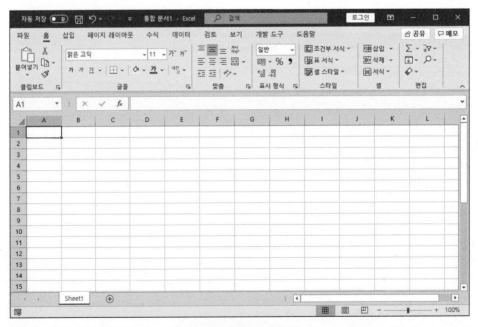

[그림 2-2] 엑셀 작업 공간

● 셀 주소

마우스로 특정 셀을 클릭하면 해당 셀 주소가 이름 상자에 표시되고 이름 상자에 셀 주소를
직접 입력하면 셀 포인터가 해당 셀로 이동된다. 셀 영역의 범위를 지정할 때 마우스로 드래그
하지 않고 이름 상자에 [A1:B6]과 같이 입력하면 [A1] 셀부터 [B6] 셀까지 영역이 지정된다.

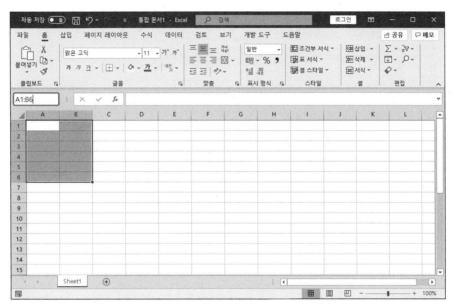

[그림 2-3] 이름 상자를 이용한 셀 영역 지정

2) 워크시트와 통합 문서

워크시트는 엑셀의 작업 공간으로 이런 공간들을 모아놓은 하나의 파일을 통합 문서라고 한
다. 하나의 통합 문서에는 하나 이상의 워크시트들로 이루어져 있는데, 필요에 따라 총 255개
까지 구성할 수 있다.

● 워크시트의 구성

엑셀을 실행하면 표시되는 작업 공간을 워크시트라고 하는데, [Sheet1]이라는 이름의 시트가
기본적으로 나타나며, ⊕ [새 시트] 버튼을 클릭하면 새로운 시트가 삽입된다. 시트마다 독립
된 내용을 작성하거나 연관된 내용을 작성할 수 있으며, 워크시트 탭의 이름과 색을 변경하여
구분을 쉽게 할 수 있다.

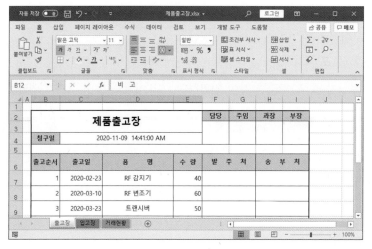

[그림 2-4] 워크시트 이름과 색 지정

● 통합 문서의 이해

엑셀 통합 문서란 하나 이상의 워크시트를 모아 하나의 파일로 저장하는 문서 단위를 의미한다. 즉, 워크시트마다 별개로 저장하는 것이 아니라, 하나의 엑셀 파일 안에 워크시트 1개 이상 255개까지 묶어서 저장하는 파일 단위를 [통합 문서]라고 한다. 예를 들어 연간 매출 현황을 작성한다면 1월~12월까지의 매출 현황을 12개의 워크시트에 월별로 나누어 작성하고 월별 워크시트를 따로따로 저장하는 것이 아니라, 하나의 엑셀 통합 문서에 12개의 월별 워크시트를 작성하여 모아서 저장하는 것이다.

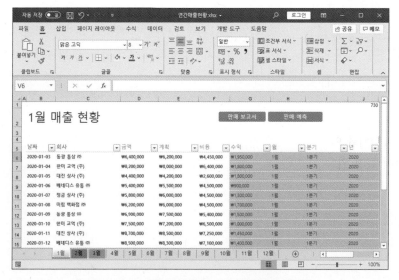

[그림 2-5] 12개의 워크시트로 구성된 엑셀 통합 문서

3) 셀 선택

셀에 데이터를 입력하려면 먼저 셀을 선택해야 한다. 셀을 선택하면 굵은 녹색 테두리 선이 나타나는데 이를 셀 포인터라고 한다. 셀을 선택할 때는 마우스로 드래그하여 선택하거나 키보드의 방향키와 탐색키를 이용하여 선택할 수 있다.

● 마우스로 셀 선택

워크시트에 마우스 포인터를 움직이면 ✛ 모양의 마우스 포인터가 나타난다. 셀을 선택하려면 마우스를 움직여 원하는 셀로 이동 후 클릭하면 셀 테두리에 굵은 녹색 테두리 선이 나타나고 선택한 셀의 주소가 이름 상자에 표시된다.

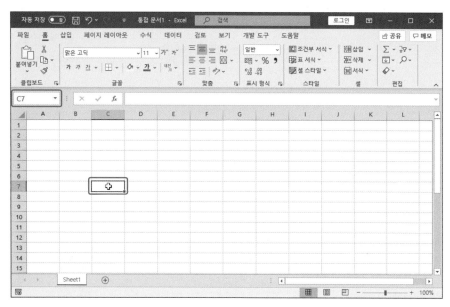

[그림 2-6] 마우스로 셀 선택

● 키보드로 셀 선택

키보드의 방향키를 이용하여 셀 포인터를 위쪽, 아래쪽, 왼쪽, 오른쪽으로 이동하거나, 탐색키를 이용하여 특정 위치로 한 번에 셀 포인터를 이동한다.

〈표 2-1〉 키보드로 셀 선택

키	설명
Ctrl+←, Ctrl+→, Ctrl+↑, Ctrl+↓	데이터 영역의 왼쪽, 오른쪽, 위쪽, 아래쪽의 마지막 셀로 이동한다.
⇥	현재 셀의 오른쪽 셀로 이동한다.
Shift+⇥	현재 셀의 왼쪽 셀로 이동한다.
Home	현재 셀이 위치한 행의 첫 번째 셀로 이동한다.
Ctrl+Home	워크시트의 시작 셀인 [A1] 셀로 이동한다.
Ctrl+End	데이터가 입력된 마지막 셀로 이동한다.
Page Down	현재 보이는 화면 아래쪽 셀로 이동한다.
Page Up	현재 보이는 화면 위쪽 셀로 이동한다.
Alt+Page Down	현재 보이는 화면 마지막 셀의 오른쪽 셀로 이동한다.
Alt+Page Up	현재 보이는 화면 마지막 셀의 왼쪽 셀로 이동한다.

4) 여러 셀 선택

연속되어 있는 셀을 선택하거나 떨어져 있는 셀을 선택할 때 마우스를 이용하거나 방향키를
이용하여 선택할 수 있다. 여러 셀을 선택할 때 일반적으로 원하는 영역을 드래그하거나 클릭
하여 선택하는데, 시트 전체를 선택하거나 특정 행이나 열을 선택할 때에는 행이나 열 머리글
을 클릭하여 선택한다. '실습2-1.xlsx' 파일을 열어 학습한다.

● 연속되어 있는 셀 영역 선택

범위를 지정하고 싶은 셀 영역의 첫 번
째 셀을 클릭한 후 원하는 범위까지 드
래그하여 연속되어 있는 셀 영역을 선택
한다. 방향키를 이용하여 셀 영역을 선
택하려면 Shift를 누른 상태에서 키보
드의 방향키를 누르면서 연속되어 있는
셀 영역을 선택한다.

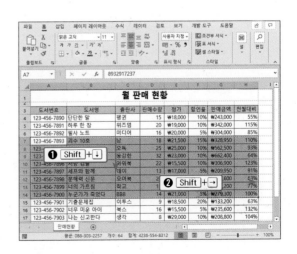

● 연속되어 있지 않은 셀 선택

비연속 셀을 선택할 때는 [Ctrl]을 누른 상태에서 해당 셀을 마우스로 클릭하거나 드래그하여 연속되어 있지 않은 셀 영역을 선택한다.

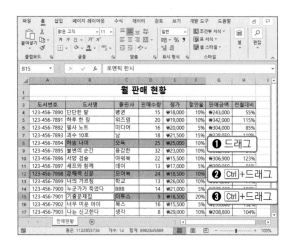

● 데이터가 입력되어 있는 셀 영역 선택

데이터가 연속적으로 입력되어 있는 셀 영역 전체를 선택할 때는 데이터가 입력되어 있는 영역의 임의의 셀을 클릭한 후 [Ctrl]+[Shift]+[*]을 누르면 된다.

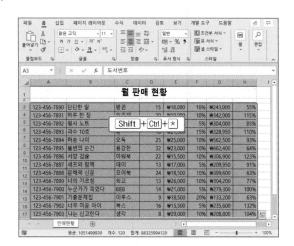

● 시트 전체 또는 특정 행 전체와 열 전체 선택

시트 전체를 선택할 때는 열과 행의 경
계 부분인 [모두 선택] 버튼을 클릭한
다. 특정 행 전체를 선택하거나 특정 열
전체를 선택할 때는 해당 행 머리글 또
는 열 머리글을 클릭하거나 드래그한다.
Ctrl을 누른 상태에서 열 머리글 또는
행 머리글을 드래그하면 행과 열을 동시
에 선택할 수 있다. 데이터가 입력되어
있는 임의의 셀을 선택하고 Ctrl+A를
누르면 데이터가 입력되어 있는 부분이
모두 선택된다.

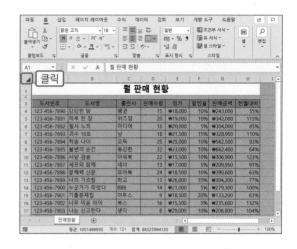

2.2 데이터 입력

엑셀을 이용한 입력 데이터들은 크게 숫자와 문자 데이터로 구분된다. 숫자 데이터는 숫자, 날
짜, 시간 등과 같이 계산이 가능한 데이터이고, 그 외에 계산이 불가능한 데이터들은 모두 문
자 데이터에 해당되며, 이 중에서도 날짜와 시간 데이터는 특수 형식의 숫자 데이터로 구분된
다. 숫자와 문자 데이터, 날짜 및 시간 데이터, 한자 및 기호 데이터를 입력하고 수정 및 삭제
하는 방법에 대하여 알아보고, 동일 데이터를 연속으로 입력, 증가, 감소하도록 하는 '자동 채
우기' 기능에 대하여 알아보자. '실습2-2.xlsx' 파일을 열어 학습한다.

(1) 숫자 및 문자 데이터 입력

숫자 데이터는 0~9까지의 아라비아 숫자와 +, −, ₩ 등과 같이 숫자 값 표현에 사용되는 기호들이 포함된 데이터를 의미한다. 문자 데이터는 숫자 형태가 아닌 데이터를 의미하는데, 한글이나 영문 데이터 외에도 우편번호, 전화번호, 주민등록번호처럼 숫자 사이에 기호가 포함된 데이터도 문자 데이터로 구분된다.

1) 숫자 데이터 입력

셀을 선택 후 숫자를 입력한 뒤 Enter↵를 누르면 숫자 데이터 입력이 완료되는데, 숫자 데이터는 기본적으로 오른쪽으로 정렬된다. 셀 너비보다 긴 숫자를 입력하면 3.14E+5와 같은 지수 형태의 숫자가 표시되는데, 입력한 숫자가 모두 표시될 때는 쉼표(,)나 통화 스타일(₩) 등의 서식을 적용한다. 서식이 적용된 셀의 너비를 강제로 줄이면 입력된 숫자 데이터가 '###'과 같이 표시된다.

2) 문자 데이터 입력

셀을 선택 후 문자를 입력한 뒤 Enter↵를 누르면 문자 데이터 입력이 완료되는데, 문자 데이터는 기본적으로 왼쪽으로 정렬된다. 숫자를 문자 형태로 입력하려면 작은따옴표(')를 입력 후 숫자 데이터를 입력하면 된다. 셀 너비보다 긴 문자를 입력하면 오른쪽 셀에 걸쳐서 표시되는데 오른쪽 셀에 이미 다른 데이터가 입력되어 있다면 오른쪽 셀 부분은 숨겨진다. 한 셀에 문자 데이터를 여러 줄로 줄바꿈을 하면서 입력하고 싶다면 줄을

바꾸고 싶을 때마다 Alt + Enter↵를 누른 다음, 내용을 입력하면 된다. 셀 너비에 비하여 입력

된 데이터가 길거나 짧을 때는 해당 셀의 열 머리글 경계선을 더블클릭하면 데이터 길이에 맞게 자동으로 열 너비 크기가 조절된다.

(2) 데이터 수정 및 삭제

1) 데이터 수정

엑셀 통합 문서를 작성하다 보면 입력한 데이터를 수정해야 하는 경우가 발생한다. 입력한 전체 데이터를 수정하려면 새로 작업하면 되지만, 입력한 데이터의 일부분을 수정하려면 셀에서 수정하거나 수식 입력줄에서 직접 수정한다.

● 셀에서 데이터 직접 수정

수정할 데이터가 입력되어 있는 셀을 선택 후 마우스로 더블클릭하거나 F2를 누르면 셀 안에 커서가 표시된다. 커서가 표시될 때 Delete나 Back Space를 눌러 데이터를 삭제하고 새로운 내용을 입력한 뒤 Enter↵를 누르면 수정이 완료된다.

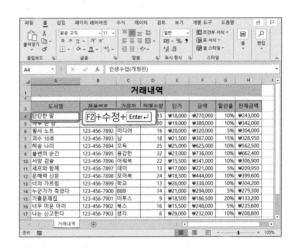

● 수식 입력줄에서 데이터 수정

수정할 데이터가 입력되어 있는 셀을 선택하면 수식 입력줄에 내용이 표시된다. 마우스 포인터로 삭제하고 싶은 데이터 앞부분을 클릭한 후 Delete를 눌러 내용을 삭제한다. 삭제 후 수정할 데이터를 입력한 후 Enter↵를 누르면 수정이 완료된다.

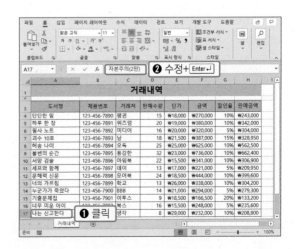

2) 데이터 삭제

셀에 입력된 데이터를 삭제하는 가장 쉬운 방법은 Delete 를 누르는 것이지만, Delete 는 셀에 입력된 내용만 삭제되고 셀에 적용된 서식이나 메모 등은 삭제되지 않는다. 서식이나 메모까지 삭제하려면 [홈] 탭 – [편집] 그룹 – [지우기(◇)] 메뉴에서 삭제한다.

● Delete 를 이용한 빠른 내용 삭제

입력된 내용을 삭제하려면 셀을 선택하거나 영역을 설정한 후 Delete 를 누른다. 셀에 커서가 표시되면 한 글자씩 삭제되고, 셀 전체를 선택한 후 Delete 를 누르면 셀 전체 내용이 삭제된다. Delete 대신 Back Space 로 데이터를 삭제할 수 있지만, 여러 셀의 영역을 설정한 후 Back Space 를 누르면 범위의 가장 첫 번째 셀의 데이터만 삭제된다.

● [지우기] 메뉴로 서식까지 삭제

셀을 선택하거나 영역을 선택한 후 [홈] 탭 – [편집] 그룹 – [지우기] 메뉴를 클릭하면 하위 메뉴가 나타나는데, 내용과 서식을 모두 삭제하려면 [모두 지우기], 서식만 삭제할 때는 [서식 지우기]를 클릭한다.

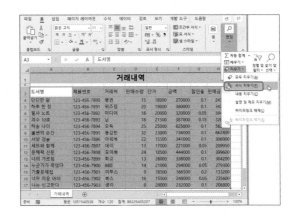

(3) 날짜/시간, 한자, 기호 입력

날짜 및 시간 데이터는 숫자 데이터 중에서 특수 형태로 구분된다. 숫자 데이터의 특수 형태인 날짜 및 시간 데이터를 입력하는 방법에 대하여 알아보고, 한자 및 기호 데이터 입력에 대하여 알아보자.

1) 날짜 및 시간 데이터 입력

근무 일지와 같은 문서를 작성하다 보면 날짜 및 시간 데이터를 자주 입력하게 된다. 엑셀에서의 날짜와 시간 데이터는 1900년 1월 1일에서부터 1일마다 1씩 증가한 값의 숫자 데이터로 분류되는데, 지정된 날짜 입력 형식으로 정확하게 입력하지 않으면 문자 데이터로 입력되기 때문에 주의해서 입력해야 한다.

● 날짜 데이터 입력

날짜 데이터는 년, 월, 일을 각각 슬래시(/)나 하이픈(–)으로 구분하여 입력하거나 '2021년 8월 4일'과 같이 년, 월, 일 사이사이에 Space Bar 로 한 칸씩 띄어가며 셀에 입력하면 날짜 데이터로 입력된다. 숫자와 문자가 포함된 형태이지만 엑셀에서는 날짜 데이터로 인식되어 표시한다. 하지만 연도를 제외하고 '8월 4일'과 같이 입력하거나 '2021년8월4일'과 같이 사이 띄기를 하지 않으면 문자 데이터로 입력된다.

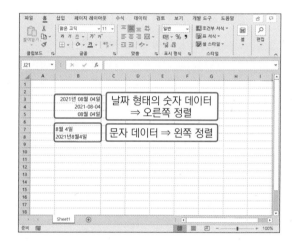

● 시간 데이터 입력

시간 데이터는 시, 분, 초를 각각 콜론(:)으로 구분하여 입력하거나 '15시 30분 10초'와 같이 시, 분, 초 사이사이에 Space Bar 로 한 칸씩 띄어가며 셀에 입력하면 시간 데이터로 입력된다. 날짜 데이터와 마찬가지로 '10시30분'과 같이 사이 띄기를 하지 않으면 문자 데이터로 입력된다.

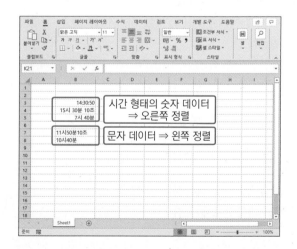

2) 한자 및 기호 데이터 입력

셀에 한자를 입력하는 방법은 한 글자씩 변환하는 방법과 단어 단위로 변환하는 방법으로 나뉜다. 기본 단어들은 엑셀 한자 단어 사전에 등록되어 있으나, 한자 단어 사전에 등록되어 있지 않은 단어들은 한자 사전에 직접 등록하여 사용할 수 있다.

● 글자 단위로 한자 입력

셀에 한글 글자 하나를 입력한 후 [한자]를 누른다. 한자 목록이 표시되면 해당 한자를 클릭하여 선택하면 한자가 입력된다. 목록에 표시된 한자 번호를 직접 눌러도 한자가 입력된다.

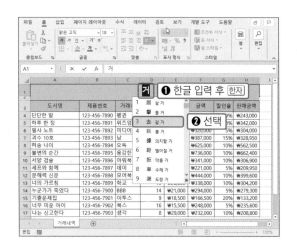

● 단어 단위로 한자 입력

한자 단어 사전에 등록되어 있는 기본 단어들은 한글 단어 입력 후 한 번에 한자로 변환할 수 있다. 우선 한자로 변환하고 싶은 한글 단어를 입력한 후 커서를 글자 사이 또는 마지막 글자 뒤에 위치한 후 [한자]를 누른다. [한글/한자 변환] 대화상자가 표시되면 해당하는 한자를 선택하고 [변환]을 클릭한다. 단어의 일부만 한자로 변경할 때에는 해당 단어가 입력된 셀을 더블클릭하고 마우스로 드래그하여 영역을 설정한 후 [한자]를

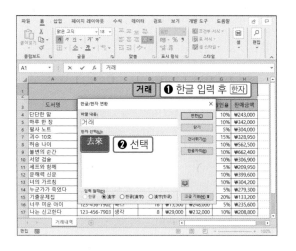

누른다. 변환하고 싶은 한자를 정확히 모른다면 한 글자씩 변환하는 것보다는 [한글/한자 변환] 대화상자에서 단어 단위로 찾아서 변환하는 것이 좋다.

3) 기호 입력

키보드에 없는 기호를 입력할 때는 한글 자음을 입력한 후 한자 자를 누르거나 [삽입] 탭 –
[기호] 그룹 – [기호] 메뉴에서 입력하는 방법이 있다.

● 한글 자음과 한자 를 이용한 기호 입력

셀에 한글 자음을 입력한 후 한자 를 누
르면 해당 자음에 해당하는 기호 목록
이 표시되는데, 표시된 기호 목록에서
삽입하고자 하는 기호를 클릭한다. 사
용자 정의 셀 서식이나 워드 아트에서
는 [기호] 메뉴를 이용할 수 없기 때문
에 한글 자음을 이용한 기호 입력 방법
을 이용해야 한다. 한글 자음에 따라 나
타나는 기호 목록은 다르며, 한글 자음
으로 기호를 입력하는 방법은 엑셀 외에
도 메모장, 크롬 등에서 동일하게 적용
된다.

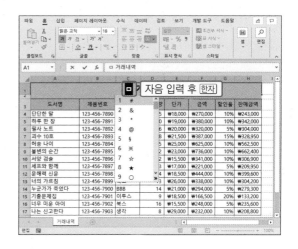

● [기호] 메뉴에서 기호 입력

[삽입] 탭 – [기호] 그룹 – [기호] 메뉴
를 클릭하면 [기호] 대화상자가 나타난
다. 글꼴과 하위 집합의 종류에 따라 다
양한 기호들이 표시되는데, 표시된 기호
들 중에서 삽입하고자 하는 특수 문자
를 선택하여 [삽입] 버튼을 클릭한다. 일
반적으로 사용하는 기호는 [현재 글꼴]
의 '기타 기호'에 있다.

(4) 연속 데이터 입력을 위한 자동 채우기

동일 데이터를 연속으로 입력하거나 일정하게 증가 또는 감소하는 연속 데이터를 입력할 때 간단히 사용할 수 있는 '자동 채우기' 기능이 있는데, '자동 채우기' 기능은 채우기 핸들을 이용한다. 자동 채우기를 이용한 데이터 입력 방법에 대하여 알아보자.

1) 채우기 핸들

자동 채우기는 채우기 핸들을 이용하는데, 채우기 핸들이란 선택한 셀 포인터의 오른쪽 하단에 표시되는 십자 모양(✚)을 말한다. 선택한 셀의 셀 포인터 오른쪽 하단에 마우스 포인터를 이동하여 ✚ 모양이 표시될 때 셀의 오른쪽이나 아래쪽으로 드래그하면 동일한 데이터 또는 연속 데이터가 셀에 입력된다.

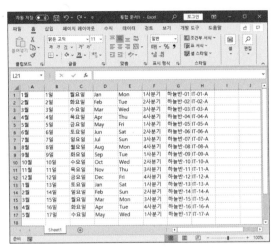

[그림 2-7] 셀 데이터 채우기 예

2) 데이터 채우기

자동 채우기 핸들의 기본 기능은 연속된 셀에 데이터를 복사하는 것이다. 일반적으로 셀에 입력한 데이터들은 숫자, 문자, 날짜 데이터 등인데, 데이터를 드래그하여 자동 채우기를 실행하면 해당 데이터의 서식만 복사할 것인지, 값을 증가하여 복사할 것인지를 지정할 수 있는 '자동 채우기 옵션'이 표시된다.

● 문자 데이터를 자동 채우기로 입력

문자 데이터를 입력한 후 해당 셀의 자동 채우기 핸들에 마우스 포인터를 이동하여 ✚가 표시되었을 때 아래쪽으로 드래그하면 해당 문자가 자동으로 복사되어 입력된다.

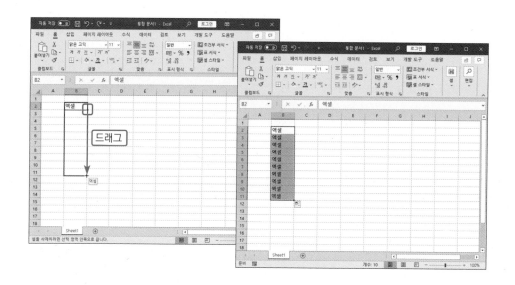

● 문자와 숫자가 혼합된 문자 데이터를 자동 채우기로 입력

문자와 숫자가 혼합된 문자 데이터를 자동 채우기 핸들을 이용하여 복사하면 문자는 그대로 표시되고 숫자만 증가되어 셀에 입력된다. 숫자가 증가되지 않도록 하려면 자동 채우기 옵션 버튼을 클릭한 후 '셀 복사'를 선택한다.

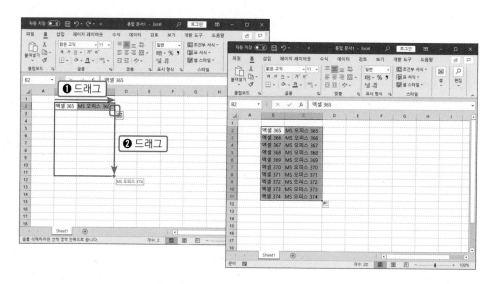

● 숫자 데이터를 자동 채우기로 입력

동일한 숫자 데이터를 연속된 셀에 입력할 때는 해당 숫자 데이터를 입력한 후 문자 데이터와 같은 방법으로 자동 채우기 핸들을 드래그하여 입력한다. 연속적으로 증가하거나 감소하는 값

을 셀에 입력할 때는 첫 번째 값과 두 번째 값을 셀에 입력하고, 두 셀을 영역 설정한 후 채우기 핸들을 드래그하여 입력한다.

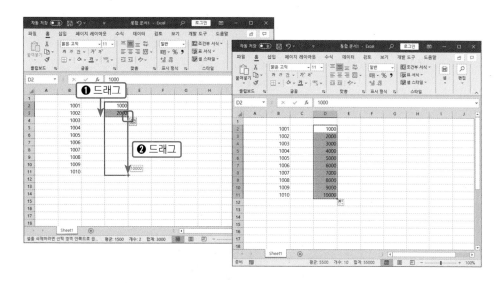

● 날짜 데이터를 자동 채우기로 입력

날짜 데이터는 년, 월, 일로 구성되어 있는데, 자동 채우기 핸들로 드래그하면 일 값이 증가되어 입력된다. 월이나 연도 값이 증가되도록 입력하려면 자동 채우기 옵션 버튼을 클릭하고 '월 단위 채우기' 또는 '연 단위 채우기'를 클릭한다. 자동 채우기 증감 폭을 원하는 단위로 지정하려면 첫 번째 값과 두 번째 값을 셀에 입력하고, 두 셀을 영역 설정한 후 채우기 핸들을 드래그하여 입력한다.

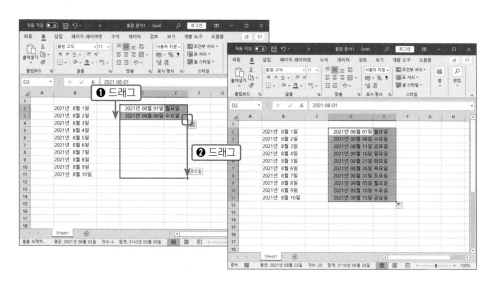

3) 사용자 지정 목록의 데이터를 자동 채우기로 입력

1월, 2월… 또는 월요일, 화요일…처럼 자주 사용되는 연속 데이터 목록은 엑셀의 사용자 지정 목록에 기본적으로 등록되어 있기 때문에 첫 번째 데이터만 입력한 후 자동 채우기 핸들을 드래그하면 자동으로 데이터가 입력된다. 하지만 사용자 지정 목록에 기본적으로 등록되어 있지 않은 연속 데이터는 사용자가 직접 사용자 지정 목록에 추가하여 자동 채우기로 입력한다.

● 사용자 지정 목록의 등록된 데이터를 자동 채우기로 입력

사용자 지정 목록에 등록된 데이터 목록은 값이 무한정 증가되는 것이 아니고 사용자 지정 목록에 등록되어 있는 마지막 값까지 증가한 후에 처음 값에서부터 다시 반복되어 증가된다. 기본적으로 등록되어 있는 사용자 지정 목록으로 자동 채우기를 할 때는 사용자 지정 목록에 등록된 데이터 중에 하나의 값만 입력한 후 자동 채우기 핸들을 드래그하여 입력하면 된다.

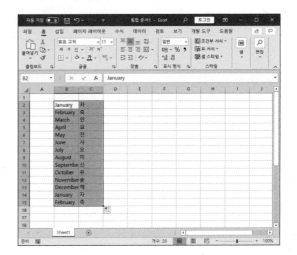

● 사용자 지정 목록에 사용자가 직접 작성한 목록 데이터를 자동 채우기로 입력

자주 사용하는 연속 데이터를 사용자 지정 목록에 직접 추가하려면 [파일] 탭 – [옵션] – [고급] – [일반]의 [사용자 지정 목록 편집] 버튼을 클릭하여 표시되는 [사용자 지정 목록] 대화상자에서 직접 입력한 후 [추가] 버튼을 클릭하여 등록한 후 사용한다.

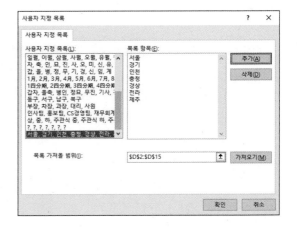

2.3 차트와 스파크라인

판매 현황, 거래 내역 분석 등의 데이터들을 사용하여 값의 변화를 그래프로 표현하면 자료를 받아보는 대상에게 데이터값을 쉽게 이해할 수 있도록 한다. 즉, 복잡한 숫자들로 나열된 숫자 데이터들의 변화, 추이 등을 막대, 선, 그림으로 표현하여 한 눈에 통계 결과를 보여주는 기능이 차트이다. 엑셀은 문서 안에서 손쉽게 차트를 작성할 수 있으며, 차트의 디자인, 서식 종류 등을 다양하게 제공한다. 차트를 작성하는 방법과 디자인 및 레이아웃을 구성하는 방법에 대하여 알아보자.

(1) 차트

차트는 숫자 데이터로 구성된 많은 내용을 한눈에 쉽게 이해할 수 있도록 그래프로 표현한 것을 말한다. 특히 엑셀에서는 다양한 종류의 차트와 구성을 제공하기 때문에 선호하는 경향이 많다. 이렇게 많은 데이터를 그래픽으로 변환하여 보여주는 차트의 기본 구성 요소와 차트 계열에 대하여 알아보고, 다양한 종류의 차트에 대하여 알아보자.

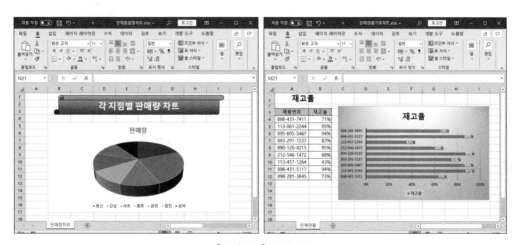

[그림 2-8] 차트 예

1) 차트의 기본 구성 요소

차트의 서식을 편집하기 위해서 차트의 각 구성 요소를 알아야 한다. 차트는 크게 차트 영역, 그림 영역, 데이터 계열, 세로축, 가로축, 데이터 레이블, 범례 등으로 구분한다.

❶ 차트 영역: 차트 전체를 의미하며 차트를 이동하거나 전체 크기를 조절할 때 선택한다.

❷ 그림 영역: 차트 내부의 데이터를 그림 형태로 표현한 부분을 의미하며 데이터 계열 눈금, 데이터 레이블 등을 포함한다.

❸ 데이터 계열: 차트를 표현하는 실질적 요소로써 수치 데이터를 막대, 선, 원 등으로 표현한다.

❹ 세로축: 차트로 표현하는 데이터 계열 값을 표현하며 주 눈금과 보조 눈금 간의 간격을 설정할 수 있다.

❺ 데이터 레이블: 데이터 계열의 값과 항목 이름 등을 표현한다.

❻ 데이터 테이블: 데이터를 표 형태로 차트와 함께 표현한다.

❼ 범례: 데이터 계열을 구분할 수 있도록 색과 이름으로 표현한다.

❽ 축 제목: 축 내용을 대표하는 제목이다.

❾ 차트 제목: 차트를 대표하는 제목이다.

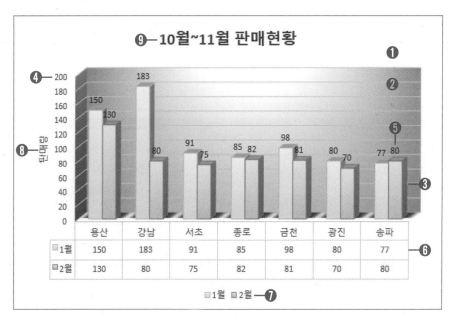

[그림 2-9] 차트 화면

2) 차트의 종류

워크시트에 입력되어 있는 표를 막대, 선 도형 등으로 시각적으로 표현해 주는 차트는 크게 2차원, 3차원으로 구분할 수 있으며, 세로 막대형, 꺾은선형, 원형, 가로 막대형, 영역형, 분산형, 주식형 등과 같은 15종류의 59가지 차트 종류를 지원한다. 많은 차트 종류들 중에서 목적에 맞는 차트를 선택하려면 각 차트의 특성을 알아야 한다. 특히 막대형, 꺾은선형, 원형 차트 등이 가장 많이 사용되며 원형, 주식형, 표면형 차트는 데이터 종류나 범위를 고려해서 선택해야 한다.

● 세로 막대형 차트

가장 많이 사용하는 세로 막대형 차트는 구성비뿐만 아니라 기간에 따라 증가, 감소하는 데이터를 막대의 높이로 크고 작음을 비교 분석할 때 사용하며 가로축은 항목으로 표시하고 세로축은 값으로 표시한다.

● 꺾은선형 차트

세로 막대 차트와 비슷하게 사용하지만 오랜 기간 동안 발생한 값이 늘어나고 줄어드는 '변화의 방향'을 파악하여 데이터를 분석할 때 사용한다. 세로 막대와 더불어 활용성이 높다

● 원형 차트

전체 데이터 표에서 한 가지 항목에 대하여 전체 비율(구성비)을 100%로 표현할 때 사용하며 부채 모양의 면적을 가지고 구성비의 크고 작음을 파악할 수 있다. 원형 차트는 특성상 한 가지 데이터 계열에 대해서만 표현한다.

● 가로 막대형 차트

차트로 표현되는 값이 기간처럼 길거나 각 항목의 값을 비교할 때 사용한다. 구성비를 비교할 때 원형 차트를 여러 개 삽입하는 것보다는 가로 막대형 차트로 표현하는 편이 보기 쉬울 수도 있으며 가로축은 값으로 표시하고 세로축은 항목으로 표시한다.

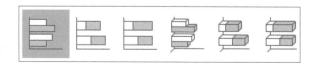

● 영역형 차트

시간에 따라 변하는 데이터의 크기를 비교할 때 사용하는 영역형 차트는 값들이 면으로 표현되기 때문에 전체와 각 항목 간의 관계를 비교할 때 사용한다.

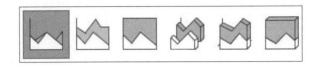

● 분산형 차트

불규칙한 데이터들 간의 관계나 분포를 표현할 때 사용하는 분산형 차트는 두 수치 데이터 그룹을 X, Y 좌표의 위치에 하나의 표식으로 표현한다. 즉, 분산형 차트는 데이터가 흩어져 있는 정도의 산포도를 표현하는데, 신장이나 체중과 같이 2가지 데이터의 관련성을 파악하는 데 적합하다. 주로 숫자를 많이 다루는 과학, 공학 데이터를 분석할 때 사용한다.

● 주식형 차트

주식 거래에서 가장 필수적인 고가, 저가, 종가, 거래량 등의 데이터들로 차트를 작성하며 주식 가격과 거래량의 관계를 비교 분석할 때 사용한다.

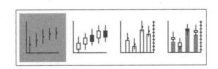

● 표면형 차트

두 개의 데이터 계열에서 최적의 조합을 찾을 때 사용하는 표면형 차트는 선택된 데이터 범위가 전부 숫자로 구성된다.

● 방사형 차트

중심부터 시작해서 데이터 계열의 값들을 선으로 연결해서 표현하며 값이 클수록 중심에서 멀리 위치한다. 즉, 복수의 집계 결과(평균값이나 % 등)를 정다각형 위에 배치하고 선으로 연결한 차트인데, 값의 크고 작음뿐만 아니라 정다면체의 형태를 통하여 데이터에 어떠한 특징이 있는지 비교하는 데 사용한다. 보통 설문 결과를 집계해서 표현할 때 많이 사용한다.

● 혼합형 차트

두 개 이상의 차트 종류를 이용하여 차트를 구성하며, 혼합형 차트를 작성하려면 계열이 두 개 이상인 데이터를 먼저 선택해야 한다.

● 이외의 차트

재무 또는 계층 구조 정보에서 일반적으로 사용하는 데이터 시각화나 통계 속성을 찾아내는 차트들이 있다. 트리맵 차트는 데이터를 계층 구조로 표시하는 차트인데 다른 데이터 계열을 비교할 때 유용하다. 선버스트 차트는 계층 구조를 갖는 데이터를 여러 수준의 고리로 표시하는 차트인데 각 고리가 어떤 구성 요소로 이루어져 있는지 나타낼 때 유용하다. 히스토그램 차트는 데이터의 분포와 빈도를 표시하는 차트인데 데이터를 세부적으로 분석할 때 유용하다. 상자 수염 차트는 데이터 분포를 사분위수로 표시하는 차트인데 평균 및 이상 값을 강조할 때 유용하다. 폭포 차트는 양수와 음수를 색이 다른 막대로 표시하는 차트인데 재무 데이터의 누계와 값의 변화에 따른 영향을 표시할 때 유용하다.

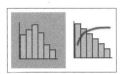

트리맵 차트 선버스트 차트 히스토그램 차트 상자 수염 차트 폭포 차트

3) 차트 삽입과 편집

차트를 작성할 때 차트로 표현되어야 할 데이터들은 꼭 범위로 지정되어야 한다. 삽입된 차트를 [차트 도구]의 [디자인] 탭, [레이아웃] 탭, [서식] 탭을 이용하여 차트의 서식과 데이터 범위, 차트 종류 등을 편집할 수 있다. 시트에 삽입한 데이터를 이용하여 차트를 삽입하고 편집해 본다.

● 차트 삽입

시트에 차트를 작성하기 위해서는 데이터를 영역 설정한 후 [삽입] 탭 – [차트] 그룹에서 원하는 차트를 선택하면 기본 스타일의 차트가 삽입된다. [삽입] 탭 – [차트] 그룹에서 [추천 차트]를 클릭하여 표시되는 [차트 삽입] 대화상자에서는 삽입할 차트 모양을 미리 확인한 후 삽입할 수 있다. '실습2-3.xlsx' 파일을 열어 학습한다.

① 차트를 삽입하기 위해서는 데이터가 입력된 부분을 영역 설정한 후 [삽입] 탭 – [차트] 그룹 – [셀 또는 가로 막대형 차트 삽입]의 [묶은 세로 막대형]을 선택한다.
② 시트에 선택한 영역을 참조 영역으로 한 차트가 삽입되면 [A5] 셀부터 시작하도록 드래그하여 이동하고 크기를 조절한다.

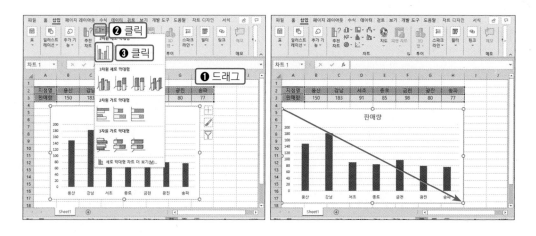

● 차트 종류 변경

이미 삽입된 차트를 다시 만들지 않아도 다른 차트 모양으로 변경할 수 있다. [차트 도구] – [디자인] 탭 – [종류] 그룹 – [차트 종류 변경]에서 차트 모양을 선택하여 변경한다. '실습 2-4.xlsx' 파일을 열어 학습한다.

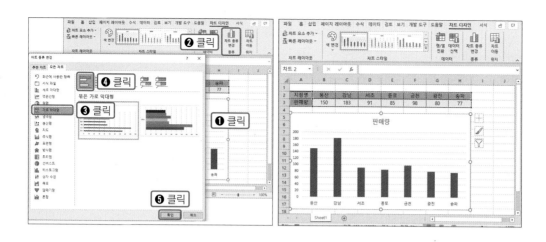

● 빠른 차트 도구 이용

빠른 차트 도구를 이용해서 차트 제목이나 범례 등과 같은 차트 요소의 표시 여부를 설정하거나 차트 스타일과 차트의 색상을 쉽게 변경한다.

❶ 차트 요소: 제목, 범례, 눈금선, 데이터 레이블 등의 차트 요소를 추가, 제거, 변경할 수 있다.
❷ 차트에 대한 스타일 및 색 구성표를 이용하여 색상을 다양하게 변경할 수 있다.
❸ 차트에 표시할 데이터 요소 및 이름을 편집할 수 있다.

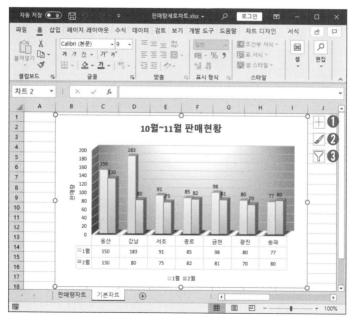

[그림 2-10] 차트의 빠른 차트 도구

● 차트 데이터 편집

차트가 참조하는 데이터를 변경하려면 [차트 도구] – [디자인] 탭 – [데이터] 그룹 – [데이터 선택]을 실행하여 참조할 데이터와 범위를 변경한다. 차트 데이터를 편집하기 위해서는 차트를 구성하는 요소를 선택해야 한다. 차트를 구성하는 요소는 가로(항목)축, 세로(값)축, 그림 영역, 범례 등이 있다. 차트에서 각 요소를 직접 마우스로 클릭하여 선택할 수 있는데, 요소가 잘 선택되지 않을 때는 [차트 도구] – [서식] 탭 – [현재 선택 영역] 그룹의 항목에서 선택한다. '실습 2-5.xlsx' 파일을 열어 학습한다.

① 워크시트에 삽입한 차트를 선택한 후 [차트 도구] – [디자인] 탭 – [데이터] 그룹에서 [행/열 전환]을 클릭한다.

② 차트의 행/열이 바뀌어 표시되면 [차트 도구] – [디자인] 탭 – [데이터] 그룹에서 [데이터 선택]을 클릭하여 표시되는 [데이터 원본 선택] 대화상자의 [차트 데이터 범위]를 '=차트데이터편집!$A$1:$B$8'로 수정하고 [확인] 버튼을 클릭한다.

③ 선택한 데이터 범위로 차트가 변경된다.

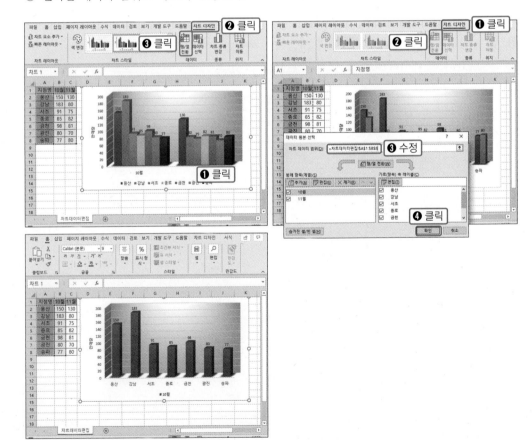

● 차트 레이아웃 변경

차트를 삽입하면 기본적으로 차트 데이터 항목, 축 서식, 범례만 표시된다. 차트 구성 요소들을 변경하기 위해서는 [차트 도구] – [디자인] 탭 –[차트 레이아웃] 그룹에서 [차트 요소 추가]를 클릭하여 새로운 차트 요소를 개별적으로 추가하거나 [빠른 레이아웃]을 클릭하여 레이아웃 형식을 쉽게 선택할 수 있다. 차트는 각 계열 서식을 하나씩 선택하고 변경해야 하기 때문에 차트 스타일에서 미리 정해 놓은 서식을 선택하는 것이 편리할 수 있다. 특별히 서식을 변경할 필요가 없다면 [차트 도구] – [디자인] 탭 – [차트 스타일]의 차트 스타일 목록에서 선택한다. 차트에 제목이나 범례와 같은 레이블을 삽입하면 각 계열 데이터를 정확하게 알 수 있다. '실습2-6.xlsx' 파일을 열어 학습한다.

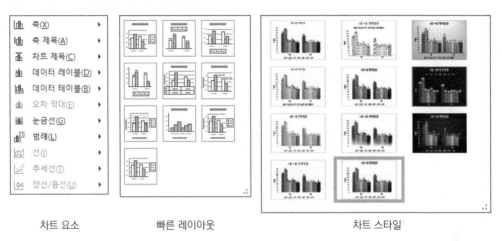

차트 요소   빠른 레이아웃   차트 스타일

[그림 2-11] 차트 레이아웃과 스타일

① 삽입한 차트를 선택하고 [차트 도구] – [디자인] 탭 – [차트 레이아웃] 그룹의 [차트 요소 추가]를 클릭한 후 [차트 제목] 항목의 [차트 위]를 선택하여 제목이 삽입되면 '10~11월 판매현황'을 입력한다.
② 범례 위치를 변경하기 위해 [차트 도구] – [디자인] 탭 – [차트 레이아웃] 그룹의 [차트 요소 추가]를 클릭한 후 [범례] 항목의 [아래쪽]을 선택한다.
③ 차트에 데이터 레이블을 표시하기 위해 슬라이드에 삽입된 차트를 선택하고 차트 오른쪽에 표시되는 빠른 차트 도구에서 [차트 요소] 버튼을 클릭하여 목록에서 [데이터 레이블]을 선택한다.

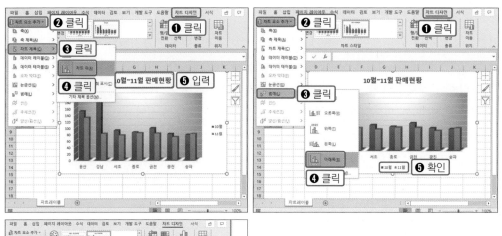

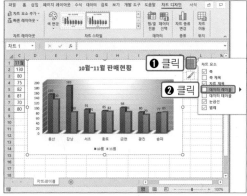

● 차트 크기 변경

차트 크기를 변경하려면 삽입한 차트를
선택하여 표시되는 테두리를 드래그한
다. 정확한 크기의 차트를 만들려면 [차
트 도구] – [서식] 탭 – [크기] 그룹에서
차트 너비와 높이를 직접 입력한다. Alt
를 누른 상태에서 차트 조절점을 드래그
하면 셀 눈금선에 맞춰 크기를 조절할
수 있다.

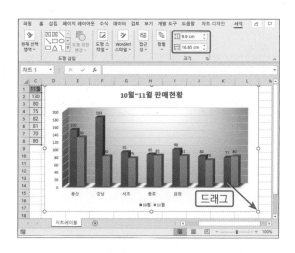

(2) 스파크라인

스파크라인은 차트를 진화시켜 좀 더 가볍게 데이터를 분석하여 보여주는 기능이다. 선택한 범위의 데이터들 추이를 몇 번의 클릭을 통하여 꺾은선형과 막대형으로 셀 안에 표현한다. 차트처럼 데이터의 변화를 보여주지만 하나의 셀 안에 삽입된다는 점이 다르며, 가볍게 데이터를 분석할 때 사용하면 편리하다.

1) 스파크라인 삽입

스파크라인은 데이터가 입력된 영역을 참조하여 빈 셀에 삽입한다. 데이터 영역을 선택한 후 [삽입] 탭 - [스파크라인]의 '꺾은선형', '열', '승패' 중에서 필요한 형식을 선택한다. '실습2-7. xlsx' 파일을 열어 학습한다.

① [B4] 셀부터 [E4] 셀까지 영역 설정한 후 [삽입] 탭 - [스파크라인] 그룹 - [꺾은선형]을 선택하여 [스파크라인 만들기] 대화상자가 표시되면 [위치 범위]에 '$F$4'를 입력한 뒤, [확인] 버튼을 클릭한다.
② [F4] 셀에 스파크라인이 삽입되면 [F4] 셀의 채우기 핸들을 [F10] 셀까지 드래그하여 스파크라인을 각 데이터 영역에 맞게 작성한다.

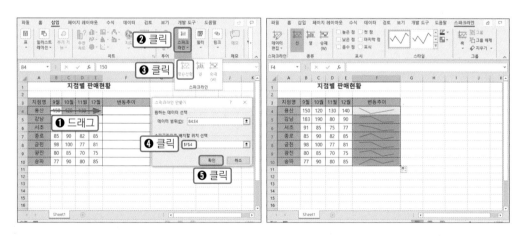

2) 스파크라인 편집

셀에 삽입된 스파크라인은 다른 형식의 스파크라인으로 변경하거나 참조하는 데이터 범위를 변경할 수 있다. 삽입된 스파크라인을 삭제하기 위해서는 스파크라인이 입력된 셀을 선택하고 [스파크라인] - [그룹] 그룹 - [지우기]를 선택한다. '실습2-8.xlsx' 파일을 열어 학습한다.

① 스파크라인의 종류를 변경하기 위해 [F4] 셀부터 [F10] 셀까지 영역 설정한 후 [스파크라인] – [종류] 그룹에서 '열'을 선택한다.

② 스파크라인의 종류가 변경되면 [스파크라인] – [스파크라인] 그룹 – [데이터 편집]의 [그룹 위치 및 데이터 편집]을 클릭하여 [데이터 범위]를 'B4:C10'으로 변경하고 [확인] 버튼을 클릭한다.

③ 스파크라인이 참고하는 데이터 범위가 9월~10월까지로 변경되어 나타난다.

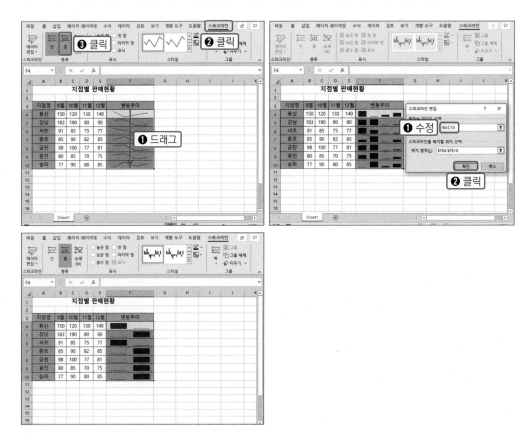

연습문제

1. 다음 결과 화면과 같이 나타나도록 문자, 숫자, 기호, 한자 등을 입력한 뒤, 워크시트 이름은 '문제
1', 통합 문서 파일 이름은 '연습2.xlsx'로 지정하여 저장하시오.

	A	B	C	D	E	F	G
1	♣ 2025-1학기 시간표 ♣						
2							
3	이름	학번	**專攻**	**學年**	☎전화번호	총점	포인트
4	박보검	240321	경제학과	2학년	1012345678	880	20
5	남주혁	254321	컴퓨터공학과	3학년	1012342424	990	-15
6	배수지	265432	건축학과	1학년 휴학		750	33

2. 다음 〈조건〉을 참고하여 결과 화면과 같이 나타나도록 작성하시오.

〈조건〉

① 새로운 워크시트를 추가하여 워크시트 이름을 '문제2'로 지정

② '문제1' 워크시트의 내용을 '문제2' 워크시트에 복사

③ H 열에 사용자 지정 목록을 이용하여 등급의 상, 중, 하를 자동 채우기로 입력

	A	B	C	D	E	F	G	H
1	♣ 2025-1학기 시간표 ♣							
2								
3	이름	학번	**專攻**	**學年**	☎전화번호	총점	포인트	등급
4	박보검	240321	경제학과	2학년	1012345678	880	20	수
5	남주혁	254321	컴퓨터공학과	3학년	1012342424	990	-15	우
6	배수지	265432	건축학과	1학년 휴학		750	33	미

3. 다음 〈조건〉을 참고하여 결과 화면과 같이 나타나도록 '연습2.xlsx' 파일의 '문제3' 워크시트를 열
어 차트를 작성하시오.

〈조건〉

① 3차원 묶은 세로 막대형 차트 삽입

② 7월~9월 범위 지정

③ 범례는 아래쪽 배치

지점명	7월	8월	9월	10월	11월	12월
용산	4000	1300	2400	1900	1300	6800
강남	1500	2200	2500	1970	1300	2400
서초	2200	2400	1700	1890	200	3500
종로	2300	1800	2100	1790	2400	1300
금천	1300	1900	1700	1980	230	2400
광진	1700	2000	1500	1780	500	3200
송파	1600	1700	1600	1890	700	4500

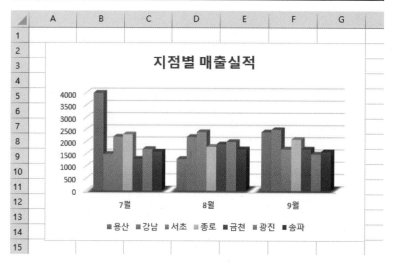

4. 다음 〈조건〉을 참고하여 결과 화면과 같이 나타나도록 스파크라인을 작성하시오.

〈조건〉

① 새로운 워크시트를 추가하여 워크시트 이름을 '문제4'로 지정
② '문제3' 워크시트의 내용을 '문제4' 워크시트에 복사
③ P 열에 '꺾은선형' 형태의 스파크라인 삽입   ④ '열' 형태로 변경

지점명	7월	8월	9월	10월	11월	12월	변화 추이
용산	4000	1300	2400	1900	1300	6800	■_ _ _ _■
강남	1500	2200	2500	1970	1300	2400	_■■■_■
서초	2200	2400	1700	1890	200	3500	■■■_■
종로	2300	1800	2100	1790	2400	1300	■_■_■_
금천	1300	1900	1700	1980	230	2400	_■■■_■
광진	1700	2000	1500	1780	500	3200	■_■■_■
송파	1600	1700	1600	1890	700	4500	_ _ _ _ _■

03

데이터 다루기

contents

데이터 다루기

학습목표

- 수식을 직접 입력하여 계산 결과를 구할 수 있다.
- 다양한 셀 참조 방식을 이해하고 활용할 수 있다.
- 함수의 기본 개념과 사용 형식을 이해할 수 있다.
- 다양한 함수의 사용을 이해하고 활용할 수 있다.

3.1 수식과 셀 참조의 이해

데이터 분석에서 넓은 범위에 많은 수식을 빠르게 입력하는 것은 작업 시간 단축에 있어 매우 중요한 부분 중의 하나이다. 동일한 형태의 수식을 넓은 범위에 빠르게 입력하기 위해서는 셀의 참조 방식을 잘 이해하고 사용하는 것이 매우 중요하다. 이번 장에서는 수식을 만드는 방법과 셀 참조 방식에 대하여 알아보자.

(1) 상대 참조의 이해

[실습 파일: 실습3-1.xlsx]

1) '실습3-1.xlsx' 파일을 열고 F5 셀을 선택한 후 =E5-D5를 입력한 후 [Enter↵]를 누른다.

2) F5 셀에서 채우기 핸들을 이용하여 F9까지 드래그하면 재고수량이 계산된다.

F5			f_x	=E5-D5		
	A	B	C	D	E	F	G

	A	B	C	D	E	F	G
1							
2		**IT 서적 판매금액과 판매비율**					
3							
4		서적명	단가	판매량	입고수량	재고수량	판매금액
5		**엑셀**	16,000	10	20	10	
6		**파워포인트**	16,000	10	20	10	
7		**워드**	15,000	5	10	5	
8		**엑세스**	16,000	5	15	10	
9		**아래한글**	15,000	8	20	12	
10		합계					

3) G5 셀을 선택한 후 =C5*D5를 입력한 후 Enter↵를 누른다.

D5			f_x	=C5*D5		
	A	B	C	D	E	F	G

	A	B	C	D	E	F	G
1							
2		**IT 서적 판매금액과 판매비율**					
3							
4		서적명	단가	판매량	입고수량	재고수량	판매금액
5		**엑셀**	16,000	10	20	10	=C5*D5
6		**파워포인트**	16,000	10	20	10	
7		**워드**	15,000	5	10	5	
8		**엑세스**	16,000	5	15	10	
9		**아래한글**	15,000	8	20	12	
10		합계					

4) G5 셀에서 채우기 핸들을 이용하여 G9까지 드래그하면 판매금액이 계산된다.

G5			f_x	=C5*D5		
	A	B	C	D	E	F	G

	A	B	C	D	E	F	G
1							
2		**IT 서적 판매금액과 판매비율**					
3							
4		서적명	단가	판매량	입고수량	재고수량	판매금액
5		**엑셀**	16,000	10	20	10	160,000
6		**파워포인트**	16,000	10	20	10	160,000
7		**워드**	15,000	5	10	5	75,000
8		**엑세스**	16,000	5	15	10	80,000
9		**아래한글**	15,000	8	20	12	120,000
10		합계					

5) [수식] – [수식 표시]를 클릭하거나, 단축키 Ctrl+ ̀를 눌러 사용된 수식을 표시한다. 셀 자동 채우기를 하면서 참조된 셀이 상대적인 주소로 변한다. 이러한 참조 방식을 상대 참조라고 한다.

	서적명	단가	판매량	입고수량	재고수량	판매금액
	IT 서적 판매금액과 판매비율					
5	엑셀	16000	10	20	=E5-D5	=C5*D5
6	파워포인트	16000	10	20	=E6-D6	=C6*D6
7	워드	15000	5	10	=E7-D7	=C7*D7
8	엑세스	16000	5	15	=E8-D8	=C8*D8
9	아래한글	15000	8	20	=E9-D9	=C9*D9
10	합계					

6) E5:G10 셀을 범위로 지정한 후 [수식] – [자동 합계]를 클릭하면 자동 합계가 계산된다.

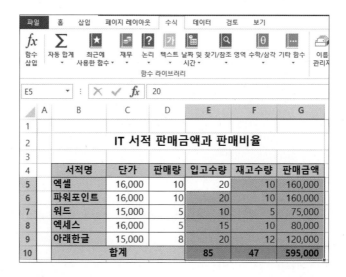

〈표 3-1〉 엑셀 셀 참조 방식

참조 방식	설명
상대 참조	기본적으로 엑셀에서 적용되는 참조 방식으로 셀이 이동할 때 참조되는 셀 주소도 같이 이동하는 셀 참조 방식이다.
절대 참조	셀이 이동할 때 참조되는 셀 주소는 항상 고정되는 셀 참조 방식이다.
혼합 참조	절대 참조와 상대 참조를 혼합해서 사용하는 방식으로 $(달러 기호)가 붙은 위치에 따라 행 또는 열 중에 하나만 고정되는 셀 참조 방식이다.

(2) 절대 참조의 이해

[실습 파일: 실습3-2.xlsx]

1) '실습3-2.xlsx' 파일을 열고 H5 셀을 선택한 후 =G5/G10를 입력한 후 Enter↵를 누른다.

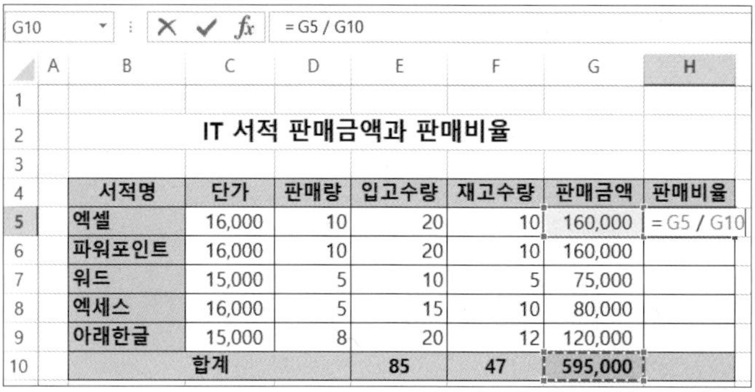

2) H5 셀에서 채우기 핸들을 이용하여 H10까지 드래그하면 아래와 같이 DIV/0!(0으로 나눠짐 오류)가 출력된다.

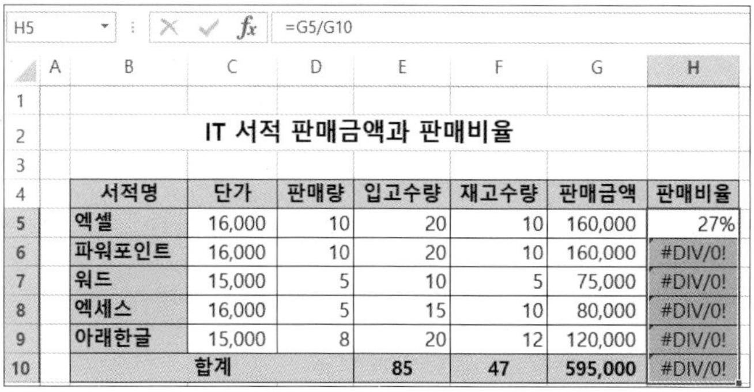

3) [수식] – [수식 표시]를 클릭하거나, 단축키 Ctrl+`를 눌러 사용된 수식을 표시한다. 판매비율의 첫 번째 셀을 클릭하면 합계가 올바르게 입력된 것을 확인할 수 있다. 하지만 두 번째부터 셀을 클릭하면 합계 셀이 아래로 이동되면서 올바르지 않은 값이 분모로 참조된 것을 확인할 수 있다.

H6		⁝	✕ ✓ *fx*	=G6/G11			
◢	A	B	C	D	E	F	G	H

IT 서적 판매금액과 판매비율

	서적명	단가	판매량	입고수량	재고수량	판매금액	판매비율
5	엑셀	16000	10	20	=E5-D5	=C5*D5	=G5/G10
6	파워포인트	16000	10	20	=E6-D6	=C6*D6	=G6/G11
7	워드	15000	5	10	=E7-D7	=C7*D7	=G7/G12
8	엑세스	16000	5	15	=E8-D8	=C8*D8	=G8/G13
9	아래한글	15000	8	20	=E9-D9	=C9*D9	=G9/G14
10	합계			=SUM(E5:E9)	=SUM(F5:F9)	=SUM(G5:G9)	=G10/G15

4) 단축키 Ctrl+`를 다시 눌러 수식 표시를 해제한다. 참조하는 합계 셀을 키보드 F4를 눌러 절대 참조로 변경한 후 자동 채우기를 하면 판매비율이 올바르게 계산된다.

SUM		⁝	✕ ✓ *fx*	=G5/$G$10			
◢	A	B	C	D	E	F	G	H

IT 서적 판매금액과 판매비율

	서적명	단가	판매량	입고수량	재고수량	판매금액	판매비율
5	엑셀	16,000	10	20	10	160,000	=G5/$G$10
6	파워포인트	16,000	10	20	10	160,000	27%
7	워드	15,000	5	10	5	75,000	13%
8	엑세스	16,000	5	15	10	80,000	13%
9	아래한글	15,000	8	20	12	120,000	20%
10	합계			85	47	595,000	100%

(3) 혼합 참조의 이해

[실습 파일: 실습3-3.xlsx]

1) '실습3-3.xlsx' 파일을 열고 D6 셀을 선택한 후 =D5*C6를 입력한 후 셀 주소에 커서가 있는 상태에서 단축키 F4를 눌러 =D$5(행 고정)*$C6(열 고정) 형태의 혼합 참조로 변환한 후 Enter↵를 누른다.

	A	B	C	D	E	F
1						
2		학과별 등록금 인상금액				
3						행 고정
4				A년도	B년도	C년도
5		학과명	등록금	3%	5%	10%
6		경영과	3,000,000	=D$5*$C6		
7		국문과	3,500,000			
8		영문과	4,000,000	열 고정		
9		수학과	4,500,000			
10		컴공과	5,000,000			

SUM ▾ : ✕ ✓ fx =D$5*$C6

2) 자동 채우기를 하면 아래와 같이 연도별 등록금 인상금액을 구할 수 있다.

D6 ▾ : ✕ ✓ fx =D$5*$C6

	A	B	C	D	E	F
1						
2		학과별 등록금 인상금액				
3						
4				A년도	B년도	C년도
5		학과명	등록금	3%	5%	10%
6		경영과	3,000,000	90,000	150,000	300,000
7		국문과	3,500,000	105,000	175,000	350,000
8		영문과	4,000,000	120,000	200,000	400,000
9		수학과	4,500,000	135,000	225,000	450,000
10		컴공과	5,000,000	150,000	250,000	500,000

3.2 엑셀 핵심 함수

엑셀에서 제공되는 함수를 이용하면 복잡한 수식을 사용하지 않고도 빠르게 결괏값을 구할 수 있다. 이번 장에서는 데이터 분석을 위한 핵심적인 수학/통계 함수, 텍스트/날짜 함수, 논리 함수, 찾기/참조 함수에 대해 알아보자.

(1) 통계 함수 이해

데이터 통계를 쉽고 빠르게 낼 수 있는 통계 함수는 평균, 최댓값, 최솟값, 데이터 개수 등 다양한 통계를 낼 수 있다.

AVERAGE/AVERAGEA/AVERAGEIF/AVERAGEIFS 함수

AVERAGE로 시작하는 함수는 범위나 숫자, 또는 여러 개의 범위 안의 평균(산술 평균: 값의 합을 개수로 나눈 값)을 반환하는 함수이다. 특정 조건에 부합하는 값들의 평균 계산이 필요할 경우 AVERAGEIF 함수 또는 AVERAGEIFS 함수를 사용한다.

● 통계 함수

구문	설명
AVERAGE(number1, [number2], …)	인수의 평균(산술 평균)을 구해 준다. 인수 number1, number2는 평균을 구하려는 숫자, 셀 참조 또는 범위이다.
AVERAGEA(value1, [value2], …)	인수 value1, value2는 평균을 구하려는 항목, 셀 참조 또는 범위이다. 인수의 평균(산술 평균)을 구해준다.(숫자, 텍스트, 논릿값 포함)
AVERAGEIF(range, criteria, [average_range])	범위에서 지정한 조건을 만족하는 모든 셀의 평균(산술 평균)을 구해준다. 인수 • range: 평균을 계산할 범위 • criteria: 평균을 구할 조건 • average_range: 평균을 계산할 숫자 범위. 지정하지 않으면 range가 대신 사용됨.
AVERAGEIFS(average_range, criteria_range1, criteria1, [criteria_range2, criteria2], …)	여러 조건에 맞는 모든 셀의 평균을 구해준다. 인수 • average_range: 평균을 계산할 숫자 범위 • criteria_range1: 조건을 적용할 범위 • criteria1: 평균을 구할 조건 조건을 더 적용하려면 criteria_range2, criteria2의 형식으로 계속 입력할 수 있으며 범위와 조건을 최대 127쌍까지 지정할 수 있다.

예 통계 함수 사용

	A	B	C	D	E
1					
2		**AVERAGE/AVERAGEA 함수 이해**			
3		이름	성적	AVERAGE	AVERAGEA
4		황나연	10	10	10
5		정재경	20	20	20
6		김가현	30	30	30
7		황채연	미응시	계산제외	0
8		김연수		계산제외	계산제외
9		최재원	TRUE	계산제외	1
10					
11		결과	함수식		
12		20.0	=AVERAGE(D5:D10)		
13		12.2	=AVERAGEA(D5:D10)		
14					

AVERAGEA 함수는 숫자, 텍스트, 논릿값이 포함된 셀의 평균을 구하므로,

* 10, 20, 30은 숫자로 계산되고,
* 공백은 계산에서 제외되고,
* 미응시는 텍스트(문자열)이므로 0으로 계산된다.
* TRUE는 1로 계산/FALSE는 0으로 계산된다.

	A	B	C	D	E	F
1						
2		**AVERAGEIF/AVERAGEIFS 함수 이해**				
3		영업점	품목	판매대수		
4		송파점	노트북	200		
5		잠실점	프린터	20		
6		가락점	노트북	400		
7		위례점	노트북	300		
8		송파점	프린터	50		
9						
10		결과	함수식			
11		300	=AVERAGEIF(D4:D8,"노트북",E4:E8)			
12		350	=AVERAGEIFS(E4:E8,D4:D8,"노트북",E4:E8,">=300")			

1) MEDIAN/MODE 함수

MEDIAN 함수는 숫자 집합에서 중간값을 계산한다. 중간값이란 크기의 순서대로 정렬했을 때 가장 중앙에 위치하는 값을 말한다. MODE 함수는 최빈값을 계산한다. 최빈값이란 나열된 숫자 중 가장 많이 나타난 값(=빈도수)을 말한다.

구문	설명
MEDIAN(number1, [number2], ⋯)	숫자 집합에서 중간값을 구해준다. 인수 • number1, number2는 중간값을 구하려는 숫자, 셀 참조 또는 범위
MODE(number1,[number2],⋯)	데이터 집합에서 최빈값(주어진 값 중에서 가장 자주 나오는 값)을 구해준다. 인수 • number1: 최빈값을 계산할 첫 번째 숫자 • number2,⋯: 최빈값을 계산할 숫자. 2개에서 255개까지 지정 가능함.

예 MEDIAN/MODE 함수 사용

MEDIAN 함수 이해

1) 숫자데이터가 홀수일 때

이름	점수
황나연	10
정재경	20
정태경	30
황채연	40
최재원	50

결과	함수식
30	=MEDIAN(C5:C9)

2) 숫자데이터가 짝수일 때

이름	점수
황나연	10
정재경	20
정태경	30
황채연	40

결과	함수식
25.0	=MEDIAN(G5:G8)

3) 정렬되지 않은 숫자 데이터일 경우 : 오름차순 후 중간값

이름	점수
황나연	80
정재경	70
정태경	100
황채연	95
최재원	85

결과	함수식
85	=MEDIAN(C17:C21)

MODE 함수 이해

1) 최빈값이 존재하는 경우

이름	점수
황나연	100
정재경	90
정태경	85
황채연	100
최재원	95

결과	함수식
100	=MODE(C4:C8)

2) 최빈값이 존재하지 않은 경우

이름	점수
황나연	100
정재경	90
정태경	85
황채연	93
최재원	95

결과	함수식
#N/A	=MODE(G4:G8)

최빈값이 없으면(데이터 집합에 중복되는 데이터 요소가 없는 경우) N/A오류(Not Available)가 발생한다. 엑셀에서는 VLOOKUP, MATCH, MODE 등의 함수를 사용했을 때 찾는 값이 없으면 #N/A가 표시된다.

2) RANK 함수

RANK 함수는 지정한 범위에서 순위를 구해주는 함수로, 학생들의 성적을 이용하여 석차를 구하거나, 업무에서 숫자 값들의 순위를 구해야 할 때 사용할 수 있다

구문	설명
RANK(number,ref,[order])	숫자 목록에서 지정한 수의 순위를 구해준다. 인수 • number: 순위를 구하려는 수 • ref: 값의 순위를 구할 전체 데이터 범위(참조 범위는 반드시 절대 참조로 지정) • order: 0 또는 생략 시 내림차순(큰 값 순)으로 순위를 구하고, 보통 1을 사용하여 오름차순(작은 값 순)으로 순위를 구함.

예 RANK 함수 사용

	A	B	C	D	E	F	G	H	I	J	K	L
1												
2		**RANK 함수 이해**										
3		1) 석차구하기(동점자가 없는 경우)						2) 석차구하기(동점자가 있는 경우)				
4												
5				순위결과						순위결과		
6		이름	점수	내림차순	오름차순			이름	점수	내림차순	오름차순	
7		황나연	100	1	5			황나연	100	1	5	
8		정재경	90	4	2			정재경	90	3	2	
9		정태경	85	5	1			정태경	85	5	1	
10		황채연	98	2	4			황채연	90	3	2	
11		최재원	95	3	3			최재원	95	2	4	
12												
13		내림차순 함수식		=RANK(C6,$C$6:$C10)				내림차순 함수식		=RANK(I7,$I$7:$I$11)		
14		오름차순 함수식		=RANK(C6,$C$6:$C10,1)				오름차순 함수식		=RANK(I7,$I$7:$I$11,1)		

〈표 3-2〉 RANK 함수의 종류

함수	설명
RANK	숫자 목록에서 지정한 수의 순위를 구해준다.(RANK.EQ 함수와 결과가 동일함.)
RANK.AVG	숫자 목록에서 지정한 수의 순위를 구해준다. 같은 수가 여러 개이면 평균 순위를 구해준다.
RANK.EQ	숫자 목록에서 지정한 수의 순위를 구해준다.(RANK 함수와 결과가 동일함.)

3) COUNT 관련 함수

COUNT 함수는 숫자의 개수를 구해주며, COUNTA 함수는 비어있지 않은 셀의 개수를 구해준다. COUNTBLANK 함수는 비어있는 셀의 개수를 구해주며, 조건을 만족하는 셀의 개수를 구할 때는 COUNTIF/COUNTIFS 함수를 사용한다.

구문	설명
COUNT(value1, value2, …)	수치 데이터의 셀의 개수를 구한다. 인수 • value1, value2: 개수를 세려는 항목, 셀 참조 또는 범위
COUNTA(value1, value2, …)	비어있지 않은 셀의 개수를 구해준다. 인수 • value1, value2: 개수를 세려는 항목, 셀 참조 또는 범위
COUNTBLANK(range)	비어있는 셀의 개수를 구해준다. 인수 • range: 비어있는 개수를 세려는 범위
COUNTIF(range,criteria)	조건을 만족하는 셀의 개수를 구해준다. 인수 • range: 조건을 적용할 범위 • criteria: 개수를 셀 조건
COUNTIFS(criteria_range1, criteria1, [criteria_range2, criteria2], …)	여러 개의 조건을 만족하는 셀의 개수를 구할 수 있다. 인수 • criteria_range1: 첫 번째 조건을 적용할 범위 • criteria1: 개수를 구할 첫 번째 조건 • criteria_range2: 두 번째 조건을 적용할 범위 • criteria2: 개수를 구할 두 번째 조건 … criteria_range, criteria는 최대 127개까지 지정할 수 있다.

예 COUNT 함수 사용

4) MAX/MIN/LARGE/SMALL/STDEV 함수

MAX 함수는 숫자 값의 최댓값을 구하는 함수이고, MIN함수는 숫자 값의 최솟값을 구하는 함수이다. LARGE 함수는 배열이나 범위에서 몇 번째로 큰 값을 구해준다. SMALL 함수는 몇 번째로 작은 값을 구해주는 함수이다. STDEV는 통계학에서 말하는 표본집단의 표준편차를 구해준다.

구문	설명
MAX(number1, [number2], …)	숫자가 포함된 인수의 최댓값을 구해준다. 인수 • number1, number2: 최댓값을 구하려는 숫자, 셀 참조 또는 범위
MIN(number1, [number2], …)	숫자가 포함된 인수의 최솟값을 구해준다. 인수 • number1, number2: 최솟값을 구하려는 숫자, 셀 참조 또는 범위
LARGE(array,k)	데이터 집합에서 몇 번째(k 번째)로 큰 값을 구해준다. 인수 • array: 값이 들어 있는 배열 또는 범위 • k: 몇 번째로 큰 지를 나타내는 순위
SMALL(array,k)	데이터 집합에서 몇번째(k번째)로 작은 값을 구해준다. 인수 • array: 값이 들어 있는 배열 또는 범위 • k: 몇 번째로 작은 지를 나타내는 순위
STDEV(number1,[number2],…)	표본집단의 표준편차를 구해준다. 인수 • number1, number2: 표본에 해당하는 숫자, 셀 참조 또는 범위. 인수는 2개에서 255개까지 지정할 수 있음.

예 MAX/MIN/LARGE/SMALL/STDEV 함수 사용

⯅	A	B	C	D	E	F	G
1							
2		**MAX/MIN/LARGE/SMALL/STDEV 함수 이해**					
3							
4		이름	응시점수				
5		최지윤	85			결과	함수식
6		김연수	95		최대값	100	=MAX(C4:C8)
7		김연우	100		최소값	80	=MIN(C4:C8)
8		김가현	90		2번째로 큰 값	95	=LARGE(C4:C8,2)
9		김혜현	80		3번째로 작은 값	90	=SMALL(C4:C8,3)
10					응시점수 표준편차	7.905694	=STDEV(C4:C8)

(2) 통계 함수 실습 예제

[실습 파일: 실습3-4.xlsx]

1) '실습3-4.xlsx' 파일을 열고 [통계 함수] 시트를 클릭한다. '사원별 평균'을 구하기 위해 [G4] 셀을 선택한 후 다음 함수식을 입력한 후 [Enter↵]를 누른다. [G4] 셀에 평균이 구해지면 [G4] 셀의 채우기 핸들을 [G12] 셀까지 드래그한다.

함수식: =AVERAGE(D4:F4)

	A	B	C	D	E	F	G	H
1				상반기 교육성적				
2								
3		사원명	부서명	IT실무	회계	경영전략	평균	순위
4		송혜란	경영	77	75	88	=AVERAGE(D4:F4)	
5		이경희	인사	58	76	78		
6		정은희	총무	68	70	80		
7		고동윤	경영	53	69	94		
8		한원선	기획	73	75	91		
9		고동윤	인사	55	67	88		
10		이현기	경영	95	89	79		
11		김영일	기획	95	85	95		
12		정희경	인사	95	90	85		
13		최대값						
14		최소값						
15								
16		평균이 80 이상인 사원 수						
17		기획부에 속한 사원들의 평균						
18								
19								
20		교육성적 TOP3의 평균점수						
21		1위 성적						
22		2위 성적						
23		3위 성적						

2) '사원별 평균 점수에 따른 순위'를 구하기 위해 [H4] 셀을 선택한 후 다음 함수식을 입력한 후 [Enter↵]를 누른다. [H4] 셀에 순위가 구해지면 [H4] 셀의 채우기 핸들을 [H12] 셀까지 드래그한다.

함수식: =RANK.EQ(G4,$G$4:$G$12)

	상반기 교육성적						
사원명	부서명	IT실무	회계	경영전략	평균	순위	
송혜란	경영	77	75	88	80.0	=RANK.EQ(G4,$G$4:$G$12)	
이경희	인사	58	76	78	70.7		
정은희	총무	68	70	80	72.7		
고동윤	경영	53	69	94	72.0		
한원선	기획	73	75	91	79.7		
고동윤	인사	55	67	88	70.0		
이현기	경영	95	89	79	87.7		
김영일	기획	95	85	95	91.7		
정희경	인사	95	90	85	90.0		
최대값							
최소값							
평균이 80 이상인 사원 수							
기획부에 속한 사원들의 평균							
교육성적 TOP3의 평균점수							
1위 성적							
2위 성적							
3위 성적							

3) '과목별 최대 점수'를 구하기 위해 [D13] 셀을 선택한 후 다음 함수식을 입력한 후 [Enter↵]를 누른다. [D13] 셀에 순위가 구해지면 [D13] 셀의 채우기 핸들을 [G13] 셀까지 드래그한다.

함수식: =MAX(D4:D12)

	상반기 교육성적						
사원명	부서명	IT실무	회계	경영전략	평균	순위	
송혜란	경영	77	75	88	80.0	4	
이경희	인사	58	76	78	70.7	8	
정은희	총무	68	70	80	72.7	6	
고동윤	경영	53	69	94	72.0	7	
한원선	기획	73	75	91	79.7	5	
고동윤	인사	55	67	88	70.0	9	
이현기	경영	95	89	79	87.7	3	
김영일	기획	95	85	95	91.7	1	
정희경	인사	95	90	85	90.0	2	
최대값		=MAX(D4:D12)					
최소값							
평균이 80 이상인 사원 수							
기획부에 속한 사원들의 평균							
교육성적 TOP3의 평균점수							
1위 성적							
2위 성적							
3위 성적							

4) '과목별 최소 점수'를 구하기 위해 [D14] 셀을 선택한 후 다음 함수식을 입력한 후 Enter↵를 누른다. [D14] 셀에 순위가 구해지면 [D14] 셀의 채우기 핸들을 [G14] 셀까지 드래그한다.

함수식: =MIN(D4:D12)

	A	B	C	D	E	F	G	H
1				상반기 교육성적				
2								
3		사원명	부서명	IT실무	회계	경영전략	평균	순위
4		송혜란	경영	77	75	88	80.0	4
5		이경희	인사	58	76	78	70.7	8
6		정은희	총무	68	70	80	72.7	6
7		고동윤	경영	53	69	94	72.0	7
8		한원선	기획	73	75	91	79.7	5
9		고동윤	인사	55	67	88	70.0	9
10		이현기	경영	95	89	79	87.7	3
11		김영일	기획	95	85	95	91.7	1
12		정희경	인사	95	90	85	90.0	2
13		최대값		95	90	95	91.7	
14		최소값		=MIN(D4:D12)				
15								
16		평균이 80 이상인 사원 수						
17		기획부에 속한 사원들의 평균						
18								
19								
20		교육성적 TOP3의 평균점수						
21		1위 성적						
22		2위 성적						
23		3위 성적						

5) '평균이 80점 이상인 사원의 수'를 구하기 위해 [E16] 셀을 선택한 후 다음 함수식을 입력한 후 Enter↵를 누른다.

함수식: =COUNTIF(G4:G12,">=80")

	A	B	C	D	E	F	G	H
1				상반기 교육성적				
2								
3		사원명	부서명	IT실무	회계	경영전략	평균	순위
4		송혜란	경영	77	75	88	80.0	4
5		이경희	인사	58	76	78	70.7	8
6		정은희	총무	68	70	80	72.7	6
7		고동윤	경영	53	69	94	72.0	7
8		한원선	기획	73	75	91	79.7	5
9		고동윤	인사	55	67	88	70.0	9
10		이현기	경영	95	89	79	87.7	3
11		김영일	기획	95	85	95	91.7	1
12		정희경	인사	95	90	85	90.0	2
13		최대값		95	90	95	91.7	
14		최소값		53	67	78	70.0	
15								
16		평균이 80 이상인 사원 수			=COUNTIF(G4:G12,">=80'			
17		기획부에 속한 사원들의 평균			COUNTIF (range, **criteria**)			

6) '기획부에 속한 사원들의 평균'을 구하기 위해 [E16] 셀을 선택한 후 다음 함수식을 입력한 후 Enter↵를 누른다.

> 함수식: =AVERAGEIF(C4:C12,"기획",G4:G12)

	A	B	C	D	E	F	G	H
1				상반기 교육성적				
2								
3		사원명	부서명	IT실무	회계	경영전략	평균	순위
4		송혜란	경영	77	75	88	80.0	4
5		이경희	인사	58	76	78	70.7	8
6		정은희	총무	68	70	80	72.7	6
7		고동윤	경영	53	69	94	72.0	7
8		한원선	기획	73	75	91	79.7	5
9		고동윤	인사	55	67	88	70.0	9
10		이현기	경영	95	89	79	87.7	3
11		김영일	기획	95	85	95	91.7	1
12		정희경	인사	95	90	85	90.0	2
13		최대값		95	90	95	91.7	
14		최소값		53	67	78	70.0	
15								
16		평균이 80 이상인 사원 수			4			
17		기획부에 속한 사원들의 평균			=AVERAGEIF(C4:C12,"기획",G4:G12)			
18								
19								
20		교육성적 TOP3의 평균점수						
21		1위 성적						
22		2위 성적						
23		3위 성적						

7) '교육 성적 TOP3의 평균 점수'를 구하기 위해 [C21] 셀을 선택한 후 다음 함수식을 입력한 후 Enter↵를 누른다. [C21] 셀에 결괏값이 구해지면 [C21] 셀의 채우기 핸들을 [C23] 셀까지 드래그한다.

함수식: =LARGE($G$4:$G$12,LEFT(B21,1))

	A	B	C	D	E	F	G	H
1				상반기 교육성적				
2								
3		사원명	부서명	IT실무	회계	경영전략	평균	순위
4		송혜란	경영	77	75	88	80.0	4
5		이경희	인사	58	76	78	70.7	8
6		정은희	총무	68	70	80	72.7	6
7		고동윤	경영	53	69	94	72.0	7
8		한원선	기획	73	75	91	79.7	5
9		고동윤	인사	55	67	88	70.0	9
10		이현기	경영	95	89	79	87.7	3
11		김영일	기획	95	85	95	91.7	1
12		정희경	인사	95	90	85	90.0	2
13		최대값		95	90	95	91.7	
14		최소값		53	67	78	70.0	
15								
16		평균이 80 이상인 사원 수			4			
17		기획부에 속한 사원들의 평균			85.67			
18								
19								
20		교육성적 TOP3의 평균점수						
21		=LARGE($G$4:$G$12,LEFT(B21,1))						
22		2위 성적						
23		3위 성적						

(3) 수학/삼각 함수 이해

수의 기본이 되는 +, −, ×, /와 올림과 반올림 등 수의 공식을 함수를 이용하여 빠르게 결과를 도출할 수 있다.

1) SUM/SUMIF/SUMIFS 함수

SUM 함수는 엑셀에서 가장 많이 사용하는 합계를 구하는 함수이며 특정 조건을 만족하는 범위의 숫자 합계를 구할 때는 SUMIF/SUMIFS 함수가 사용된다.

구문	설명
SUM(number1, [number2],...)	수들의 합계를 더한다. 개별 값, 셀 참조, 범위, 또는 이 세 가지 모두의 혼합 값을 더할 수 있다.
SUMIF(range, criteria, [sum_range])	조건(criteria)에 맞는 범위 값을 더한다. 인수 • range: 조건을 적용할 범위. 합계 범위가 지정되지 않을 경우, 조건 범위의 합계가 계산됨. • criteria: 적용할 조건 • [sum_range]: 조건이 일치할 경우에 합계를 구할 범위
SUMIFS(sum_range, criteria_range1, criteria1, [criteria_range2, criteria2], ...)	여러 개의 조건을 만족하는 범위를 합계를 구할 수 있다. 인수 • sum_range: 합계를 구할 숫자 범위 • criteria_range1 첫 번째 조건을 적용할 범위 • criteria1: 합계를 구할 첫 번째 조건 • criteria_range2 두 번째 조건을 적용할 범위 • criteria2: 합계를 구할 두 번째 조건 ... criteria_range, criteria는 최대 127개까지 입력할 수 있다.

예 SUM/SUMIF/SUMIFS 함수 사용

	A	B	C	D	E	F	G
1							
2		**SUM/SUMIF/SUMIFS 함수 이해**					
3							
4		사원명	지점명	제품명	판매대수		
5		황복동	강남	컴퓨터	100		
6		정명식	강북	컴퓨터	50		
7		최봉수	강남	컴퓨터	70		
8		최봉수	강북	프린터	50		
9		김진영	강서	스캐너	20		
10		김진호	강동	복합기	30		
11		황복동	강북	복합기	40		
12							
13		모든 사원들의 판매 대수의 합계					
14		결과	함수식				
15		360	=SUM(E5:E11)				
16							
17		복합기제품의 판매대수의 합계					
18		결과	함수식				
19		70	=SUMIF(D5:D11,"복합기",E5:E11)				
20							
21		강남지점의 컴퓨터제품의 판매 대수 합계					
22		결과	함수식				
23		170	=SUMIFS(E5:E11,C5:C11,"강남",D5:D11,"컴퓨터")				

2) PRODUCT/SUMPRODUCT 함수

PRODUCT 함수는 인수로 지정된 숫자를 모두 곱해서 표시해 주는 함수이다.

SUMPRODUCT 함수는 SUM 함수와 PRODUCT 함수가 합쳐진 형태로 주어진 인수를 모두 곱한 후에 합계를 구해준다.

구문	설명
PRODUCT(number1, [number2], …)	인수로 지정된 숫자를 모두 곱한 결과를 구해준다. 인수 • number1: 곱하려는 첫 번째 숫자 또는 범위 • number2: 곱하려는 두 번째 숫자 또는 범위 … number는 최대 255개까지 입력할 수 있다.
SUMPRODUCT(array1, [array2], [array3], …)	주어진 배열에서 해당 요소를 모두 곱하고 그 곱의 합계를 구한다. 인수 • array1: 계산하려는 배열의 첫 번째 인수 • array2, array3,…: 생략 가능. 계산하려는 배열의 인수. 2개에서 255개까지 지정할 수 있음.

예 PRODUCT/SUMPRODUCT 함수 사용

	A	B	C	D	E	F	G
1							
2		**PRODUCT/SUMPRODUCT 함수 이해**					
3							
4		사원명	제품명	단가	판매대수	판매금액	함수식
5		황복동	컴퓨터	100	10	1000	=PRODUCT(D5,E5)
6		정명식	컴퓨터	100	5	500	
7		최봉수	컴퓨터	100	7	700	
8		최봉수	프린터	50	5	250	
9		김진영	스캐너	30	2	60	
10		김진호	복합기	40	3	120	
11		황복동	복합기	40	4	160	
12							
13		모든 사원들의 판매 금액의 합계					
14		결과	함수식				
15		2790	=SUMPRODUCT(D5:D11,E5:E11)				

3) ROUND/ROUNDUP/ROUNDDOWN 함수

실무에서 숫자를 다룰 때 반올림, 내림, 올림을 해야 하는 경우가 많이 생긴다. 엑셀에서는 반올림, 올림, 내림을 할 수 있는 다음의 함수를 제공한다.

- ROUND: 반올림할 자리의 값이 5미만이면 버리고 5이상이면 올린다.
- ROUNDUP: 숫자를 지정된 자릿수로 무조건 올린다.
- ROUNDDOWN: 숫자를 지정된 자릿수로 무조건 내린다.

구문	설명
ROUND(number, num_digits)	숫자를 지정한 자릿수로 반올림한다. 인수 • number: 반올림할 숫자 • num_digits: 반올림할 자릿수 자릿수가 양수면 소수점 오른쪽에서 지정한 자릿수로 표시된다. 자릿수가 음수면 소수점 왼쪽에서 지정한 자릿수에서 계산이 이루어진다. 자릿수가 0이면 가장 가까운 정수로 표시된다.
ROUNDUP(number, num_digits)	숫자를 지정한 자릿수로 무조건 올린다. 인수 • number: 올림 할 숫자 • num_digits: 올림 할 자릿수 ROUND 함수와 사용법이 거의 동일하지만 무조건 올린다는 점만 다르다.
ROUNDDOWN(number, num_digits)	숫자를 지정한 자릿수로 무조건 내린다. 인수 • number: 버림 할 숫자 • num_digits: 버림 할 자릿수

예 ROUND/ROUNDUP/ROUNDDOWN 함수 사용

	A	B	C	D
1				
2		**ROUND 함수 이해**		
3				
4		점수	결과	함수식
5		123.45	123	=ROUND(B5,0)
6		123.55	124	=ROUND(B6,0)
7		123.45	123.45	=ROUND(B7,2)
8		125.45	130	=ROUND(B8,-1)
9		125.45	100	=ROUND(B9,-2)

(4) 수학/삼각 함수 실습 예제

[실습 파일: 실습3-4.xlsx]

1) '실습3-4.xlsx' 파일을 열고 [수학삼각함수] 시트를 클릭한다. '사원별 판매수량 평균'을 반

올림하여 소수점 첫 번째 자리까지 구하기 위해 [D13] 셀을 선택한 후 다음 함수식을 입력한 후 Enter↲를 누른다.

함수식: =ROUND(AVERAGE(D4:D12),1)

	A	B	C	D	E	F	G
1				판매실적표			
2							
3		사원명	부서명	판매수량		부서명	판매수량합계
4		송혜란	경영	77		경영	
5		이경희	인사	58		인사	
6		정은희	총무	68		총무	
7		고동윤	경영	53		기획	
8		한원선	기획	73			
9		고동윤	인사	55			
10		이현기	경영	95			
11		김영일	기획	95			
12		정희경	인사	95			
13		판매수량 평균		=ROUND(AVERAGE(D4:D12),1)			

2) '부서별 판매수량 합계'를 구하기 위해 [G4] 셀을 선택한 후 다음 함수식을 입력한 후 Enter↲를 누른다. [G4] 셀에 결괏값이 구해지면 [G4] 셀의 채우기 핸들을 [G7] 셀까지 드래그한다.

함수식: =SUMIF($C$4:$C$12,F4,$D$4:$D$12)

	A	B	C	D	E	F	G	H	I
1			판매실적표						
2									
3		사원명	부서명	판매수량		부서명	판매수량합계		
4		송혜란	경영	77		경영	=SUMIF($C$4:$C$12,F4,$D$4:$D$12)		
5		이경희	인사	58		인사			
6		정은희	총무	68		총무			
7		고동윤	경영	53		기획			
8		한원선	기획	73					
9		고동윤	인사	55					
10		이현기	경영	95					
11		김영일	기획	95					
12		정희경	인사	95					
13		판매수량 평균		74.3					

(5) 텍스트(문자열) 함수

텍스트 함수는 숫자가 아닌 문자에 대한 다양한 데이터의 값을 도출해 낼 수 있다. 문자열의 일부를 추출하거나 새로운 문자열로 치환할 때 주로 사용한다.

1) LEN 함수

엑셀 함수 LEN는 텍스트의 길이(문자 수)를 구해준다. LEN 함수는 단독으로는 사용되는 것보다 LEFT, MID, RIGHT 함수 등 텍스트를 잘라내는 함수 안에 포함되어 많이 사용된다.

구문	설명
LEN(text)	text의 길이(문자 수)를 구해준다. 인수 • text: 길이를 계산할 텍스트. 공백도 한 문자로 계산함.

2) LEFT/MID/RIGHT 함수

엑셀을 이용해서 데이터를 처리하다 보면 텍스트에서 일부를 잘라내야 할 때가 많다. 이때 텍스트 자르기 함수를 이용하여 편리하게 잘라낼 수 있는데, 엑셀에는 다음과 같이 텍스트를 잘라주는 함수를 제공한다.

- LEFT: 텍스트를 왼쪽부터 글자 수만큼 자른다.
- MID: 텍스트를 지정된 위치부터 글자 수만큼 자른다.
- RIGHT: 텍스트를 오른쪽부터 글자 수만큼 자른다.

구문	설명
LEFT(text, [num_chars])	텍스트를 왼쪽부터 글자 수만큼 자른다. 인수 • text: 잘라낼 텍스트가 포함된 전체 텍스트 • num_chars: 잘라낼 글자 수. 생략 가능하며 생략 시 1로 간주되므로 한 글자만 잘라냄.
MID(text, start_num, num_chars)	텍스트를 지정된 위치부터 글자 수만큼 자른다. 인수 • text: 잘라낼 텍스트가 포함된 전체 텍스트 • start_num: 잘라낼 위치 • num_chars: 잘라낼 글자 수
RIGHT(text, [num_chars])	텍스트를 오른쪽부터 글자 수만큼 자른다. 인수 • text: 잘라낼 텍스트가 포함된 전체 텍스트 • num_chars: 잘라낼 글자 수. 생략 가능하며 생략 시 1로 간주되므로 한 글자만 잘라냄.

예 LEFT/MID/RIGHT 함수 사용

	A	B	C	D	E
1					
2		**LEN/LEFT/MID/RIGHT 함수 이해**			
3					
4		학번구성 :	입학년도(4자리)+학과코드(3자리)+번호(2자리)		
5					
6		학번	입학년도	학과코드	번호
7		201832101	=LEFT(B7,4)	=MID(B7,5,3)	=RIGHT(B7,2)
8		201833121			
9		201933002			
10		201933003			
11		202031010			
12		202033412			
13		202031435			
14					
15		학번 총 길이			
16		결과	함수식		
17		9	=LEN(B7)		

3) FIND/SEARCH 함수

FIND와 SEARCH 함수는 텍스트에서 특정 텍스트의 위치를 찾아준다. LEFT/MID/RIGHT 함수는 자릿수가 일정할 경우에만 사용할 수 있다. 만약 잘라낼 위치가 일정하지 않다면 잘라 내려는 위치를 FIND, SEARCH 함수를 사용해 찾은 후 잘라내야 한다.

구문	설명
FIND(find_text, within_text, [start_num])	텍스트에서 특정 텍스트의 위치를 찾아준다. 알파벳이 포함된 경우 대/소문자를 구분한다. 인수 • find_text: 찾으려는 텍스트 • within_text: 찾으려는 텍스트가 포함된 전체 텍스트 • start_num: 찾기 시작할 위치. 생략 가능하며 생략 시 1로 간주되므로 항상 첫 번째부터 찾음.
SEARCH(find_text, within_text, [start_num])	텍스트에서 특정 텍스트의 위치를 찾아준다. 알파벳이 포함된 경우 대/소문자를 구분하지 않고 찾아주며 와일드카드(*, ?)를 쓸 수 있다

예 FIND/SEARCH 함수 사용

	A	B	C	D	E
1					
2		**FIND 함수 이해**			
3					
4		"서울, 생능출판사" 텍스트에서 콤마(,)의 위치 찾기			
5		결과	함수식		
6		3	=FIND(",","서울, 생능출판사")		
7					
8		**FIND 함수 응용**			
9		주소에서 지역과 세부주소를 구분해 추출			
10		학생명	주소	지역	함수식
11		양숙희	서울 강동구 압구정동	서울	=LEFT(C10,FIND(" ",C10,1)-1)
12		오경선	서울 강북구 성북동	서울	
13		장은실	서울 송파구 잠실동	서울	
14		황채연	경기도 하남시 위례동	경기도	
15		정재경	경기도 분당구 수내동	경기도	
16		정태경	경기도 분당구 수내동	경기도	

4) REPLACE/SUBSTITUTE 함수

엑셀에서 텍스트(문자열)의 일부를 바꿔주는 함수는 REPLACE와 SUBSTITUTE가 있다. 둘 다 텍스트를 바꿔주는 함수이지만 REPLACE는 지정된 위치로부터 정한 길이만큼 바꿔주고, SUBSTITUTE는 위치와 길이를 지정하지 않고 그냥 바꿀 문자를 지정해주면 바꿔준다.

구문	설명
REPLACE(old_text, start_num, num_chars, new_text)	텍스트의 일부를 지정된 길이만큼 다른 텍스트로 바꾼다. 인수 • old_text : 바꾸기 전 전체 텍스트 • start_num : 바꿀 텍스트의 시작 위치 • num_chars: 바꿀 텍스트의 길이(개수) • new_text: 바꾼 후의 새 텍스트
SUBSTITUTE(text, old_text, new_text, [instance_num])	텍스트의 일부를 새로운 텍스트로 바꾼다. 인수 • text : 바꾸기 전 전체 텍스트 • old_text : 바꿀 텍스트 • new_text : 바꾼 후의 새 텍스트 • instance_num : 동일한 텍스트가 여러 개 있을 경우 몇 번째를 바꿀 것인지 지정함. instance_num을 생략하면 일치하는 모든 텍스트가 바뀌고, 지정하면 해당하는 위치에 있는 old_text만 바뀜.

예 REPLACE/SUBSTITUTE 함수 사용

	A	B	C	D	E	F
1						
2		**REPLACE/SUBSTITUTE 함수 이해**				
3						
4		이름 중간을 *로 보안처리				
5		학번	학생명	시험장소	학생명	함수식
6		201832101	양숙희	경제관 501	양*희	=REPLACE(C8,2,1,"*")
7		201833121	오경선	경영관 401	오*선	
8		201933002	장은실	국제관 601	장*실	
9		201933003	황채연	인문관 301	황*연	
10		202031010	정재경	경제관 501	정*경	
11		202033412	정태경	경영관 401	정*경	
12						
13		인스타->별로 변경				
14		학번	학생명	소통방식	소통방식	함수식
15		201832101	양숙희	인스타그램	별그램	=SUBSTITUTE(D15,"인스타","별")
16		201833121	오경선	밴드	밴드	
17		201933002	장은실	인스타그램	별그램	
18		201933003	황채연	밴드	밴드	
19		202031010	정재경	유튜브	유튜브	
20		202033412	정태경	유튜브	유튜브	

5) UPPER/LOWER/PROPER

엑셀에서 데이터를 만들다 보면 영어 문장이나 영어 단어를 대문자나 소문자를 바꿔야 하는 경우가 종종 있다. 텍스트를 대문자로 바꾸는 UPPER 함수와 소문자로 바꿔주는 LOWER 함수를 이용하면 된다.

구문	설명
UPPER(text)	텍스트를 대문자로 바꾼다. 인수 • text: 대문자로 바꿀 텍스트
LOWER(text)	텍스트를 소문자로 바꾼다. 인수 • text: 소문자로 바꿀 텍스트
PROPER(text)	텍스트에서 단어 단위로 첫 글자를 대문자로 바꾸고 나머지는 소문자로 바꾼다. 인수 • text: 바꿀 텍스트

예 UPPER/LOWER/PROPER 함수 사용

	A	B	C	D	E	F
1						
2		**UPPER/LOWER/PROPER 함수 이해**				
3						
4		이름	결과	함수식	결과	함수식
5		jang	JANG	=UPPER(B8)	Jang	=PROPER(B8)
6		yang	YANG		Yang	
7		oh	OH		Oh	

(6) 논리 함수

논리 함수는 논리식 조건이 참인지 거짓인지를 판단하는 함수로써 대표적인 논리 함수는 IF, AND, OR, NOT 등이 있다.

1) IF 함수

조건을 판단해서 TRUE/FALSE에 따라 처리해야 할 작업을 지정하는 함수로써 엑셀에서 가장 많이 사용하는 함수 중에 하나이다.

구문	설명
IF(logical_test,[value_if_true],[value_if_false])	조건을 비교하여 조건이 참이면 인수 1, 조건이 거짓이면 인수 2를 실행한다. 인수 • logical_test: 참 또는 거짓을 판별할 수 있는 인수 • value_if_true: 참이면 선택되는 값 • value_if_false: 거짓일 때 선택되는 값
AND(logical1, [logical2], …)	인수가 모두 TRUE이면 TRUE를 반환하고, 인수 중 하나라도 FALSE이면 FALSE를 반환한다. 인수 • Logical1: 첫 번째 테스트 조건으로, TRUE 또는 FALSE가 될 수 있다. • Logical2, …: 2번째, 3번째… 인수를 연속적으로 입력할 수 있고 최대 255개까지 가능함.
OR(logical1, [logical2], …)	인수 중 하나라도 조건을 만족(TRUE)하면 TRUE를 반환하고, 모든 인수가 조건을 만족하지 못하면(FALSE)이면 FALSE를 반환한다.
NOT(logical)	입력된 인수 logical(논리)이 FALSE이면 TRUE를 반환하고, TRUE이면 FALSE를 반환 인수 • logical: TRUE 또는 FALSE가 될 수 있는 값 또는 식

예 IF 함수 사용

	학번	이름	엑셀	파워포인트	평균점수	통과여부	보너스명단

IF/OR/AND/NOT 논리함수 이해

통과여부 : 평균점수가 **90**점이상이면 "통과" 그렇지 않으면 "재시험"
보너스명단 : 엑셀과 파워포인트 점수가 모두 **90**점 이상이면 보너스 지급

학번	이름	엑셀	파워포인트	평균점수	통과여부	보너스명단
201832101	황나연	95	90	93	통과	보너스지급
201833121	정태경	90	90	90	통과	보너스지급
201933002	최지윤	100	85	93	통과	
201933003	김연우	95	90	93	통과	보너스지급
202031010	김혜현	95	90	93	통과	보너스지급
202033412	정현무	85	80	83	재시험	
202031435	양세영	80	75	78	재시험	

결과	함수식
통과여부	=IF(F7>=90,"통과","재시험")
보너스명단	=IF(AND(D7>=90,E7>=90),"보너스지급","")

NOTE 중첩된 IF 함수 사용하기

$$= \underline{IF(F7>=90,"A",} \underline{IF(F7>=80,"B","C"))}$$
$$\quad\quad\quad ① \quad\quad\quad\quad\quad\quad ②$$

- ① IF 문: [F7] 셀 값이 90점 이상이면 'A', 그렇지 않으면 두 번째 IF 문을 수행한다.
- ② IF 문: [F7] 셀 값이 80점 이상이면 'B', 그렇지 않으면 'C'를 표시한다.

(7) 텍스트/논리 함수 실습 예제

[실습 파일: 실습3-4.xlsx]

1) '실습3-4.xlsx' 파일을 열고 [텍스트날짜논리함수] 시트를 클릭한다. 부서 코드에 대한 부서명을 구하기 위해 [F4] 셀을 선택한 후 다음 함수식을 입력한 후 [Enter↵]를 누른다. [F4] 셀에 결괏값이 구해지면 [F4] 셀의 채우기 핸들을 [F12] 셀까지 드래그하거나 채우기 핸들에서 더블클릭한다.(사원코드의 첫 글자가 C이면 경영, D이면 인사, E이면 총무, 그 외의 경우에는 기획부로 표시한다.)

함수식: =IF(LEFT(B4,1)="C","경영",IF(LEFT(B4,1)="D","인사",IF(LEFT(B4,1)="E","총무","기획")))

DM발송 사원명단

사원코드	사원명	주민번호	주소	부서명	사원명	출생년도	지역명
C100	송혜란	900122-2******	경기도 하남시 위례동 35-5	=IF(LEFT(B4,1)="C","경영",IF(LEFT(B4,1)="D","인사",IF(LEFT(B4,1)="E","총무","기획")))			
D100	이경희	901120-2******	서울 강남구 압구정동 45번지				
E100	정은희	910220-2******	인천 서구 계양동 63-8				
C101	고동윤	911011-1******	경기도 분당구 서현동 55-5				
F100	한원선	910310-2******	경기도 분당구 수내동 14-6				
D101	고동윤	920411-2******	서울 강동구 성내동 18-8				
C101	이현기	920505-1******	서울 강북구 성복동 19번지				
F101	김영일	931111-1******	서울 강서구 화곡동 125번지				
D102	정희경	941205-2******	경기도 성남시 신흥1동 10번지				

2) 사원명의 가운데 글자를 *로 보안 처리하기 위해 [G4] 셀을 선택한 후 다음 함수식을 입력한 후 Enter↵를 누른다. [G4] 셀에 결괏값이 구해지면 [G4] 셀의 채우기 핸들을 [G12] 셀까지 드래그하거나 채우기 핸들에서 더블클릭한다.

> 함수식: =REPLACE(C4,2,1,"*")

DM발송 사원명단

사원코드	사원명	주민번호	주소	부서명	사원명	출생년도	지역명
C100	송혜란	900122-2******	경기도 하남시 위례동 35-5	경영	=REPLACE(C4,2,1,"*")		
D100	이경희	901120-2******	서울 강남구 압구정동 45번지	인사			
E100	정은희	910220-2******	인천 서구 계양동 63-8	총무			
C101	고동윤	911011-1******	경기도 분당구 서현동 55-5	경영			
F100	한원선	910310-2******	경기도 분당구 수내동 14-6	기획			
D101	고동윤	920411-2******	서울 강동구 성내동 18-8	인사			
C101	이현기	920505-1******	서울 강북구 성복동 19번지	경영			
F101	김영일	931111-1******	서울 강서구 화곡동 125번지	기획			
D102	정희경	941205-2******	경기도 성남시 신흥1동 10번지	인사			

3) 사원들의 출생년도를 구하기 위해 [H4] 셀을 선택한 후 다음 함수식을 입력한 후 Enter↵를 누른다. [H4] 셀에 결괏값이 구해지면 [H4] 셀의 채우기 핸들을 [H12] 셀까지 드래그하거나 채우기 핸들에서 더블클릭한다.

> 함수식: =1900+LEFT(D4,2)

DM발송 사원명단

사원코드	사원명	주민번호	주소	부서명	사원명	출생년도	지역명
C100	송혜란	900122-2******	경기도 하남시 위례동 35-5	경영	송*란	=1900+LEFT(D4,2)	
D100	이경희	901120-2******	서울 강남구 압구정동 45번지	인사	이*희		
E100	정은희	910220-2******	인천 서구 계양동 63-8	총무	정*희		
C101	고동윤	911011-1******	경기도 분당구 서현동 55-5	경영	고*윤		
F100	한원선	910310-2******	경기도 분당구 수내동 14-6	기획	한*선		
D101	고동윤	920411-2******	서울 강동구 성내동 18-8	인사	고*윤		
C101	이현기	920505-1******	서울 강북구 성복동 19번지	경영	이*기		
F101	김영일	931111-1******	서울 강서구 화곡동 125번지	기획	김*일		
D102	정희경	941205-2******	경기도 성남시 신흥1동 10번지	인사	정*경		

4) 주소 셀을 이용하여 지역명을 구하기 위해 [I4] 셀을 선택한 후 다음 함수식을 입력한 후 [Enter↵]를 누른다. [I4] 셀에 결괏값이 구해지면 [I4] 셀의 채우기 핸들을 [I12] 셀까지 드래그하거나 채우기 핸들에서 더블클릭한다.

함수식: =LEFT(E4,FIND(" ",E4)−1)

	A	B	C	D	E	F	G	H	I
1					**DM발송 사원명단**				
2									
3		사원코드	사원명	주민번호	주소	부서명	사원명	출생년도	지역명
4		C100	송혜란	900122-2******	경기도 하남시 위례동 35-5	경영	송*란	1990	경기도
5		D100	이경희	901120-2******	서울 강남구 압구정동 45번지	인사	이*희	1990	
6		E100	정은희	910220-2******	인천 서구 계양동 63-8	총무	정*희	1991	
7		C101	고동윤	911011-1******	경기도 분당구 서현동 55-5	경영	고*윤	1991	
8		F100	한원선	910310-2******	경기도 분당구 수내동 14-6	기획	한*선	1991	
9		D101	고동윤	920411-2******	서울 강동구 성내동 18-8	인사	고*윤	1992	
10		C101	이현기	920505-1******	서울 강북구 성북동 19번지	경영	이*기	1992	
11		F101	김영일	931111-1******	서울 강서구 화곡동 125번지	기획	김*일	1993	
12		D102	정희경	941205-2******	경기도 성남시 신흥1동 10번지	인사	정*경	1994	

(8) 날짜/시간 함수

엑셀 안에 날짜를 입력할 수 있는 함수로 년, 월, 일, 시, 분, 초 단위에 대해 값을 낼 수 있다.

1) 날짜 함수

구문	설명
TODAY()	이 함수는 인수가 필요 없다.
YEAR(serial_number) MONTH(serial_number) DAY(serial_number)	• serial_number: 날짜를 의미한다. 날짜에서 연도만 추출한다. 날짜에서 월만 추출한다. 날짜에서 일만 추출한다.
WEEKDAY(serial_number,[return_type])	• serial_number: 날짜를 의미한다. • return_type: 반환 값 유형을 결정하는 숫자. 생략 가능. 1 또는 생략일 경우 1(일요일)에서 7(토요일) 사이의 숫자

예 날짜 함수 사용

	A	B	C	D
1				
2		**날짜함수 이해**		
3				
4			결과	함수식
5		오늘날짜	2020-08-02	=TODAY()
6		년도	2020	=YEAR(C5)
7		월	8	=MONTH(C5)
8		일	2	=DAY(C5)
9		요일번호	1	=WEEKDAY(C5)

2) 시간 함수

구문	설명
NOW()	현재 날짜와 시간을 표시한다. 이 함수는 인수가 필요 없다.
HOUR(serial_number) MINUTE(serial_number) SECOND(serial_number)	serial_number: 시간 값을 의미한다. 시간 값에서 시, 분, 초 값을 구해야 할 때 유용한 함수가 HOUR, MINUTE, SECOND이다.

예 시간 함수 사용

	A	B	C	D
1				
2		**시간함수 이해**		
3				
4			결과	함수식
5		현재날짜와 시간	2020-08-02 4:53	=NOW()
6		시간	4	=HOUR(C5)
7		분	53	=MINUTE(C5)
8		초	54	=SECOND(C5)

(9) 찾기/참조 영역 함수

찾기 함수는 지정된 셀 범위에서 특정한 셀의 값을 찾을 때 사용하는 함수로 대표적인 찾기 함수는 VLOOKUP, HLOOKUP, INDEX, MATCH 등이 있다.

1) VLOOKUP/HLOOKUP 함수

VLOOKUP은 Vertical Lookup을 줄여서 쓴 것으로 범위를 수직(세로)으로 내려가면서 원하는 값을 찾는다. HLOOKUP은 Horizontal Lookup을 줄여서 쓴 것으로 범위를 수평(가로)으로 따라가면서 값을 찾는다는 뜻이다.

구문	설명
VLOOKUP (lookup_value,table_array,col_index_num,[range_lookup])	범위(table_array)의 첫 번째 열을 수직으로 내려가면서 키값(lookup_value)를 찾은 다음, 같은 행에 있는 지정된 열(col_index_num)의 값을 반환한다. 인수 • lookup_value: 범위에서 원하는 값을 찾기 위한 키값 • table_array: 값을 찾을 범위 • col_index_num : 값을 찾을 범위에서 가져올 값이 있는 열의 위치 • range_lookup: 일치하는 키값을 찾을 것인지 근삿값을 찾을 것인지 결정(TRUE – 근삿값, FALSE – 일치하는 값)
HLOOKUP (lookup_value,table_array,row_index_num,[range_lookup])	범위(table_array)의 첫 번째 행을 수평(가로)으로 따라가면서 키값(lookup_value)를 찾은 다음, 같은 열에 있는 지정된 행(row_index_num)의 값을 반환한다. 인수 • lookup_value: 범위에서 원하는 값을 찾기 위한 키값 • table_array: 값을 찾을 범위 • row_index_num : 값을 찾을 범위에서 가져올 값이 있는 행의 위치 • range_lookup: 일치하는 키값을 찾을 것인지 근삿값을 찾을 것인지 결정(TRUE – 근삿값, FALSE – 일치하는 값)

예 VLOOKUP/HLOOKUP 함수 사용

2) INDEX/MATCH 함수

MATCH 함수는 범위 내 찾는 값의 위치(순번)를 반환한다. INDEX 함수는 선택한 범위에서 원하는 위치의 값을 반환한다. INDEX 함수에는 배열형과 참조형이라는 두 가지 형식이 있다. 이 함수는 단독으로 쓰이기보다는 MATCH 함수 등 다른 함수와 같이 자주 사용된다. INDEX와 MATCH 함수를 같이 사용하면 VLOOKUP으로 해결할 수 없는 다중 조건으로 값 찾기 등의 문제를 해결할 수 있다.

구문	설명
INDEX(array, row_num,[column_num])	테이블 또는 배열에서 행과 열에 해당하는 값을 가져온다. 인수 • array: 값을 찾을 테이블 또는 배열 • row_num: 값이 위치한 행 번호 • column_num: 값이 위치한 열 번호
MATCH(lookup_value, lookup_array, [match_type])	MATCH 함수는 지정된 범위에서 찾고자 하는 값의 위치를 반환한다. 인수 • lookup_value: 원하는 값을 찾기 위한 키값 • lookup_arrary: 값을 찾을 영역 • match_type: 1 – 보다 작음, 0 – 정확히 일치, –1– 보다 큼.

예 INDEX/MATCH 함수 사용

	A	B	C	D	E	F	G	H	I
1									
2		**INDEX/MATCH 함수 이해**							
3									
4		급여목록					급여테이블		
5		이름	직위	위치	급여		코드	급여	직위
6		양숙희	차장	2	3500000		A100	4,000,000	부장
7		황복동	부장	1	4000000		B100	3,500,000	차장
8		양윤희	차장	2	3500000		C100	3,000,000	과장
9		정명식	부장	1	4000000		E100	2,500,000	대리
10		최봉수	차장	2	3500000		F100	2,000,000	사원
11		양선희	과장	3	3000000				
12		김진영	과장	3	3000000				
13		양복희	대리	4	2500000				
14		김진호	과장	3	3000000				
15		양수희	대리	4	2500000				
16									
17		결과	함수식						
18		위치	=MATCH(C6,$I$6:$I$10,0)						
19									
20		결과	함수식						
21		급여	=INDEX($H$6:$H$10,D6)						

(10) 찾기/참조 영역 함수 실습 예제

1) '실습3-4.xlsx' 파일을 열고 [찾기/참조 영역 함수] 시트를 클릭한다. 판매총액을 구하기 위해 [E4] 셀을 선택한 후 다음 함수식을 입력한 후 Enter↵를 누른다. [E4] 셀에 결괏값이 구해지면 [E4] 셀의 채우기 핸들을 [E15] 셀까지 드래그하거나 채우기 핸들에서 더블클릭한다.(판매총액 = 판매량 * 할인가)

함수식: =D4*HLOOKUP(B4,$I$3:$L$5,3)

	의류 판매 현황						<가격표>				
	의류코드	사이즈	판매량	판매총액	품목명		의류코드	mk-101	mk-102	nk-103	nk-104
	mk-101	S	315	=D4*HLOOKUP(B4,$I$3:$L$5,3)			판매가	30,000	32,500	36,000	37,500
	mk-101	M	294				할인가	25,500	27,625	29,520	30,000
	mk-101	L	388								
	mk-102	S	357								
	mk-102	M	248				<품목명>				
	mk-102	L	323				품목명	의류코드			
	nk-103	S	287				상의	mk-101			
	nk-103	M	355				하의	mk-102			
	nk-103	L	346				원피스	nk-103			
	nk-104	S	385				정장	nk-104			
	nk-104	M	366								
	nk-104	L	374								

2) 품목명을 구하기 위해 [F4] 셀을 선택한 후 다음 함수식을 입력한 후 Enter↵를 누른다. [F4] 셀에 결괏값이 구해지면 [F4] 셀의 채우기 핸들을 [F15] 셀까지 드래그하거나 채우기 핸들에서 더블클릭한다.(INDEX, MATCH 함수 사용)

함수식: =INDEX($H$10:$H$13,MATCH(B4,$I$10:$I$13,0))

	의류 판매 현황						<가격표>				
	의류코드	사이즈	판매량	판매총액	품목명		의류코드	mk-101	mk-102	nk-103	nk-104
	mk-101	S	315	8,032,500	=INDEX($H$10:$H$13,MATCH(B4,$I$10:$I$13,0))					36,000	37,500
	mk-101	M	294	7,497,000			할인가	25,500	27,625	29,520	30,000
	mk-101	L	388	9,894,000							
	mk-102	S	357	9,862,125							
	mk-102	M	248	6,851,000			<품목명>				
	mk-102	L	323	8,922,875			품목명	의류코드			
	nk-103	S	287	8,472,240			상의	mk-101			
	nk-103	M	355	10,479,600			하의	mk-102			
	nk-103	L	346	10,213,920			원피스	nk-103			
	nk-104	S	385	11,550,000			정장	nk-104			
	nk-104	M	366	10,980,000							
	nk-104	L	374	11,220,000							

(11) 분산과 표준편차 함수

데이터 분석 문제의 상황을 파악하기에 가장 좋은 방법은 수집된 데이터의 흩어진 정도와 치우친 정도를 관찰하는 것이다. 분산과 표준편차는 평균을 기준으로 데이터가 흩어진 정도를 수치로 나타낸 값이다. 분산은 편차(데이터 − 평균)의 제곱에 대한 평균으로 편차의 평균이라고 이해하면 된다. 분산의 제곱근이 표준편차이다. 분산과 표준편차를 구하는 데이터의 범위는 모집단과 표본집단으로 구분되는데, 모집단은 전체 집단을 말하고 표본집단은 모집단 내에서 뽑은 표본의 집단을 말한다. 엑셀은 분산과 표준편차를 구하는 함수로 모집단의 분산을 구하는 VAR.P 함수, 표본집단의 분산을 구하는 VAR.S 함수, 모집단의 표준편차를 구하는 STDEV.P 함수, 표본집단의 표준편차를 구하는 STDEV.S 함수를 제공한다.

[실습 파일: 실습3-4.xlsx]

1) '실습3-4.xlsx' 파일을 열고 [분산과 표준편차 함수] 시트를 클릭한다. '출석', '중간', '기말', '합계'의 분산과 표준편차를 구해본다. '출석'의 모집단과 표본집단에 대한 분산과 표준편차를 구하기 위해 셀 [E16]에 =VAR.P(E4:E15), 셀 [E17]에 =VAR.S(E4:E15), 셀 [E18]에 =STDEV.P(E4:E15), 셀 [E19]에 =STDEV.S(E4:E15)를 입력한 후 채우기 핸들을 이용하여 중간, 기말도 구해보자.

	A	B	C	D	E	F	G	H
1								
2		**빅데이터 기초 과목 응시현황**						
3		학번	학년	전공	출석(20)	중간(40)	기말(40)	총합
4		202010001	1	건축과	87	87	100	92.2
5		202010110	1	경영정보학과	100	97	87	93.6
6		202010111	1	경영정보학과	95	98	78	89.4
7		202010201	1	사학과	87	97	98	95.4
8		202010301	1	수학과	97	88	75	84.6
9		202010301	1	수학과	75	98	100	94.2
10		202010410	1	정치외교학과	85	78	75	78.2
11		202010501	1	컴공과	100	100	97	98.8
12		202010502	1	컴공과	90	97	100	96.8
13		202010603	1	피아노학과	97	98	80	90.6
14		202010715	2	경영과	100	97	98	98.0
15		202010811	2	국문과	90	87	97	91.6
16		모집단에 대한 분산						
17		표본집단에 대한 분산						
18		모집단에 대한 표준편차						
19		표본집단에 대한 표준편차						

2) 실습 결과는 아래와 같다.

	학번	학년	전공	출석(20)	중간(40)	기말(40)	총합
빅데이터 기초 과목 응시현황							
	202010001	1	건축과	87	87	100	92.2
	202010110	1	경영정보학과	100	97	87	93.6
	202010111	1	경영정보학과	95	98	78	89.4
	202010201	1	사학과	87	97	98	95.4
	202010301	1	수학과	97	88	75	84.6
	202010301	1	수학과	75	98	100	94.2
	202010410	1	정치외교학과	85	78	75	78.2
	202010501	1	컴공과	100	100	97	98.8
	202010502	1	컴공과	90	97	100	96.8
	202010603	1	피아노학과	97	98	80	90.6
	202010715	2	경영과	100	97	98	98.0
	202010811	2	국문과	90	87	97	91.6
모집단에 대한 분산				53.90972	42.25	102.2431	31.5275
표본집단에 대한 분산				58.81061	46.09091	111.5379	34.39364
모집단에 대한 표준편차				7.342324	6.5	10.11153	5.614935
표본집단에 대한 표준편차				7.668807	6.789029	10.56115	5.864609

연습문제

1. 연습3–1.xlsx 파일을 열어 다음 〈조건〉에 맞게 완성하시오.

〈조건〉

① F 열에 SUM 함수를 이용하여 합계를 구하시오.

② G 열에 AVERAGE 함수를 이용하여 평균을 구하시오.

③ H 열에 평균을 이용하여 순위를 구하고 소수 첫째 자리까지만 나타내시오.

④ G 열을 이용하여 상위점수 K번째 점수를 구하시오.

⑤ G 열을 이용하여 하위점수 K번째 점수를 구하시오.

⑥ B 열을 이용하여 지원자 수를 구하시오.

⑦ G 열을 이용하여 최고 점수를 구하시오.

⑧ G 열을 이용하여 최저 점수를 구하시오.

⑨ 14행에 '국어', '외국어', '수학'에 대한 표본집단의 표준편차를 구하시오

한국대학교 AI학과 진단평가

성명	국어	외국어	수학	총점	평균	순위
이수경	100	100	100	300	100	1
연문숙	90	50	60	200	66.7	9
곽민정	99	65	70	234	78	7
김영미	85	95	65	245	81.7	6
우재남	45	96	88	229	76.3	8
한성훈	99	84	95	278	92.7	3
우서혜	100	75	92	267	89	5
이명정	96	96	85	277	92.3	4
박길식	95	88	96	279	93	2
표준편차	17.58156	16.85807	14.71488			

상위점수			하위점수		지원자수	9
등수	점수		등수	점수	최고점수	100
1	100		1	66.7	최저점수	66.7
2	93		2	76.3		
3	92.7		3	78		

2. 연습3-2.xlsx 파일을 열어 다음 〈조건〉에 맞게 완성하시오.

〈조건〉

① G2 셀에 시스템의 현재 날짜를 나타내시오.

② F 열에 '주민등록번호'를 이용하여 '성별'을 구하시오.(주민등록번호 8번째 자리의 숫자 1 또는 3이면 '남자', 2 또는 4이면 '여자'로 표시하시오)

③ G 열에 '사번'을 이용하여 '부서'를 구하시오.(부서 사번의 첫 글자가 A이면 인사부, B이면 총무부, 나머지는 영업부)

④ F16 셀에 '입사성적'이 'A'인 사원의 수를 구하시오.

	A	B	C	D	E	F	G
1				**AI부서 사원명단**			
2						작성일	2020-11-22
3							
4		사번	성명	주민등록번호	입사성적	성별	부서
5		A101	이수남	770124-1907654	A	남자	인사부
6		A102	연재식	040519-3209834	C	남자	인사부
7		K101	곽도현	771017-1098123	B	남자	영업부
8		B101	김영수	730601-1021213	B	남자	총무부
9		J101	우재남	761119-1276589	C	남자	영업부
10		J102	한성순	811230-2671234	A	여자	영업부
11		K102	우서혜	790708-2121543	B	여자	영업부
12		B102	박길식	070909-3345987	A	남자	총무부
13		A103	이명정	040120-4375727	B	여자	인사부
14							
15							
16			입사 성적이 A인 사원수			3	

3. 연습3-3.xlsx 파일을 열어 다음 〈조건〉에 맞게 완성하시오.

〈조건〉

① [표1]에서 각 상품별 '판매금액' [E3:E7]을 계산하시오.

• 판매금액 = 단가 × (1 − 할인율[C8]) × 판매수량

② [표2]에서 '토익점수'에 대한 '순위'를 산출하여 [J3:J9] 영역에 표시하시오.

• 토익점수가 높은 사원이 1위

• RANK 함수, 연산자 & 사용

• 표시 예: 1위

③ [표3]에서 '분양가'와 '평수'를 이용하여 '평당 분양가' [E12:E20]을 표시하시오.

• 평당 분양가 = 분양가/평수

• 평당 분양가는 백 단위에서 절사하여 천 단위까지 표시

• 표시 예: 12,862,768 → 12,862,000

• ROUND, ROUNDDOWN, ROUNDUP 중 알맞은 함수를 사용

[표1] 상품별 판매금액

상품명	단가	판매수량	판매금액
상쾌한치약	2,800	2,350	5,264,000
말끔청소기	73,000	127	7,416,800
롱롱슈즈	88,000	289	20,345,600
뷰티핸드백	152,000	93	11,308,800
두둑지갑	57,000	165	7,524,000
할인율	20%		

[표2] 신입사원 토익 성적 현황

사원명	소속부서	토익점수	순위
황복동	인사부	720	6위
이한근	영업부	830	4위
이경미	개발부	680	7위
최진	홍보부	850	3위
박명희	개발부	740	5위
김혜림	영업부	860	2위
이해영	홍보부	910	1위

[표3] 서울지역 아파트 평당 분양가

지구명	분양가	평수	평당분양가
성일지구	512,000,000	31	16,516,000
도촌지구	723,000,000	35	20,657,000
암사지구	727,000,000	26	27,961,000
송파지구	983,000,000	25	39,320,000
반포지구	1,592,000,000	40	39,800,000
용문지구	573,000,000	24	23,875,000
청계지구	735,000,000	30	24,500,000
위례지구	1,086,000,000	30	36,200,000
도선지구	589,000,000	22	26,772,000

4. 연습3-4.xlsx 파일을 열어 다음 〈조건〉에 맞게 완성하시오.

〈조건〉

① 데이터 범위 [H5:I9]에서 찾기 함수를 이용하여 직위별 '상여금'을 구하시오.

- VLOOKUP 함수를 사용

② 데이터 범위 [C14:G15]에서 찾기 함수를 이용하여 성적별 '점수'를 구하시오.

- HLOOKUP 함수를 사용

상여금 지급

이름	직위	상여금	성적	점수
황동호	과장	650,000	B	4
황복동	부장	700,000	A	5
정명식	과장	650,000	B	4
조현경	이사	1,000,000	C	3
황나연	사원	500,000	D	2
양숙희	대리	600,000	F	1

직위별 지급기준

직위	상여금
사원	500,000
대리	600,000
과장	650,000
부장	700,000
이사	1,000,000

점수표

성적	A	B	C	D	F
점수	5	4	3	2	1

04

데이터 수집과 저장

contents

데이터 수집과 저장

학습목표

- 데이터 분석을 위한 분석 대상 데이터 수집 방법에 대하여 알 수 있다.
- 공공기관 홈페이지에서 분석 자료로 다운로드한 파일을 불러올 수 있다.
- 웹 페이지에서 데이터를 가져오는 웹 데이터 자동 수집(크롤링)을 통하여 분석 자료를 가져올 수 있다.
- 웹사이트에서 다운로드 받은 자료가 깨져서 보일 때 인코딩 방법을 사용하여 해결할 수 있다.

데이터는 다양한 출처에서 수집하여 데이터를 추출하며 추출한 데이터는 적합한 형태로 변환하여 사용한다. 주로 인터넷, 데이터베이스, 다른 프로그램으로 만든 파일들에서 데이터를 얻게 된다. 데이터는 정형 데이터와 비정형 데이터로 구분할 수 있는데, 정형 데이터는 쉼표로 구분된 CSV 파일, 데이터베이스에 저장된 데이터, HTML이나 XML로 된 데이터, JSON 데이터 등이 해당되며, 비정형 데이터에는 영상, 음성 등이 해당된다.

4.1 데이터 수집 방법

인터넷의 공공기관 홈페이지에 공개되어 있는 공공데이터는 무료로 제공하기 때문에 다운로드 받아 수집하거나, 크롤링을 통하여 웹 페이지에서 자동 수집할 수 있다.

(1) 다운로드하여 데이터 수집

공공 데이터는 공공기관 홈페이지에서 다운로드 받아 수집할 수 있는데, 공공기관 홈페이지를 정리하면 다음과 같다.

〈표 4-1〉 공공기관 홈페이지의 인터넷 주소

기관명	인터넷 주소
공공데이터포털	https://www.data.go.kr/index.do
주민등록 인구통계 행정안전부	http://27.101.213.4/index.jsp
기상자료개방포털	https://data.kma.go.kr/
서울 열린 데이터 광장	http://data.seoul.go.kr
서울특별시 대기환경정보	https://cleanair.seoul.go.kr/
학교알리미(초 · 중등 교육정보 공시 서비스)	https://www.schoolinfo.go.kr/Main.do
티머니 카드&페이(대중교통 통계자료)	https://pay.tmoney.co.kr/ncs/pct/ugd/ReadUgdMainGd.dev
SK telecom Big Data Hub (각종 통화량 관련 데이터)	http://www.bigdatahub.co.kr
영화진흥위원회	http://www.kofic.or.kr/kofic/business/main/main.do
한국소비자원 참가격	http://www.price.go.kr/tprice/portal/main/main.do
Kaggle (세계 다양한 주제의 데이터)	https://www.kaggle.com/datasets
Quandl (경제, 의료, 부동산 등)	https://www.quandl.com
Uniprot (염기서열)	https://www.uniprot.org

공공기관 홈페이지에서 제공하는 데이터들의 파일 형식에는 XLSX, CSV, HTML, XML, JSON 등이 있다. XLSX 파일 형식은 엑셀에서 바로 불러와서 사용할 수 있지만, CSV 파일은 각각의 데이터값을 콤마(,)로 구분하는 파일 형식이고, HTML과 XML 파일은 웹에서 표현하기 위한 파일 형식이기 때문에 엑셀에서 데이터 분석을 하기 위해서는 XLSX 파일 형식으로 저장하여 사용한다. JSON 파일은 간단한 데이터 교환 포맷으로 엑셀에서 데이터 분석을 하기 위해서는 외부 데이터 가져오기 및 변환 과정을 통해 사용할 수 있다.

(2) 크롤링하여 데이터 수집

웹 페이지에서 제공하는 데이터를 엑셀로 그대로 가져와서 수집할 수 있다. 이를 크롤링(crawling) 혹은 스크레이핑(scraping)이라고 하는데, 크롤링하는 소프트웨어를 크롤러(crawler)라고 부른다. 엑셀에서 외부 데이터 가져오기 및 변환 과정에서 웹을 선택하여 웹 페이지의 주소를 입력하면 표 형태로 웹 페이지의 데이터를 가져온다.

4.2 다운로드하여 데이터 수집

(1) 학교알리미(초 · 중등 교육정보 공시 서비스) 사이트에서 수집

학교알리미(초·중등 교육정보 공시 서비스) 사이트에서 초등학교, 중학교, 고등학교, 특수학교를 제외한 학교급(그외학교)의 성별 학생수를 다운로드하여 데이터를 수집한다.

1) 학교알리미(초·중등 교육정보 공시 서비스) 사이트(https://www.schoolinfo.go.kr/Main. do) 화면 하단의 공개용 데이터를 클릭한다.

2) 성별 학생수 → 2020년도 → 그외학교 순으로 선택한 후 다운로드 버튼을 클릭한다.

3) 유형, 사용목적은 상황에 맞게 적절히 선택하고, 파일유형은 CSV를 선택한다. Excel을 선택하여 다운받게 되면 엑셀에서 바로 열수 있는 파일 형식으로 다운받을 수 있지만, CSV 파일 형식만 제공하는 경우를 위해 CSV 파일을 다운받는다.

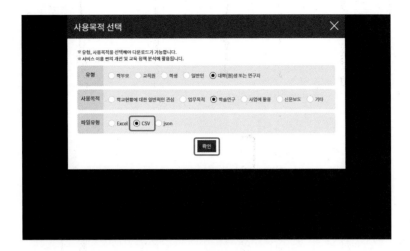

4) 화면 하단의 저장 버튼을 클릭하여 CSV 파일을 다운 받는다.

5) 다운로드 폴더에서 '2020년도_성별 학생수.csv' 파일을 더블클릭하여 연 후, 다른 이름으로 저장 버튼을 클릭한다.

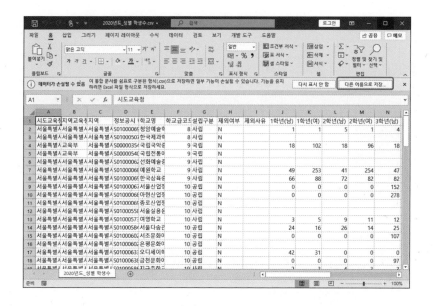

6) 파일 형식을 'Excel 통합 문서(*.xlsx)'로 선택하여 저장한다.

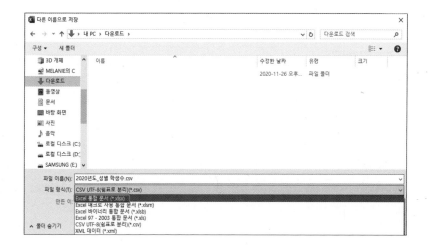

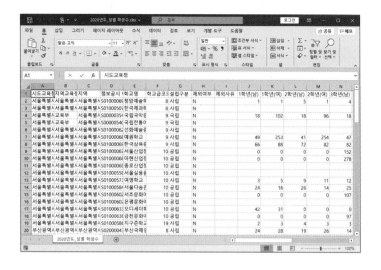

4.3 크롤링으로 데이터 수집

(1) 기상자료개방포털 사이트에서 수집

기상자료개방포털 사이트에서 2010년부터 2020년까지 10년 동안의 월별 서울시 기온을 크롤링으로 데이터 수집한다.

1) 기상자료개방포털 사이트(https://data.kma.go.kr/)에서 기후통계분석의 우리나라 기후평년값을 클릭한다.

2) 웹 페이지의 주소를 복사한다.

3) 엑셀을 실행하여 [데이터] 탭 – [데이터 가져오기 및 변환] 그룹 – [데이터 가져오기] – [기타 원본에서] – [웹]을 선택한다.

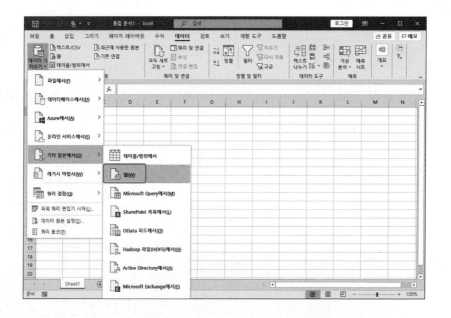

4) 웹에서 대화 상자에서 복사한 웹 페이지 주소를 붙여넣기 한 다음 확인을 클릭한다.

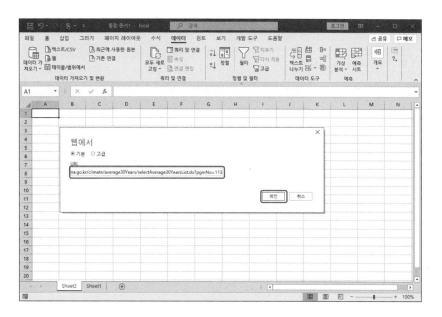

5) 엑셀은 웹 페이지를 분석하고 탐색 창의 테이블 형태로 로드한다. 왼쪽 목록에서 '조회 자료 결과'를 선택한 후 오른쪽 상단 모서리의 '새로 고침' 버튼을 클릭하고 '로드' 버튼을 클릭하면 선택한 웹 데이터를 엑셀에 로드한다.

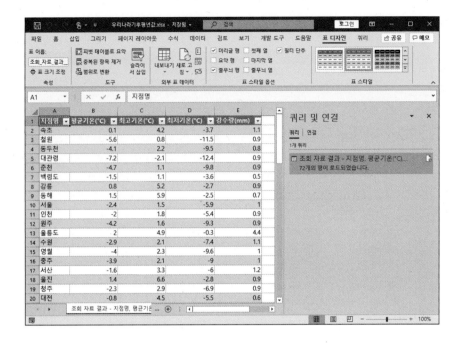

4.4 데이터 인코딩 방법

웹사이트 등에서 주소록, 통계 자료 등 텍스트 기반의 데이터를 다운로드할 때 대부분 콤마(,) 등의 구분 문자로 열을 구분하는 CSV 파일로 내보내는 경우가 많다. 이렇게 다운로드 받은 파일(CSV, TXT 등)을 엑셀로 열면 포함되어 있는 한글이 깨져 보이는 경우가 있다. 이런 경우 인코딩 방식을 UTF-8 또는 유니코드를 선택하여 해결할 수 있다. '실습4-1.CSV' 파일을 열어 학습한다.

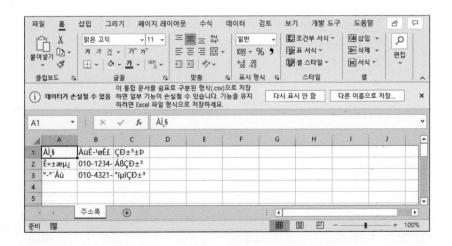

(1) 메모장을 사용하는 경우

1) CSV 파일에 마우스 오른쪽 버튼을 클릭하여 단축 메뉴의 연결 프로그램을 메모장으로 선택하여 메모장에서 CSV 파일을 연다.

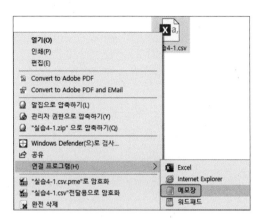

2) [파일]의 [다른 이름으로 저장]을 클릭하여 파일 형식은 모든 파일을 선택하고 인코딩은 UTF-8 또는 유니코드를 선택하여 저장한다.

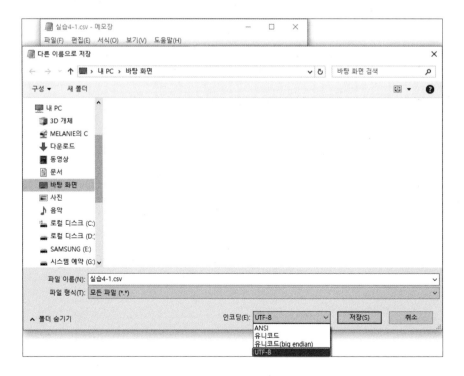

3) 저장한 CSV 파일을 열면 한글이 깨지지 않고 잘 표시되는 것을 확인할 수 있다.

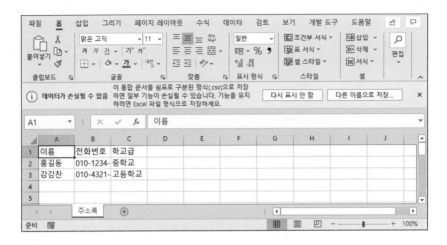

(2) 엑셀에서 외부 데이터 가져오기를 사용하는 경우

1) 엑셀을 실행하여 [데이터] 탭 – [데이터 가져오기 및 변환] 그룹 – [데이터 가져오기] – [파일에서] – [텍스트/CSV]를 선택한다.

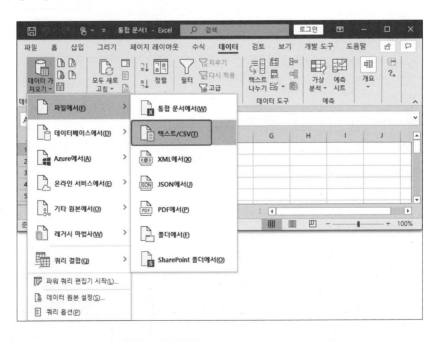

2) 파일 원본을 '65001:유니코드(UTF-8)'로 선택하면, 미리보기 화면에 한글이 잘 표시된 것을 확인할 수 있다. 오른쪽 하단의 로드 버튼을 클릭한다.

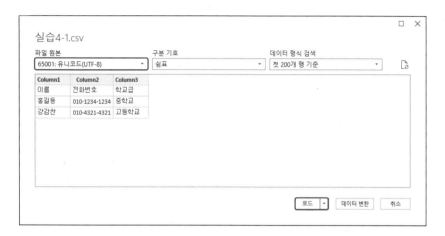

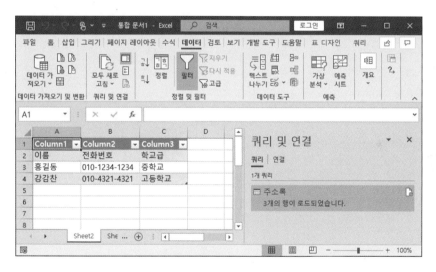

(3) 텍스트 파일의 구분 기호가 일정하지 않는 경우

수집한 텍스트 파일의 데이터들 사이에 구분 기호가 콤마(,) 사이 띄기 등이 혼용되어 일정하지 않을 때 엑셀에서 외부 데이터 가져오기를 하게 되면 일부 데이터가 손실된다. 이런 경우 구분 기호를 일정하게 변경하여 해결할 수 있다. '실습4-2.txt' 파일을 열어 확인한다.

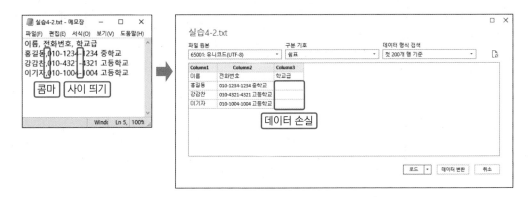

1) 수집한 텍스트 파일을 메모장에서 열어 Ctrl+H를 누르면 바꾸기 대화상자가 나타나는데, 찾을 내용에는 사이 띄기를 입력하고 바꿀 내용에는 콤마(,)를 입력하여 모두 바꾸기를 클릭한다.

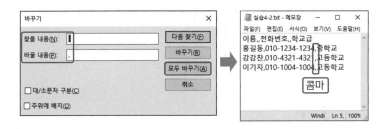

2) 사이 띄기를 콤마(,)로 모두 바꾸기를 하고 나면 문제없이 사이 띄기가 있던 다른 곳에 콤마(,)가 추가된 것을 확인할 수 있다. 이럴 때는 콤마(,) 두 개가 있는 내용을 찾아 콤마(,) 하나로 모두 바꾸기를 한 후 저장한다.

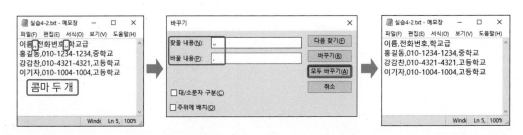

3) 엑셀을 실행하여 [데이터] 탭 – [데이터 가져오기 및 변환] 그룹 – [데이터 가져오기] – [파일에서] – [텍스트/CSV]를 선택한다.

4) 미리보기 화면에 손실된 데이터가 없다는 것을 확인할 수 있다. 오른쪽 하단의 로드 버튼을 클릭한다.

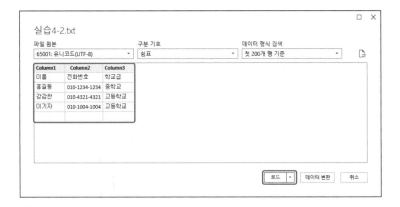

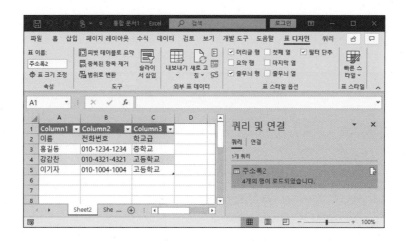

불규칙한 구분 기호는 수집한 텍스트 파일에 따라 다르기 때문에 최대한 규칙을 찾아 바꾸기를 반복하면서 구분 기호 규칙을 일정하게 해주어야 한다.

1. 주민등록 인구통계 행정안전부 사이트에서 다음 〈조건〉을 참고하여 데이터를 다운받아 엑셀 통합 문서 형식으로 저장하시오.

   〈조건〉

   ① 주민등록 인구 및 세대현황 데이터 다운로드(예시: 2018년 1월~2020년 10월)

   ② Excel 통합 문서(*.xlsx) 형식의 '연습4-1.xlsx' 파일로 저장

▲	A	B	C	D	E	F
1	※ 매월 말일자 통계 현황					
2						2018년01월
3	행정기관코드	행정기관	총인구수	세대수	세대당 인구	남자 인구수
4	1000000000	전국	51,779,148	21,662,900	2.39	25,855,611
5	1100000000	서울특별시	9,851,767	4,224,387	2.33	4,826,345
6	2600000000	부산광역시	3,467,055	1,468,069	2.36	1,707,568
7	2700000000	대구광역시	2,474,309	1,008,158	2.45	1,227,177
8	2800000000	인천광역시	2,950,771	1,191,418	2.48	1,480,645
9	2900000000	광주광역시	1,464,037	593,739	2.47	725,340
10	3000000000	대전광역시	1,501,378	615,642	2.44	750,415
11	3100000000	울산광역시	1,164,489	458,894	2.54	599,243
12	3600000000	세종특별자치	283,198	110,573	2.56	141,253
13	4100000000	경기도	12,890,445	5,145,099	2.51	6,483,951
14	4200000000	강원도	1,548,078	699,946	2.21	779,669
15	4300000000	충청북도	1,593,903	692,679	2.30	804,965
16	4400000000	충청남도	2,117,685	924,730	2.29	1,076,905
17	4500000000	전라북도	1,851,694	798,121	2.32	920,846
18	4600000000	전라남도	1,893,444	851,587	2.22	947,078
19	4700000000	경상북도	2,688,747	1,193,620	2.25	1,351,679
20	4800000000	경상남도	3,379,981	1,407,283	2.40	1,701,185
21	5000000000	제주특별자치	658,167	278,955	2.36	331,344

GU	GV	GW	GX
2020년10월			
세대당 인구	남자 인구수	여자 인구수	남여 비율
2.25	25,847,719	25,990,297	0.99
2.20	4,713,716	4,975,443	0.95
2.23	1,664,277	1,733,321	0.96
2.30	1,196,446	1,227,725	0.97
2.33	1,473,834	1,468,399	1.00
2.30	718,912	734,082	0.98
2.26	732,552	735,004	1.00
2.39	584,963	553,618	1.06
2.48	175,135	175,872	1.00
2.38	6,741,849	6,658,766	1.01
2.10	775,679	766,157	1.01
2.16	810,528	788,574	1.03
2.17	1,081,967	1,038,380	1.04
2.17	897,770	908,167	0.99
2.08	929,911	920,769	1.01
2.11	1,329,257	1,310,506	1.01
2.26	1,682,733	1,660,098	1.01
2.24	338,190	335,416	1.01

2. 데이터 분석을 위한 데이터 수집 방법을 작성하시오.

3. 공공기관 홈페이지에서 분석 자료로 다운로드한 파일을 불러오시오.

4. 크롤링을 통하여 웹 페이지에서 데이터를 가져오시오.

5. 웹사이트에서 다운로드 받은 자료가 깨져서 보일 때 인코딩 방법을 사용하여 해결하시오

05

데이터 가공하기

contents

데이터 가공하기

학습목표

• 셀 서식을 이용하여 글자 크기, 모양, 셀 테두리 등의 다양한 서식을 지정할 수 있다.
• 표시 형식 기능을 이용하여 데이터 표시 형식을 사용할 수 있고, 숫자, 문자, 날짜 및 시간 데이터에 맞는 사용자 지정 표시 형식을 지정할 수 있다.
• 표 기능을 이용하여 표를 만들고 편집할 수 있다.
• 공공기관 홈페이지에서 수집한 데이터에 다양한 서식과 표 등을 적용하여 가공하고 차트를 활용하여 시각화할 수 있다.

5.1 셀 서식 및 표시 형식

엑셀에서 서식이란 셀에 입력된 데이터에 글자 크기나 모양, 화면에 보이는 데이터 형식 또는 셀 테두리와 채우기 색을 지정하여 사용자가 데이터를 쉽게 구분할 수 있도록 꾸미는 것을 말한다. 예를 들어 기본 편집 화면의 셀을 구분하는 경계선인 눈금선은 화면상에서만 보이기 때문에 실제 엑셀 통합 문서를 인쇄할 때에는 표시되지 않으므로 문서를 인쇄할 때 경계선이 보이게 하려면 셀에 색을 지정하거나 테두리 선을 지정해야 한다. 엑셀에 입력된 데이터에 서식을 적용하는 방법에는 미리 설정되어 있는 서식 스타일을 적용하는 방법과 사용자가 서식을 하나하나 적용하는 방법이 있다. 자동 스타일 적용 방법과 사용자가 직접 서식을 적용하는 방법에 대하여 알아보자.

(1) 셀 스타일

서식이 적용되기 원하는 영역을 설정한 후 [홈] 탭 – [스타일] 그룹 – [표 서식]을 선택하여 데이터가 있는 범위에 표 스타일을 적용하거나 또는 [홈] 탭 – [스타일] 그룹 – [셀 스타일]을 선택하여

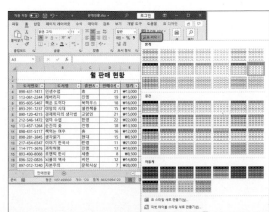

데이터가 있는 범위의 셀에 스타일을 적용할 수 있다.

(2) 셀 서식

셀에 적용할 수 있는 모든 서식 기능을 모아 놓은 메뉴가 [셀 서식]인데, 한꺼번에 여러 항목의 서식을 적용하거나 도구 모음에 표시되지 않은 서식을 지정할 수 있다. [홈] 탭 – [셀] 그룹 – [서식]의 [셀 서식]을 클릭하거나 셀에 마우스 오른쪽 버튼을 클릭하여 표시되는 메뉴에서 [셀 서식]을 선택할 수 있으며, Ctrl+1을 눌러 [셀 서식] 대화상자를 불러낼 수 있다.

[그림 5-1] 셀 서식 대화상자

❶ [표시 형식] 탭: 셀에 입력한 숫자나 문자에 적용되는 데이터 표시 형식을 지정한다.

❷ [맞춤] 탭: 셀에 입력한 데이터의 위치와 방향을 지정한다.

❸ [글꼴] 탭: 셀에 입력한 데이터의 글꼴, 글꼴 스타일, 밑줄, 효과 등을 지정한다.

❹ [테두리] 탭: 셀 영역 경계선에 테두리를 지정한다.

❺ [채우기] 탭: 셀 영역 내부에 지정된 색 또는 무늬를 지정한다.

❻ [보호] 탭: 셀 영역에 입력한 내용을 수정하지 못하도록 보호한다.

1) 글꼴과 글꼴 크기 변경

글꼴 및 글꼴 크기는 [셀 서식]보다 도구 모음을 이용하는 것이 더 효율적이다. 글꼴 서식을 적용하려는 셀 또는 영역을 선택한 후 [홈] 탭 – [글꼴] 그룹에서 글꼴 및 글꼴 크기를 선택할 수 있다. 엑셀에 기본적으로 지정되어 있는 글꼴은 '맑은 고딕'이며 글꼴 크기는 '11pt'이다.

● 글꼴 스타일과 색 지정

글꼴 스타일과 글꼴 색도 [홈] 탭 – [글꼴] 그룹의 메뉴를 이용하여 변경할 수 있다. 글꼴 스타일은 글자를 강조하기 위하여 사용하는 서식으로 '굵게', '기울임', '밑줄' 효과 등을 지정할 수 있다. 글자를 강조하기 위해 글꼴 색도 사용하는데, 글꼴 목록 단추를 클릭하여 색을 지정할 수 있다.

● [셀 서식]에서 글꼴 효과 지정

원하는 글꼴 스타일이 도구 모음에 없을 때는 [셀 서식] 대화상자에서 직접 선택한다. 적용할 셀에 마우스 오른쪽 버튼을 클릭하여 표시되는 메뉴에서 [셀 서식]을 선택하거나 [홈] 탭 – [글꼴] 그룹의 오른쪽 하단 모서리에 있는 '자세히(⬒)'를 클릭한다.

2) 텍스트 맞춤과 텍스트 방향 조절

셀에 입력한 데이터의 수평/수직 방향을 변경할 수 있다. 셀에 데이터를 입력하면 기본적으로 데이터의 [가로]는 '일반', [세로]는 '가운데'로 텍스트 맞춤 정렬되어 있다.

● 텍스트 맞춤

셀의 가로 정렬은 왼쪽, 가운데, 오른쪽 맞춤이 기본적으로 제공되는 정렬이고, 이외에는 '선택 영역의 가운데', '양쪽 맞춤' 등으로 정렬할 수 있다. [홈] 탭 – [맞춤] 그룹에서 '자세히(⬒)'를 클릭하여 표시되는 [셀 서식] 대화상자의 맞춤 탭에서 설정할 수 있다.

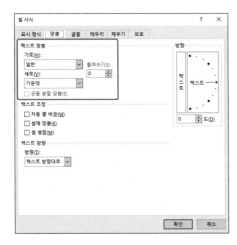

[그림 5-2] 텍스트 맞춤 예

● 텍스트 조정

너무 긴 텍스트를 입력했을 때 열 너비를 조정하지 않고 하나의 셀에 데이터를 입력할 수 있다. 하나의 셀에 여러 줄로 삽입하는 '텍스트 줄 바꿈', 글꼴 크기를 자동으로 셀에 맞게 축소하는 '셀에 맞춤', 여러 셀로 하나로 합치는 '셀 병합'이 있다.

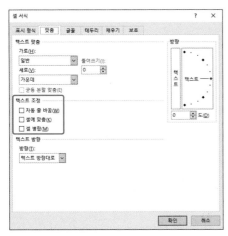

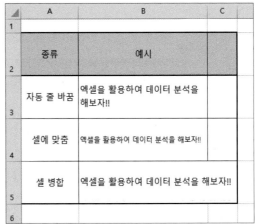

[그림 5-3] 텍스트 조정 예

● 텍스트 방향

셀에 입력된 텍스트는 기본적으로 가로 방향으로 입력된다. 이런 텍스트 방향을 왼쪽에서 오른쪽, 오른쪽에서 왼쪽으로 변경하거나 세로 또는 대각선 방향으로 변경할 수 있다. 대각선 회전, 세로쓰기 등의 자주 사용하는 텍스트 방향 회전은 [셀 서식] 대화상자 – [맞춤] 탭보다

[맞춤] 그룹 - [방향]을 클릭하여 표시되는 목록에서 선택하는 것이 편리하다.

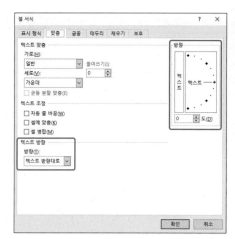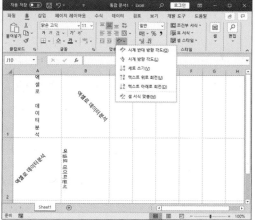

[그림 5-4] 텍스트 방향 예

3) 셀 색 및 테두리 지정

글자 모양을 변경하는 것과 더불어 셀을 강조하기 위해 셀에 색, 무늬, 테두리 등을 채울 수 있다. 워크시트에 기본으로 표시되는 회색 눈금선은 인쇄할 때 표시되지 않으므로 테두리를 직접 지정해 주어야만 한다.

● 셀 색 지정

셀에는 기본적으로 아무 색도 적용되어 있지 않다. 이런 셀에 강조 효과를 위하여 색을 적용할 수 있는데, 표의 제목 부분 등을 강조하는 데 효과가 좋다. 색 채우기를 적용하려면 셀을 선택하거나 영역을 설정한 후 [홈] 탭 - [글꼴] 그룹 - [채우기 색]을 클릭하여 나타나는 색 목록에서 원하는 색을 선택한다. [채우기 색]에 기본적으로 표시되지 않는 색이나 무늬는 [셀 서식] 대화상자의 [채우기] 탭에서 설정해야 한다. 목록에 없는 색을 사용하고 싶을 때는 [셀 서식] 대화상자 - [채우기] 탭 - [다른 색]을 클릭하여 표시되는 [색] 대화상자에서 선택한다. 좀 더 다양한 색을 사용하려면 [색] 대화상자의 [사용자 지정] 탭에서 RGB 값을 직접 입력하면 다양한 색을 사용할 수 있다.

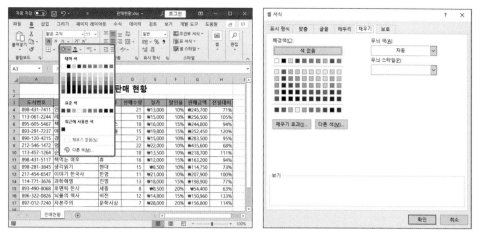

[그림 5-5] 셀 색 지정

● 셀 테두리 지정

데이터가 입력된 셀을 구분해 주는 눈금선은 인쇄할 때 출력되지 않는 안내선이다. 각 셀에 입력된 데이터를 구분하여 표시하기 위해서는 셀에 구분선이나 테두리를 지정해야 한다. 테두리를 지정하려는 부분을 영역 설정한 후 [홈] 탭 – [글꼴] 그룹 – [테두리]를 클릭하여 표시되는 테두리 목록에서 원하는 테두리 스타일을 선택한다. 테두리의 두께나 색을 사용자가 직접 지정하려면 [셀 서식] 대화상자의 [테두리] 탭에서 선택하여 적용한다. 테두리 스타일과 색을 선택한 후 지정하려는 테두리 위치를 클릭한다.

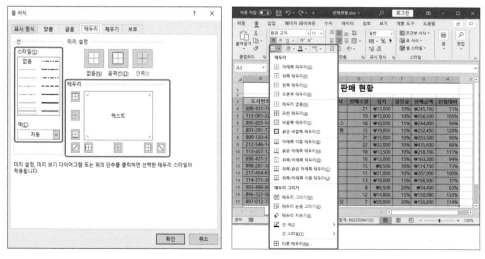

[그림 5-6] 셀 테두리 지정

(3) 표시 형식

셀에 입력한 데이터를 다양한 형태로 표시할 수 있는데 이것을 '데이터 표시 형식'이라고 한다. 숫자 데이터에 'ₓ', '%'와 같은 표시를 할 때 [셀 서식]이나 [홈] 탭 – [표시 형식]에서 설정할 수 있다.

1) 데이터 표시 형식

숫자 데이터가 '10,000'과 같은 형식으로 표시되는 것보다 '$10,000' 또는 '₩10,000'과 같은 형식으로 표시된다면 숫자 단위를 쉽게 파악할 수 있다. 이와 같이 셀에 입력한 데이터를 좀 더 쉽게 이해할 수 있도록 데이터에 지정하는 형식을 '표시 형식'이라고 한다.

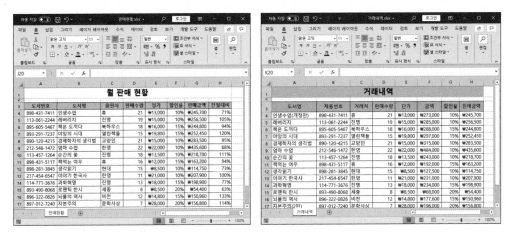

[그림 5-7] 데이터 표시 형식 예

2) [셀 서식]에서 표시 형식 지정 및 삭제

특수한 형태의 숫자 데이터 표시 형식과 문자 데이터 표시 형식은 [셀 서식]의 [표시 형식] 탭에서 설정한다. [표시 형식] 탭에는 일반, 숫자, 통화, 회계, 날짜, 시간, 백분율, 분수, 지수, 텍스트, 기타, 사용자 지정의 범주에서 선택할 수 있다. 문자 데이터에서 적용하는 표시 형식과 특수한 형태의 숫자 데이터 형식은 [사용자 지정] 범주를 선택하여 원하는 형태로 사용자가 직접 작성해서 적용해야 한다. 지정되어 있는 표시 형식을 삭제할 때는 영역을 설정한 후 [표시 형식] 탭의 [일반] 범주를 클릭하거나 [홈] 탭 [표시 형식]에서 '일반'을 선택하여 표시 형식을 삭제한다.

[그림 5-8] 표시 형식 지정 및 삭제

3) 숫자와 문자 데이터 사용자 지정 표시 형식

사용자 지정 표시 형식을 설정하려면 [셀 서식] 대화상자의 [표시 형식] 탭에서 [사용자 지정]을 선택한 후 [형식]에 직접 작성하여 설정한다. 사용자 지정 표시 형식의 숫자 데이터에 기본 입력 구조는 크게 네 부분(양수, 음수, 0, 텍스트)으로 구분되며 입력된 각 인수는 세미콜론(;)으로 구분한다. 네 부분 중에서 서식을 지정하지 않은 부분이 있다면 해당 부분은 세미콜론(;)만 입력한다.

● 사용자 지정 표시 형식

'#' '–' '?'는 숫자 데이터에 적용되는 대
표적인 서식 코드이다. 이외에 천 단위
구분 기호인 ',' '$' 같은 통화 기호도 사
용된다.

	A	B	C
1	입력 데이터	적용 서식	적용 예시
2	123.4	#,###,##	123
3	123.4	#,###.00	123.40
4	1234567	#,###	1,234,567
5	1000000	#,"천원"	1000천원
6	1000000	#,,"백만원"	1백만원
7	1234	₩#,##0	₩1,234
8	12.345	???.???	12.345
9	123.4567	???.???	123.457
10	130000	#,###"원"	130,000원
11	23	#,###_명	23
12	23	#,###_명명	23　명
13	23	#,###*-	23----------------
14			

〈표 5-1〉 숫자 및 문자 데이터 사용자 지정 표시 형식

서식 코드	설명
#	하나의 숫자 자릿수를 표시하는 코드로 숫자 값이 없으면 표시하지 않는다.
0	하나의 숫자 자릿수를 표시하는 코드로 숫자 값이 없으면 '0'을 표시한다.
?	소수나 분수의 자리를 맞추기 위한 코드로 필요 없는 자리에는 공백을 추가한다.
,	숫자 데이터에 천 단위 구분 기호를 표시한다.
.	숫자 데이터에 소수점 구분 기호를 표시한다.
$, ₩	숫자 데이터에 통화 기호를 표시한다.
문자열	해당 숫자 데이터 뒤에 문자열을 삽입할 때 사용하는데, '원'과 같이 큰따옴표로 묶어 숫자 뒤에 추가로 작성한다.
밑줄(_)	서식 뒤에 '_'을 입력한 후 특정 문자를 한번 입력하면 해당 문자 크기만큼 공백이 표시되고 특정 문자를 여러 번 입력하면 해당 문자 크기만큼 공백을 표시한 후 해당 문자열을 나타낸다.
별표(*)	서식 뒤에 '*'를 입력한 후 특정 문자를 한 번 입력하며 셀에 해당 문자를 반복하여 표시한다.
@	문자열 뒤에 특정한 문자열을 추가하려면 '@' 기호 뒤에 연결하고자 하는 문자열을 입력한다.

4) 날짜와 시간 데이터의 사용자 지정 표시

날짜 데이터와 시간 데이터는 모두 계산에 사용되는 숫자 데이터인데, 날짜 데이터는 '년-월-
일' 또는 '년/월/일'과 같은 형식으로 입력하고, 시간 데이터는 '시:분:초'와 같은 형식으로 입력
한다. 날짜 데이터와 시간 데이터에도 사용자 지정 표시 형식을 지정하여 다양한 형태로 표현

할 수 있다. 표시 형식을 지정할 때 영문 대·소문자를 구분하지 않는다.

〈표 5-2〉 날짜 데이터 표시 형식

서식 코드	설명
yy	연도를 00~99와 같은 형식으로 표시한다.
yyyy	연도를 1900~9999와 같은 형식으로 표시한다.
m	월을 1~12와 같은 형식으로 표시한다.
mm	월을 01~12와 같은 형식으로 표시한다.
mmm	월을 Jan~Dec 와 같은 형식을 표시한다.
mmmm	월을 January~December와 같은 형식을 표시한다.
mmmmm	월을 J~D와 같은 형식을 표시한다.
d	일을 1~31과 같은 형식을 표시한다.
dd	일을 01~31과 같은 형식을 표시한다.
ddd	일을 Sun~Sat과 같은 형식을 표시한다.
dddd	일을 Sunday~Saturday와 같은 형식을 표시한다.
aaa	일을 일~토와 같은 형식을 표시한다.
aaaa	일을 일요일~토요일과 같은 형식을 표시한다.

〈표 5-3〉 시간 데이터 표시 형식

서식 코드	설명
h/hh	시간을 0~23/00~23과 같은 형식으로 표시한다.
m/mm	분을 0~59/00~59와 같은 형식으로 표시한다.
s/ss	초를 0~59/00~59와 같은 형식으로 표시한다.
a/p	오전을 A, 오후를 P로 표시한다.
am/pm	오전을 AM, 오후를 PM로 표시한다.
[h]	두 시간 사이에 경과한 누적 시간을 표시한다.
[m]	두 시간 사이에 경과한 누적 분을 표시한다.
[s]	두 시간 사이에 경과한 누적 초를 표시한다.

입력 데이터	적용 서식	적용 예시
2021-10-12	yyyy	2021
2021-10-13	mmmm	October
2021-10-14	[빨강]dddd	Thursday
2021-10-15	aaa	금
2021-10-16	aaaa*+	토요일+++++++++++
2021-10-17	yyyy/mm/dd	2021/10/17
2021-10-18	yyyy.mm.dd	2021.10.18
2021-10-19	[파랑]yyyy"년"mm"월"dd"일"	2021년10월19일
2021-10-20	yyyy"년"mm"월"dd"일"(aaaa)	2021년10월20일(수요일)

날짜에 사용자 지정 표시 형식 지정

입력 데이터			적용 서식	적용 예시
14:25:37			hh	14
14:25:37			ss"분"	37분
14:25:37			[빨강]h:mm:ss am/pm	2:25:37 pm

입력 데이터	입력 데이터	계산 결과	적용 서식	적용 예시
2021-10-25	2021-11-21	27	[h]"시간"	648시간
2021-10-25	2021-12-10	46	[m]"분"	66240분

시간에 사용자 지정 표시 형식 지정

[그림 5-9] 날짜 및 시간 데이터 사용자 지정 표시 형식 지정 예

(4) 표 기능

엑셀의 표와 데이터 범위는 데이터 관점에서는 큰 차이가 없다. 모두 행과 열을 이용하여 분류, 필터링, 계산, 사용자 지정 형식 등을 적용하고 인쇄한다. 그러나 표는 다양한 기능을 자동 지정하여 쉽게 쿼리 및 보고 형태를 생성할 수 있다. '실습5-1.xlsx' 파일을 열어 학습한다.

1) 표 생성 및 스타일 설정

① 표가 생성되기 원하는 임의의 데이터 범위에 위치한 후 [삽입] 탭 – [표] 그룹 – [표]를 선택한다.

② [표 만들기] 대화상자에서 표에 사용할 데이터를 =$A$3:$C$8로 지정하고 [머리글 포함]을 선택한 후 [확인]을 클릭한다.

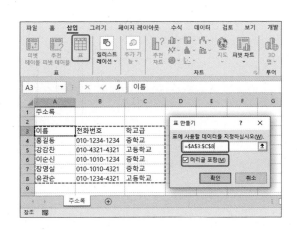

③ 표가 선택된 상태에서 [표 디자인] 탭 – [표 스타일] 그룹 – [빠른 스타일] 목록에서 [표 스타일 밝게 1]을 선택한다.

④ 필드 이름에서 자동 필터 단추 표시를 제거하려면 [표 디자인] 탭 – [표 스타일 옵션] 그룹 – [필터 단추]의 선택을 해제한다.

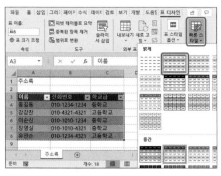
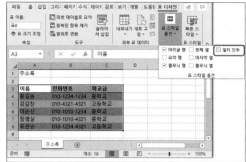

2) 표 편집 및 수식 계산

① D3 셀에 '동아리'를 입력하고 [Enter]를 눌러 표에 열이 자동으로 추가되어 확장되면 '동아리' 필드의 D4, D6, D8 셀에 '가입'을 입력한다.

② [표 디자인] 탭 - [표 스타일 옵션] 그룹에서 [요약 행]을 선택하면 표에 행이 추가된다. 요약 행을 통해 [개수] 이외의 다양한 함수를 적용할 수 있다.

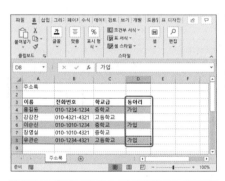

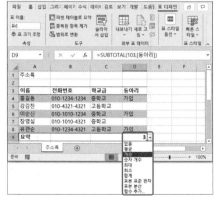

5.2 수집 데이터 가공하기

4장의 학교알리미(초·중등 교육정보 공시 서비스) 사이트에서 다운받은 2020년도 성별 학생수의 데이터 '실습5-2.xlsx' 파일을 열어 다양한 서식을 적용하여 가공하고 차트를 활용하여 시각화한다.

(1) 데이터 편집

지역별 성별 학생 수를 분석하기 위해 남학생과 여학생 입원의 합계만 남기고 삭제한다.

1) 데이터 수정 및 삭제

① 열 머리글에서 [B] 열을 선택하고 Ctrl을 누른 상태에서 [D] 열 선택, [H:Y]까지 드래그하여 선택한 후 마우스 오른쪽 버튼의 단축 메뉴에서 삭제를 클릭한다.

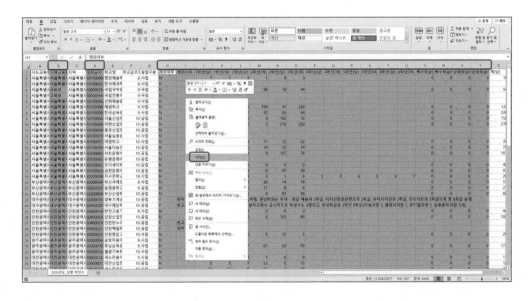

② 열 머리글에서 [A:H] 열까지 선택한 후 [H] 열과 [I] 열의 경계선에서 더블클릭하여 열 너비를 자동 조정한다.

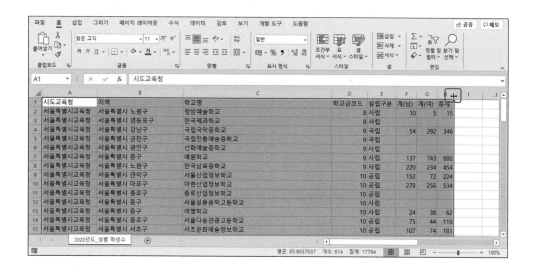

2) 표 기능 적용

① 표가 생성되기 원하는 임의의 데이터 범위에 위치한 후 [삽입] 탭 – [표] 그룹 – [표]를 선택한다.

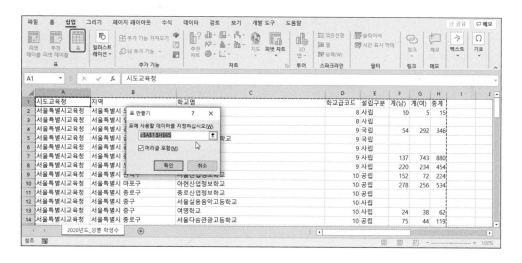

② [표 디자인] 탭 – [표 스타일 옵션] 그룹 – [요약 행]을 선택한 뒤, [A86] 셀은 [개수]를 선택, [F86], [G86], [H86] 셀은 [평균]을 선택한다.

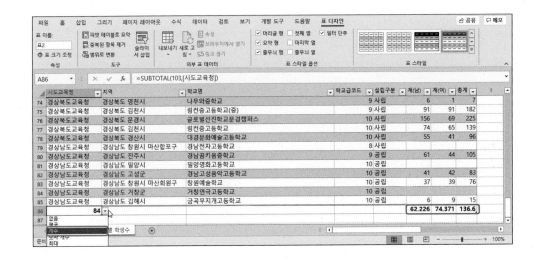

3) 차트 삽입으로 시각화

'2020년도 지역별 성별 학생수'를 상자 수염 차트로 시각화하려고 하는데, 상자 수염 차트는
데이터 분포를 사분위수로 나타내며 평균 및 이상값을 강조하여 표시하는 차트이다. 상자에는
수직으로 확장되는 '수염'이라는 선이 포함되고, 이러한 선은 제1사분위수와 제3사분위수 외
부의 변동성을 나타내며 이와 같은 선 또는 수염 외의 모든 점은 이상값으로 간주된다.

① [A1:A85] 범위를 선택하고 Ctrl을 누른 상태에서 [F1:G85] 범위를 선택한 후, [삽입] 탭 –
[차트] 그룹 – [추천 차트]를 클릭한다.

② [차트 삽입] 대화 상자의 [모든 차트] 탭을 선택하여 [상자 수염] 차트를 선택하고 확인 버
튼을 클릭하여 삽입한다.

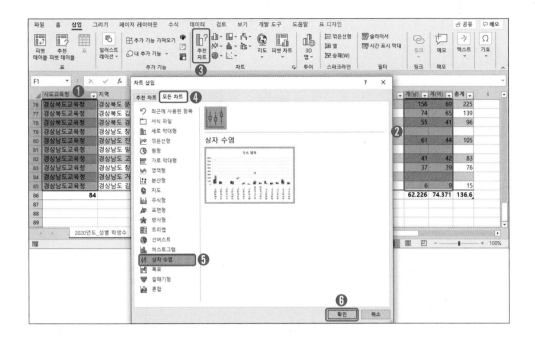

③ 차트가 삽입되면 [차트 디자인] 탭 – [위치] 그룹 – [차트 이동]을 클릭하여 [차트 이동] 대화상자가 나타나면 [새 시트]를 선택하여 "2020년도 성별 학생수"를 입력한 후 확인 버튼을 클릭한다.

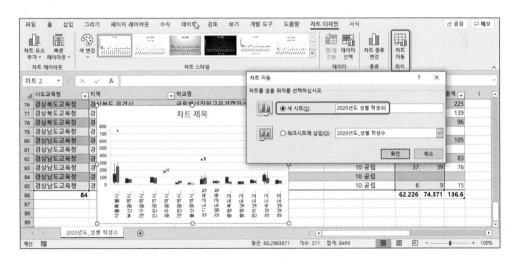

④ [차트 디자인] 탭 – [차트 레이아웃] 그룹 – [차트 요소 추가] – [범례] – [오른쪽]을 클릭하여 범례를 삽입하고, 제목을 입력하여 상자수염 차트를 활용하여 시각화한다.

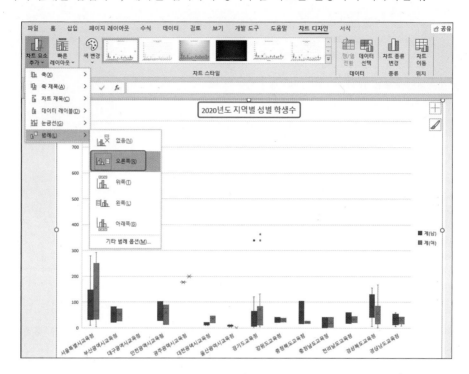

1. 다음 〈조건〉을 참고하여 결과 화면과 같이 나타나도록 '연습5.xlsx' 파일의 '문제1' 워크시트를 열어 예산현황을 작성하시오.

   〈조건〉
   ① 입력된 데이터의 가로 및 세로 정렬, 셀 병합
   ② 셀의 채우기 색 및 테두리 선 지정
   ③ 표시 형식 지정

	A	B	C	D	E	F	G
1							
2			부서별 예산현황				
3							
4	부서명	회계년도별	총예산	인건비	잡비	정보기기구입	복리후생
5	기획부	상반기	₩ 123,333	₩ 123,210	₩ 123	₩ -	₩ -
6		하반기	₩ 142,331	₩ 142,310	₩ 21	₩ -	₩ -
7	총무부	상반기	₩ 129,361	₩ 121,230	₩ 32	₩ 4,532	₩ 3,567
8		하반기	₩ 120,561	₩ 112,301	₩ 21	₩ 3,450	₩ 4,789
9	관리부	상반기	₩ 132,236	₩ 132,202	₩ 34	₩ -	₩ -
10		하반기	₩ 111,255	₩ 111,234	₩ 21	₩ -	₩ -
11	마케팅부	상반기	₩ 176,012	₩ 173,421	₩ 123	₩ 2,234	₩ 234
12		하반기	₩ 116,476	₩ 112,345	₩ 456	₩ 3,243	₩ 432
13							

2. 다음 〈조건〉을 참고하여 결과 화면과 같이 나타나도록 '연습5.xlsx' 파일의 '문제2' 워크시트를 열어 시간표를 작성하시오.

   〈조건〉
   ① 입력된 데이터의 가로 및 세로 정렬, 셀 병합
   ② 셀의 채우기 색 및 테두리 선 지정
   ③ 기호 삽입

	A	B	C	D	E	F	G
1							
2			♣ 2025-2학기 시간표 ♣				
3	시간\요일		월	화	수	목	금
4	1교시	9:00					
5	2교시	10:00	알고리즘과 문제해결			지속가능한 발전목표	
6	3교시	11:00		일본어회화			
7	4교시	12:00					
8	5교시	13:00					
9	6교시	14:00		프로그래밍 기초	독서와비평	정보처리와 관리	
10	7교시	15:00					
11	8교시	16:00					
12	9교시	17:00					
13	10교시	18:00					

3. 다음 〈조건〉을 참고하여 결과 화면과 같이 나타나도록 '연습5.xlsx' 파일의 '문제3' 워크시트를 열어 완성하시오.

〈조건〉

① 행정기관별 총인구수 추출

② 총인구수의 단위를 천 단위로 할 것

	A	B	C	D	E
1					
2		2018년01월	2018년02월	2018년03월	2018년04월
3	행정기관	총인구수	총인구수	총인구수	총인구수
4	서울특별시	9,852	9,845	9,839	9,830
5	부산광역시	3,467	3,465	3,463	3,461
6	대구광역시	2,474	2,473	2,472	2,471
7	인천광역시	2,951	2,952	2,951	2,952
8	광주광역시	1,464	1,463	1,462	1,461
9	대전광역시	1,501	1,499	1,498	1,496
10	울산광역시	1,164	1,163	1,162	1,161
11	세종특별자치시	283	288	291	295
12	경기도	12,890	12,908	12,926	12,942
13	강원도	1,548	1,546	1,546	1,545
14	충청북도	1,594	1,594	1,595	1,595
15	충청남도	2,118	2,118	2,119	2,121
16	전라북도	1,852	1,850	1,848	1,847
17	전라남도	1,893	1,891	1,890	1,890
18	경상북도	2,689	2,686	2,684	2,683
19	경상남도	3,380	3,378	3,378	3,377
20	제주특별자치도	658	659	660	662

...

	AF	AG	AH	AI
	2020년07월	2020년08월	2020년09월	2020년10월
	총인구수	총인구수	총인구수	총인구수
	9,715	9,708	9,699	9,689
	3,403	3,401	3,400	3,398
	2,428	2,428	2,427	2,424
	2,946	2,943	2,943	2,942
	1,455	1,454	1,454	1,453
	1,470	1,469	1,469	1,468
	1,141	1,140	1,139	1,139
	346	347	348	351
	13,352	13,371	13,388	13,401
	1,540	1,541	1,541	1,542
	1,598	1,598	1,599	1,599
	2,121	2,121	2,121	2,120
	1,808	1,807	1,806	1,806
	1,853	1,852	1,851	1,851
	2,644	2,641	2,640	2,640
	3,348	3,345	3,344	3,343
	672	673	673	674

4. 문제 3에서 가공한 데이터에 다음 〈조건〉을 참고하여 결과 화면과 같이 나타나도록 '연습5.xlsx' 파일의 '문제3' 워크시트를 열어 '문제4' 워크시트에 시각화하시오.

〈조건〉

① 서울특별시와 경기도의 총인구수를 이용하여 꺾은선형 차트 삽입

② '문제4' 이름의 새 시트에 차트 이동

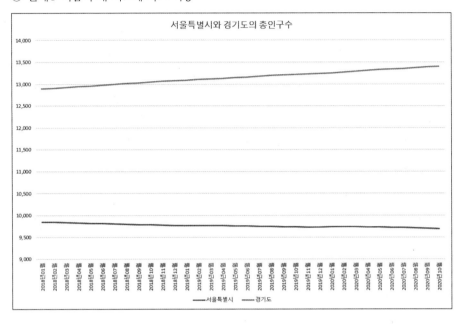

06

데이터의 변환과 처리

contents

데이터의 변환과 처리

학습목표

- 데이터 전처리 기법 중 결측값을 찾고 처리할 수 있다.
- 데이터 전처리 기법 중 이상값을 찾고 처리할 수 있다.
- 텍스트 나누기로 데이터를 분리할 수 있다.
- 문자열 함수로 데이터를 분리할 수 있다.
- 데이터를 내림차순/오름차순으로 정렬할 수 있다.

모든 데이터 분석 프로젝트에서 데이터 전처리는 반드시 거쳐야 하는 과정이다. 데이터 분석을 수행하려면 잘 정돈된 데이터셋이 갖춰져야 한다. 하지만 초기 데이터는 데이터 분석에 적합한 형태가 아닐 경우가 많다. 이러한 데이터를 분석하기 좋게 데이터를 고치는 모든 작업을 데이터 전처리(data preprocessing)라고 한다. 실제로 데이터 사이언스 전 과정에서 분석 알고리즘 자체를 수행하는 데 걸리는 시간보다 분석에 필요한 데이터를 수집하고 전처리하는 과정에 더 많은 시간이 걸린다. 보통 80~90%의 시간이 data preprocessing에 소요된다. 데이터 전처리 과정은 데이터의 품질이 목적에 맞는지 확인하고, 필요하면 품질을 높이는 작업이라고 할 수 있다. 〈Forbes〉에서 인용한 CrowdFlower의 설문 결과에 따르면 데이터 분석가는 업무 시간 중 80% 정도를 데이터 수집 및 전처리 과정에 사용한다고 한다.

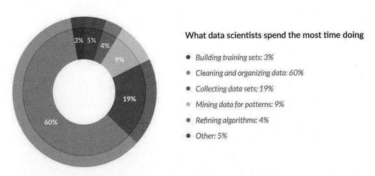

[그림 6-1] 데이터 분석가의 업무 시간 사용 - 출처: 〈Forbes〉

데이터 품질을 나타내는 대표적인 항목은 정확성과 적시성이다. 정확성은 데이터의 값이 정확한지, 적시성은 데이터가 시간상으로 유효한 최신의 것인지를 뜻한다.

데이터 전처리의 필요성을 살펴보면 아래와 같다.

- 수집한 데이터를 탐색해보면 데이터를 손볼 곳이 많을 것이다. 중간에 데이터가 빠졌거나, 틀린 값이 들어 있거나, 데이터의 단위가 틀릴 수 있다. 이외에도 데이터가 처리하기 좋은 형식으로 되어 있는지, 데이터를 새로 가공해야 하는지 등을 파악해야 한다. 즉, 데이터의 상태와 가치를 파악해야 한다.
- 문자로 된 범주형 데이터의 경우 처리를 편리하게 하기 위해 문자를 숫자로 표현을 바꾸기도 한다. 예를 들면 월요일은 1로, 화요일은 2로 코딩한다. 또는 수치 데이터의 분포를 normalize(정규화) 하기도 한다. 예를 들어 같은 대상을 평가하면서 10점 만점으로 처리한 것과 100점 만점으로 처리한 데이터를 같이 활용하려면 동일한 분포로 바꾸어야 한다.
- 대부분의 데이터는 그 데이터를 최초로 얻을 때의 목적이 따로 있기 마련이기 때문에 나중에 이 데이터를 다른 목적으로 사용하려면 데이터를 가공해야 한다.
- 데이터 전처리에는 여러 가지 형태가 있는데, 필요한 데이터를 골라내기 위한 데이터 filtering을 하기도 하고, 데이터의 형식을 변경하기 위해 데이터 변환(transformation)을 하기도 한다. 여러 소스에서 온 데이터를 합치는 작업이 필요할 때엔 데이터 통합(integration)을 한다. 데이터 전처리를 다른 표현으로, 데이터를 분석하기 좋게 오류를 걸러내고 깨끗하게 바꾼다는 의미의 data cleaning이라고도 한다.

6.1 결측값과 이상값 처리

데이터 전처리는 전체 분석 과정에서 매우 오랜 시간을 차지하기 때문에 이를 효과적으로 처리하는 방법을 아는 것이 중요하다. 데이터를 분석하기 좋은 형태로 바꾸는 작업을 데이터 변환이라고 한다. 이번 장에서는 데이터 전처리가 이루어질 때 자주 사용하는 몇 가지 기법들에 대해 알아보자. 먼저 결측값을 처리하는 방법을 알아보자.

(1) 결측값(missing value)의 개념

데이터를 수집하고 저장하는 과정에서 저장할 값을 얻지 못하는 경우가 발생한다. 예를 들어 설문조사를 할 경우 설문조사에 응답자가 어떤 문항에 대해 응답하지 않았다고 한다면 그 문항의 데이터값은 결측값이 된다. 만약 데이터셋에 결측값이 포함되어 있으면 함수 적용이 불

가능하고 분석 결과가 왜곡되는 등 데이터 분석 시 많은 문제를 야기하기 때문에 결측값을 처리한 후 데이터 분석을 실시해야 한다.

이러한 결측값을 처리하는 방법은 다음과 같이 세 가지 방법으로 처리할 수 있다.

> ① 결측값을 제거하거나 제외시킨 다음 데이터를 분석한다.
> ② 결측값을 적절한 값으로 대체한 후 데이터를 분석한다.
> ③ 결측값을 NA(not availiable)라고 표시하여 분석 단계로 결측값을 넘긴다.

- 방법 ①이 가장 처리하기 쉽다. 하지만 missing value가 들어있는 항목의 비중이 크면 무시할 수 없기 때문에 이럴 때에는 반드시 원인을 생각해보고 대책을 세워야 한다.
- 방법 ②는 결측값이 많은 경우에 결측값을 모두 제거하면 데이터 손실이 크기 때문에 적절한 값으로 대체해야 한다. 대체 값으로 전체 평균값을 사용할 수도 있고, 인접한 값으로 추정치를 계산할 수도 있다. 결측값을 대체할 경우엔 분석 결과가 달라질 수 있는 것에 특히 주의해야 한다. 예를 들어 급여에 해당하는 데이터라면 평균치나 0으로 대체하면 안 된다. 결측값을 다른 값으로 대체한 경우 나중에 데이터 분석 단계에서 이 변수를 보고 결측값이 있었고 다른 값으로 대체되었다는 사실을 추적할 수 있으므로 이런 사실을 표시해주는 별도의 범주형 변수를 새로 정의하는 방법이 유용하다.
- 방법 ③은 전처리 단계에서 아무 조치도 취하지 않고 결측값 표기만 한다. 그리고 결측값 처리를 전처리 단계에서 일괄적으로 처리할 것이 아니라 분석 단계로 넘겨서 상황에 맞게 처리하는 것이 안전하다.

(2) 결측값 처리 실습 예제

[예제1] 결측값 삭제 실습

[실습 파일: 실습6-1.xlsx]

1) '실습6-1.xlsx' 파일을 열고, 결측값을 찾기 위해 조건부 서식(셀 강조 규칙)을 이용한다.

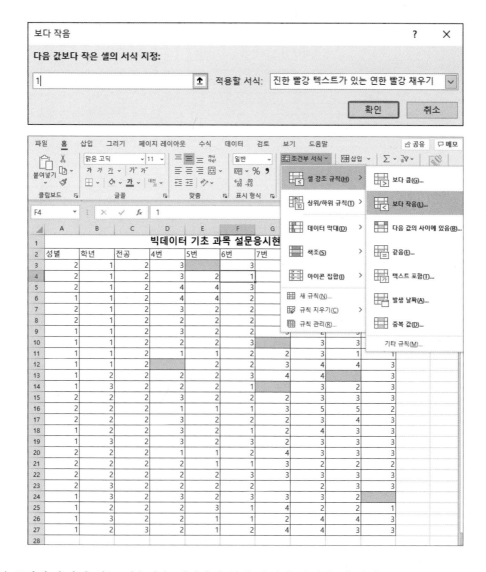

2) 문항별 응답이 없는 결측값을 제거하기 위해 아래와 같이 [K3] 셀에 COUNTA, COUNT
   함수를 이용하여 결측값 여부를 확인한다. 빈칸이 없는 응답의 개수와 총 문항들의 수를
   비교해서 일치하면(결측값이 없으면) 1을, 그렇지 않으면(결측값이 하나 이상이면) 0을 산
   출한다. 단, 문항의 범위는 바뀌면 안 되기 때문에 절대 참조이어야 한다.

함수식: =IF(COUNTA($D$2:$J$2)=COUNT(D3:J3),1,0)

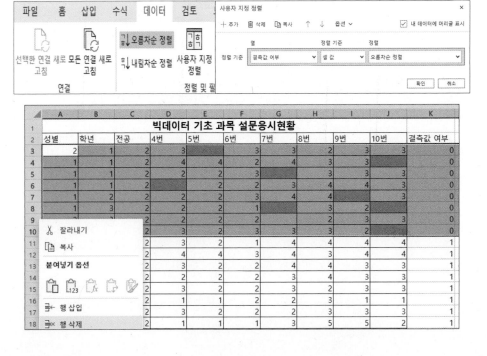

K3 =IF(COUNTA($D$2:$J$2)=COUNT(D3:J3),1,0)

	A	B	C	D	E	F	G	H	I	J	K
1	빅데이터 기초 과목 설문응시현황										
2	성별	학년	전공	4번	5번	6번	7번	8번	9번	10번	결측값 여부
3	2	1	2	3			3	3	2	3	3	0
4	2	1	2	3	2	1	4	4	4	4	1
5	2	1	2	4	4	3	4	3	4	4	1
6	1	1	2	4	4	2	4	3	3		0
7	2	1	2	3	2	2	4	4	3	3	1
8	2	1	2	2	2	2	3	4	3	3	1
9	1	1	2	3	2	2	3	2	3	3	1
10	1	1	2	2	2	3		3	3	3	0
11	1	1	1	1	2	2	3	3	1	1	1
12	1	1			2	2	3	4	4	3	0
13	1	2	2	2	2	3	4	4		3	0
14	1	3	2	2	2	1		3	2		0
15	2	2	2	3	2	2	2	3	3	3	1
16	2	2	1	1	1	3	5	5	2	1	1
17	2	2	2	3	2	2	2	3	4	3	1
18	1	2	2	3	2	1	2	4	3	3	1
19	1	3	2	3	2	2	2	3	3	3	1
20	2	2	2	1	1	2	3	3	3	1	1
21	2	2	2	1	1	2	3	2	2	2	1
22	2	2	2	2	2	3	3	3	3	3	1
23	2	3	2	2	2	2		2	3	3	0
24	1	3	2	2	3	3	3	2			0
25	1	2	2	2	3	1	4	2	2	1	1
26	1	3	2	2	1	1	2	4	4	3	1
27	1	2	3	2	1	2	4	4	3	3	1

3) [K] 행 기준으로 정렬 기능(오름차순 또는 내림차순)을 이용하여 결측값 여부에서 0을 나타내는 자료를 삭제한다.

[예제2] 결측값 대체 실습

[실습 파일: 실습6-2.xlsx]

1) 실습6-2.xlsx' 파일을 열고, 결측값을 인접한 셀 값으로 대체하기 위해 아래와 같이 이동 메뉴창(홈 [탭] – 편집 [그룹] – 찾기 및 선택 – 이동을 클릭)을 표시한 후 옵션을 선택한 다.(단축키: Ctrl+G)

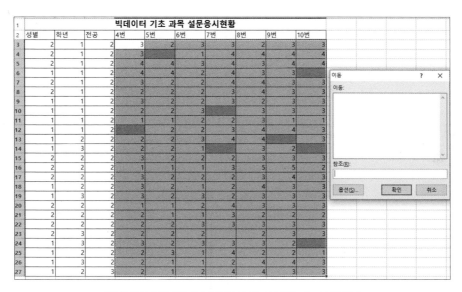

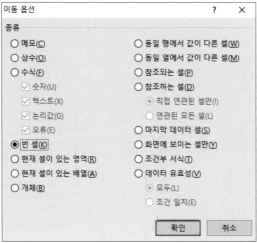

2) 선택된 셀에 수식 기호 =을 입력하고 인접한 셀 주소 [E3]을 입력한 후 Ctrl+Enter↵를 누른다.

	A	B	C	D	E	F	G	H	I	J
1	빅데이터 기초 과목 설문응시현황									
2	성별	학년	전공	4번	5번	6번	7번	8번	9번	10번
3	2	1	2	3	2	3	3	2	3	3
4	2	1	2	3	=E3	1	4	4	4	4
5	2	1	2	4	4	3	4	3	4	4
6	1	1	2	4	4	2	4	3	3	
7	2	1	2	3	2	2	4	4	3	3
8	2	1	2	2	2	2	3	4	3	3
9	1	1	2	3	2	2	3	2	3	3
10	1	1	2	2	2	3		3	3	3
11	1	1	2	1	1	2	2	3	1	1
12	1	1	2		2	2	3	4	4	3
13	1	2	2	2	2	3	4	4		3
14	1	3	2	2	2	1		3	2	
15	2	2	2	3	2	2	2	3	3	3
16	2	2	2	1	1	1	3	5	5	2
17	2	2	2	3	2	2	2	3	4	3
18	1	2	2	3	2	1	2	4	3	3
19	1	3	2	3	2	3	2	3	3	3
20	2	2	2	1	1	2	4	3	3	3
21	2	2	2	2	1	1	3	2	2	2
22	2	2	2	2	2	3	3	3	3	3
23	2	3	2	2	2	2		2	3	3
24	1	3	2	3	2	3	3	3	2	
25	1	2	2	2	3	1	4	2	2	1
26	1	3	2	2	1	1	2	4	4	3
27	1	2	3	2	1	2	4	4	3	3

3) 결측값이 인접한 셀(위쪽 셀) 값으로 채워졌다.

	A	B	C	D	E	F	G	H	I	J
1	빅데이터 기초 과목 설문응시현황									
2	성별	학년	전공	4번	5번	6번	7번	8번	9번	10번
3	2	1	2	3	2	3	3	2	3	3
4	2	1	2	3	2	1	4	4	4	4
5	2	1	2	4	4	3	4	3	4	4
6	1	1	2	4	4	2	4	3	3	4
7	2	1	2	3	2	2	4	4	3	3
8	2	1	2	2	2	2	3	4	3	3
9	1	1	2	3	2	2	3	2	3	3
10	1	1	2	2	2	3	3	3	3	3
11	1	1	2	1	1	2	2	3	1	1
12	1	1	2	1	2	2	3	4	4	3
13	1	2	2	2	2	3	4	4	4	3
14	1	3	2	2	2	1	4	3	2	3
15	2	2	2	3	2	2	2	3	3	3
16	2	2	2	1	1	1	3	5	5	2
17	2	2	2	3	2	2	2	3	4	3
18	1	2	2	3	2	1	2	4	3	3
19	1	3	2	3	2	3	2	3	3	3
20	2	2	2	1	1	2	4	3	3	3
21	2	2	2	2	1	1	3	2	2	2
22	2	2	2	2	2	3	3	3	3	3
23	2	3	2	2	2	2		2	3	3
24	1	3	2	3	2	3	3	3	2	3
25	1	2	2	2	3	1	4	2	2	1
26	1	3	2	2	1	1	2	4	4	3
27	1	2	3	2	1	2	4	4	3	3

[예제3] 결측값 표기(N/A) 표시 실습

[실습 파일: 실습6-3.xlsx]

1) '실습6-3.xlsx' 파일을 열고, 결측값을 동일한 셀 값으로 대체하기 위해 아래와 같이 이동 옵션 메뉴창(홈 [탭] – 편집 [그룹] – 찾기 및 선택 – 이동 옵션을 클릭)을 선택한다.

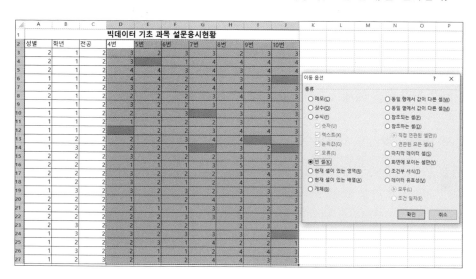

2) 이동 옵션에서 빈 셀을 선택하고 동일한 셀 값 [N/A]로 입력한 후 Ctrl + Enter⏎를 누른다.

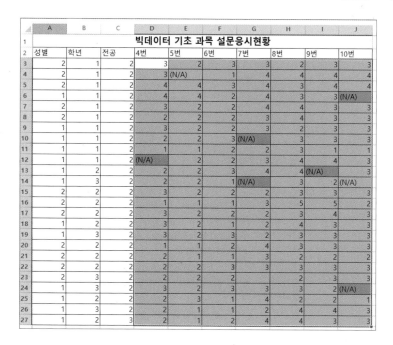

(3) 이상값 처리(Outlier treatment)

이상치(이상점: outlier)란, 관측된 데이터의 범위에서 많이 벗어난 아주 작은 값이나 아주 큰 값을 말한다. 어떤 의사결정을 하는데 필요한 데이터를 분석할 경우 이렇게 이상한 값들에 의해서 의사결정에 영향을 미칠 수 있으므로 제거하는 것이 좋다. 예를 들어 전체 표본 200명 중 198명의 월 소득액 평균이 300만 원인데 나머지 2명의 월 소득액 평균이 1억일 경우에는 올바른 통계분석이 안 된다. 이상값을 식별하고 통계 계산에서 제거하는 것이 중요하다.

(4) 이상값 처리 실습 예제

1) 1단계: 이상값 찾기 – 사분위수(Quartiles) 계산

데이터를 분기로 나누면 각 세트를 사분위수라고 한다. 범위에서 가장 낮은 25%의 숫자는 1 사분위를 구성하고 다음 25%는 2사분위를 구성한다. 가장 널리 사용되는 이상값의 정의는 1 사분위 이하의 1.5 사분위수 범위(IQR) 이상, 3사분위수 위의 1.5 사분위수 범위에 해당하는 데이터 요소이므로 먼저 이 단계를 수행한다. 이러한 값을 결정하려면 먼저 사분위가 무엇인지 알아야 한다.

> **NOTE 사분위수**
> - 0사분위수(Q0): 최솟값
> - 1사분위수(Q1): 최솟값~25% 번째 값
> - 2사분위수(Q2): 중앙값
> - 3사분위수(Q3): 중앙값~75% 번째 값
> - 4사분위수(Q4): 최댓값

이상값은 보통 다음과 같이 계산된다. 여기서 '사분위 범위'란 Q3-Q1 구간을 말하며, 이 구간에는 50%의 데이터들이 있다.

```
IF 값 〈 (제1사분위수 – 1.5*사분위 범위) OR (값 〉 제3사분위수 + 1.5*사분위 범위) THEN
    RETURN 이상치
ELSE
    RETURN 보통치
```

Excel은 사분위수를 계산하기 위한 QUARTILE 함수를 제공하는데, 배열과 쿼트라는 두 가지 정보가 필요하다.

$$\text{=QUARTILE(array, quart)}$$

array는 값의 범위이고 quart는 쿼트 반환하려는 사분위수를 나타내는 숫자이다.(예: 1의 경우 1사분위수, 2사분위수의 경우 2 등)

Microsoft는 엑셀 2010 이후부터는 QUARTILE 기능 개선으로 QUARTILE.INC 및 QUARTILE.EXC 함수를 추가 제공한다. QUARTILE 함수는 여러 버전의 Excel에서 작업할 때 이전 버전과 호환된다.

[실습 파일: 실습6-4.xlsx]

'실습6-4.xlsx' 파일을 열고, [H3]에 1사분위수, [H4]에 3사분위수를 구한다.

2) 2단계: 사분위수 범위 평가

사분위수 범위(또는 IQR)는 데이터값의 중간 50%이다. 1사분위수 값과 3 사분위수 값의 차이로 계산된다.

```
= H4-H3
```

G	H
Q1	65
Q3	98
IQR	=H4-H3
L Bound	
U Bound	

3) 3단계: 하한과 상한을 반환

하한과 상한은 사용하려는 데이터 범위의 가장 작고 가장 큰 값이다. 이 바운드 값보다 작거나 큰 값이 이상값이다.

- 하한값 계산: IQR 값에 1.5를 곱한 다음 Q1 데이터 포인트에서 빼서 [H6] 셀의 하한을 계산한다.
- 상한값 계산: IQR 값에 1.5를 곱한 다음 Q3 데이터 포인트에 더해서 [H7] 셀의 상한을 계산한다.

H6			fx	=H3-(H5*1.5)				
	A	B	C	D	E	F	G	H
1	빅데이터 기초 과목 응시현황							
2	성별	학년	전공	데이터	Outlier			
3	2	1	2	88			Q1	65
4	2	1	2	85			Q3	98
5	2	1	2	100			IQR	33
6	1	1	2	85			L Bound	=H3-(H5*1.5)
7	2	1	2	45			U Bound	147.5
8	2	1	2	102				
9	1	1	2	100				
10	1	1	2	96				
11	1	1	2	95				
12	1	1	2	88				
13	1	2	2	183				
14	1	3	2	2				
15	2	2	2	173				
16	2	2	2	95				
17	2	2	2	98				
18	1	2	2	65				
19	1	3	2	55				
20	2	2	2	78				
21	2	2	2	58				
22	2	2	2	70				
23	2	3	2	5				
24	1	3	2	98				
25	1	2	2	57				
26	1	3	2	66				
27	1	2	3	88				

	A	B	C	D	E	F	G	H
1	빅데이터 기초 과목 응시현황							
2	성별	학년	전공	데이터	Outlier			
3	2	1	2	88			Q1	65
4	2	1	2	85			Q3	98
5	2	1	2	100			IQR	33
6	1	1	2	85			L Bound	15.5
7	2	1	2	45			U Bound	=H4+(H5*1.5)
8	2	1	2	102				
9	1	1	2	100				
10	1	1	2	96				
11	1	1	2	95				
12	1	1	2	88				
13	1	2	2	183				
14	1	3	2	2				
15	2	2	2	173				
16	2	2	2	95				
17	2	2	2	98				
18	1	2	2	65				
19	1	3	2	55				
20	2	2	2	78				
21	2	2	2	58				
22	2	2	2	70				
23	2	3	2	5				
24	1	3	2	98				
25	1	2	2	57				
26	1	3	2	66				
27	1	2	3	88				

4) 4단계: 이상값 식별

이제 모든 기본 데이터가 설정되었으므로 이제 하한값보다 낮거나 상한값보다 높은 외부 데이터 포인트를 식별해야 한다.

OR 함수를 사용하여 논리적 테스트를 수행하고 [E3] 셀에 다음 수식을 입력하여 이러한 기준에 맞는 값을 표시한다.

함수식: =OR(D3<$H$6,D3>$H$7)

	fx	=OR(D3<$H$6,D3>$H$7)					

빅데이터 기초 과목 응시현황

	A	B	C	D	E	F	G	H
1								
2	성별	학년	전공	데이터	Outlier			
3	2	1	2	=OR(D3<$H$6,D3>$H$7)			Q1	65
4	2	1	2	85			Q3	98
5	2	1	2	100			IQR	33
6	1	1	2	85			L Bound	15.5
7	2	1	2	45			U Bound	147.5
8	2	1	2	102				
9	1	1	2	100				
10	1	1	2	96				
11	1	1	2	95				
12	1	1	2	88				
13	1	2	2	183				
14	1	3	2	2				
15	2	2	2	173				
16	2	2	2	95				
17	2	2	2	98				
18	1	2	2	65				
19	1	3	2	55				
20	2	2	2	78				
21	2	2	2	58				
22	2	2	2	70				
23	2	3	2	5				
24	1	3	2	98				
25	1	2	2	57				
26	1	3	2	66				
27	1	2	3	88				

그런 다음 해당 값을 [E27] 셀까지 복사한다. TRUE 값은 이상값을 나타낸다.

빅데이터 기초 과목 응시현황

	A	B	C	D	E
2	성별	학년	전공	데이터	Outlier
3	2	1	2	88	FALSE
4	2	1	2	85	FALSE
5	2	1	2	100	FALSE
6	1	1	2	85	FALSE
7	2	1	2	45	FALSE
8	2	1	2	102	FALSE
9	1	1	2	100	FALSE
10	1	1	2	96	FALSE
11	1	1	2	95	FALSE
12	1	1	2	88	FALSE
13	1	2	2	183	TRUE
14	1	3	2	2	TRUE
15	2	2	2	173	TRUE
16	2	2	2	95	FALSE
17	2	2	2	98	FALSE
18	1	2	2	65	FALSE
19	1	3	2	55	FALSE
20	2	2	2	78	FALSE
21	2	2	2	58	FALSE
22	2	2	2	70	FALSE
23	2	3	2	5	TRUE
24	1	3	2	98	FALSE
25	1	2	2	57	FALSE
26	1	3	2	66	FALSE
27	1	2	3	88	FALSE

5) 5단계: 이상값 삭제

[E] 열을 기준으로 정렬하여 이상값을 갖는 행을 삭제한다.

6) 6단계: 이상치 대체(Outlier Replacement) 방법

하한값(LBound)과 상한값(UBound)을 결정한 후 데이터가 하한값보다 적으면 하한값으로 대체, 상한값보다 크면 상한값으로 대체한다. [F3] 셀에 아래의 함수식을 입력한 후 자동 채우기를 한다.

함수식: =IF(D3>$H$7,$H$7,IF(D3<$H$6,$H$6,D3))

	A	B	C	D	E	F	G	H	I
1	빅데이터 기초 과목 응시현황								
2	성별	학년	전공	데이터	Outlier	이상값 대체			
3	1	2	2	183	TRUE	=IF(D3>$H$7,$H$7,IF(D3<$H$6,$H$6,D3))			
4	1	3	2	2	TRUE	15.5	Q3	98	
5	2	2	2	173	TRUE	147.5	IQR	33	
6	2	3	2	5	TRUE	15.5	L Bound	15.5	
7	2	1	2	88	FALSE	88	U Bound	147.5	
8	2	1	2	85	FALSE	85			
9	2	1	2	100	FALSE	100			
10	1	1	2	85	FALSE	85			
11	2	1	2	45	FALSE	45			
12	2	1	2	102	FALSE	102			
13	1	1	2	100	FALSE	100			
14	1	1	2	96	FALSE	96			
15	1	1	2	95	FALSE	95			
16	1	1	2	88	FALSE	88			
17	2	2	2	95	FALSE	95			
18	2	2	2	98	FALSE	98			
19	1	2	2	65	FALSE	65			
20	1	3	2	55	FALSE	55			
21	2	2	2	78	FALSE	78			
22	2	2	2	58	FALSE	58			
23	2	2	2	70	FALSE	70			
24	1	3	2	98	FALSE	98			
25	1	2	2	57	FALSE	57			
26	1	3	2	66	FALSE	66			
27	1	2	3	88	FALSE	88			

6.2 데이터 분리와 선택

(1) 텍스트 나누기로 데이터 분리하기

[실습 파일: 실습6-5.xlsx]

1) '실습6-5.xlsx' 파일을 열고, 텍스트 나누기 할 셀 범위 [B3:B27]를 선택하고 [데이터] – [텍스트 나누기]를 선택한다.

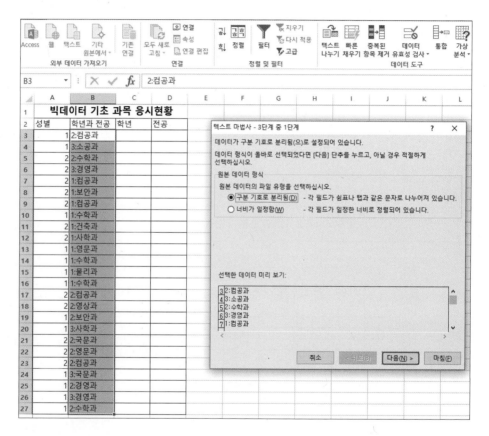

다음 그림과 같이 [텍스트 마법사] 3단계를 진행한다.

① 원본 데이터의 파일 유형: 구분 기호로 분리된다.

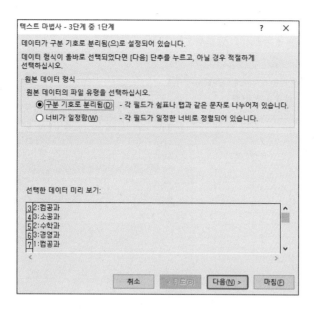

② 기타: 콜론(:)을 입력한다.

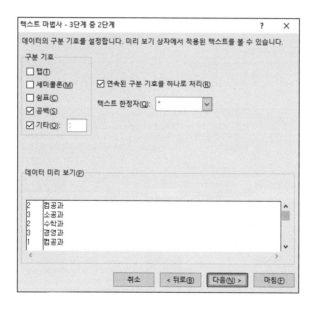

③ 대상: 일반을 선택한 후 [B] 열 옆인 [C] 열을 선택한다.

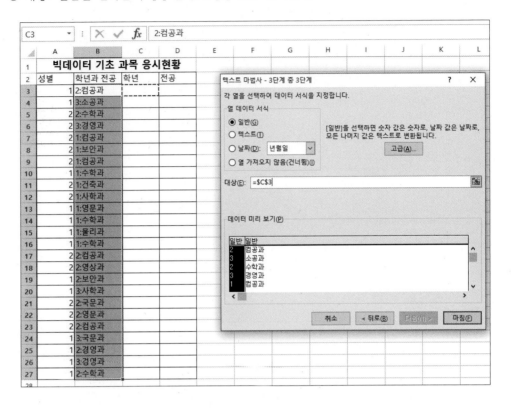

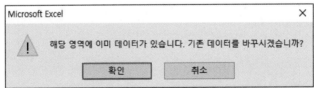

2) 아래와 같이 학년과 전공 데이터가 분리되었다.

	A	B	C	D
1	빅데이터 기초 과목 응시현황			
2	성별	학년과 전공	학년	전공
3	1	2:컴공과	2	컴공과
4	1	3:소공과	3	소공과
5	2	2:수학과	2	수학과
6	2	3:경영과	3	경영과
7	2	1:컴공과	1	컴공과
8	2	1:보안과	1	보안과
9	2	1:컴공과	1	컴공과
10	1	1:수학과	1	수학과
11	2	1:건축과	1	건축과
12	2	1:사학과	1	사학과
13	1	1:영문과	1	영문과
14	1	1:수학과	1	수학과
15	1	1:물리과	1	물리과
16	1	1:수학과	1	수학과
17	2	2:컴공과	2	컴공과
18	2	2:영상과	2	영상과
19	1	2:보안과	2	보안과
20	1	3:사학과	3	사학과
21	2	2:국문과	2	국문과
22	2	2:영문과	2	영문과
23	2	2:컴공과	2	컴공과
24	1	3:국문과	3	국문과
25	1	2:경영과	2	경영과
26	1	3:경영과	3	경영과
27	1	2:수학과	2	수학과

(2) 문자열 함수(LEFT, RIGHT, LEN, FIND)를 사용하여 텍스트 나누기

[실습 파일: 실습6-6.xlsx]

분리하고자 하는 데이터의 길이가 다른 경우 문자열 함수를 사용하여 텍스트를 나눌 수 있다.

1) '실습6-6.xlsx' 파일을 열고, 학년 [C3] 셀에 아래의 함수식을 입력한 후 자동 채우기를 한다.

함수식: =LEFT(B3,FIND(":",B3,1)-1)

- FIND 함수: 콜론(:)의 위치 자릿수를 반환한다.
- LEFT함수: 텍스트 문자열에서 콜론(:)의 위치 앞자리(FIND-1)만큼 문자를 반환한다.

SUM	⋮	✕ ✓ *fx*	=LEFT(B3,FIND(":",B3,1)-1)	
▲	A	B	C	D
1		**빅데이터 기초 과목 응시현황**		
2	성별	학년과 전공	학년	전공
3	1	2:커뮤니케이션과	=LEFT(B3,FIND(":",B3,1)-1)	
4	1	3:화장품공학과		
5	2	2:수학과		
6	2	3:경영과		
7	2	1:컴공과		
8	2	1:경영정보학과		
9	2	1:컴공과		
10	1	1:수학과		
11	2	1:건축과		
12	2	1:사학과		

2) 전공 [D3] 셀에 아래의 함수식을 입력한 후 자동 채우기를 한다.

함수식: =RIGHT(B3,LEN(B3)-FIND(":",B3,1))

- LEN 함수: 문자열 총 길이를 반환한다.
- RIGHT 함수: 문자열 총 길이에서 콜론(:)의 위치(FIND)만큼 뺀 문자열을 반환한다.

▲	A	B	C	D	E	F
1		**빅데이터 기초 과목 응시현황**				
2	성별	학년과 전공	학년	전공		
3	1	2:커뮤니케이션과	2	=RIGHT(B3,LEN(B3)-FIND(":",B3,1))		
4	1	3:화장품공학과				
5	2	2:수학과				
6	2	3:경영과				
7	2	1:컴공과				
8	2	1:경영정보학과				
9	2	1:컴공과				
10	1	1:수학과				
11	2	1:건축과				
12	2	1:사학과				
13	1	1:정치외교학과				
14	1	1:수학과				

6.3 데이터 정렬하기

1) '실습6-6.xlsx' 파일을 열고, 정렬할 데이터 안에 셀 포인터를 두고 [데이터] – [정렬 및 필터] – [정렬]을 선택한다.

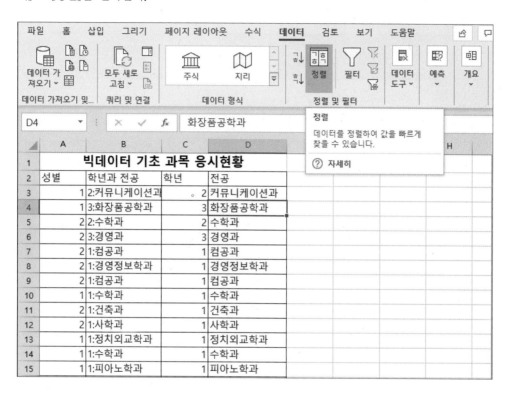

2) 기준을 추가하여 학년별, 전공별 셀 값을 기준으로 오름차순 정렬한다.

3) 정렬된 결과는 아래와 같다.

	A	B	C	D
1	빅데이터 기초 과목 응시현황			
2	성별	학년과 전공	학년	전공
3	2	1:건축과	1	건축과
4	2	1:경영정보학과	1	경영정보학과
5	1	1:경영정보학과	1	경영정보학과
6	2	1:사학과	1	사학과
7	1	1:수학과	1	수학과
8	1	1:수학과	1	수학과
9	1	1:정치외교학과	1	정치외교학과
10	2	1:컴공과	1	컴공과
11	2	1:컴공과	1	컴공과
12	1	1:피아노학과	1	피아노학과
13	1	2:경영과	2	경영과
14	2	2:국문과	2	국문과
15	1	2:보안과	2	보안과
16	2	2:수학과	2	수학과
17	1	2:수학과	2	수학과
18	2	2:영문과	2	영문과
19	2	2:영상과	2	영상과
20	1	2:커뮤니케이션과	2	커뮤니케이션과
21	2	2:컴공과	2	컴공과
22	2	2:컴공과	2	컴공과
23	2	3:경영과	3	경영과
24	1	3:경영과	3	경영과
25	1	3:국문과	3	국문과
26	1	3:사학과	3	사학과
27	1	3:화장품공학과	3	화장품공학과

● 연습문제

1. '연습6-1.xlsx' 파일을 열어 결측값이 존재하는 열을 조건부 서식을 이용해서 찾은 후 결측값 여부를 완성하시오. 결측값이 존재하면 0, 그렇지 않으면 1로 표시하시오.

	A	B	C	D	E	F
1						
2			**Customer Profile**			
3		ID	gender	age	name	결측값여부
4		c1	F	30	Kim	1
5		c2	M	28	Lee	1
6		c3		46	Park	0
7		c4	M	65	Moon	1
8		c5	F	38	Choi	1
9		c6	M	25	Kim	1
10		c7	F	26	Kim	1
11		c8	M	28	Choi	1
12		c9	F	25	Jung	1
13		c10	M	35	Lee	1
14		c11		45	Kim	0
15		c12	M	50	Yang	1
16		c13	M	41	Ha	1
17		c14	M	51	Yang	1
18		c15	M	41	Jung	1
19		c16	F	28	Hwang	1
20		c17	M	30	Lee	1
21		c18	F	32	Moon	1
22		c19		34	Kim	0
23		c20	F	25	Song	1

2. '연습6-2.xlsx' 파일을 열어 결측값이 존재하는 열을 (N/A)로 표시하시오.

데이터는 타이타닉 탑승객 목록의 일부이며, 데이터의 필드 내용은 아래와 같다.

- Survived – 생존 여부(0 = 사망, 1 = 생존)
- Pclass – 티켓 클래스(1 = 1등석, 2 = 2등석, 3 = 3등석)
- Sex – 성별
- Age – 나이
- SibSp – 함께 탑승한 자녀 / 배우자의 수
- Parch – 함께 탑승한 부모님 / 아이들의 수
- Ticket – 티켓 번호

- Fare – 탑승 요금
- Cabin – 수하물 번호
- Embarked – 선착장(C = Cherbourg, Q = Queenstown, S = Southampton)

	A	B	C	D	E	F	G	H	I	J	K	L
1	Passenger	Survived	Pclass	Name	Sex	Age	SibSp	Parch	Ticket	Fare	Cabin	Embarked
2	1	0	3	Braund, M	male	22	1	0	A/5 21171	7.25	(N/A)	S
3	2	1	1	Cumings,	female	38	1	0	PC 17599	71.2833	C85	C
4	3	1	3	Heikkinen	female	26	0	0	STON/O2.	7.925	(N/A)	S
5	4	1	1	Futrelle, M	female	35	1	0	113803	53.1	C123	S
6	5	0	3	Allen, Mr.	male	35	0	0	373450	8.05	(N/A)	S
7	6	0	3	Moran, M	male	(N/A)	0	0	330877	8.4583	(N/A)	Q
8	7	0	1	McCarthy,	male	54	0	0	17463	51.8625	E46	S
9	8	0	3	Palsson, M	male	2	3	1	349909	21.075	(N/A)	S
10	9	1	3	Johnson, M	female	27	0	2	347742	11.1333	(N/A)	S
11	10	1	2	Nasser, Mr	female	14	1	0	237736	30.0708	(N/A)	C
12	11	1	3	Sandstrom	female	4	1	1	PP 9549	16.7	G6	S
13	12	1	1	Bonnell, N	female	58	0	0	113783	26.55	C103	S
14	13	0	3	Saundercc	male	20	0	0	A/5. 2151	8.05	(N/A)	S
15	14	0	3	Andersson	male	39	1	5	347082	31.275	(N/A)	S
16	15	0	3	Vestrom, I	female	14	0	0	350406	7.8542	(N/A)	S
17	16	1	2	Hewlett, M	female	55	0	0	248706	16	(N/A)	S
18	17	0	3	Rice, Mast	male	2	4	1	382652	29.125	(N/A)	Q
19	18	1	2	Williams, I	male	(N/A)	0	0	244373	13	(N/A)	S
20	19	0	3	Vander Pl	female	31	1	0	345763	18	(N/A)	S
21	20	1	3	Masselma	female	(N/A)	0	0	2649	7.225	(N/A)	C
22	21	0	2	Fynney, M	male	35	0	0	239865	26	(N/A)	S
23	22	1	2	Beesley, M	male	34	0	0	248698	13	D56	S
24	23	1	3	McGowan	female	15	0	0	330923	8.0292	(N/A)	Q
25	24	1	1	Sloper, Mr	male	28	0	0	113788	35.5	A6	S
26	25	0	3	Palsson, M	female	8	3	1	349909	21.075	(N/A)	S
27	26	1	3	Asplund, M	female	38	1	5	347077	31.3875	(N/A)	S
28	27	0	3	Emir, Mr. I	male	(N/A)	0	0	2631	7.225	(N/A)	C
29	28	0	1	Fortune, N	male	19	3	2	19950	263	C23 C25 C	S
30	29	1	3	O'Dwyer, I	female	(N/A)	0	0	330959	7.8792	(N/A)	Q
31	30	0	3	Todoroff, I	male	(N/A)	0	0	349216	7.8958	(N/A)	S

3. '연습6-3.xlsx' 파일을 열어 Fare(탑승 요금) 열의 이상치를 찾아 표시하시오.

〈조건〉

- 제1사분위수 구한다.
- 제3사분위수 구한다.
- 사분위수 범위(IQR)를 구한다.
- 하한 이상치를 구한다.
- 상한 이상치를 구한다.
- 이상치의 조건부 서식으로 표현한다.

M2 `=OR(J2<$P$7,J2>$P$8)`

	A	B	C	D	E	F	G	H	I	J	K	L	M	N	O	P	Q
1	Passen	Survive	Pclass	Name	Sex	Age	SibSp	Parch	Ticket	Fare	Cabin	Embark	Fare Outli				
2	1	0	3	Braund, M	male	22	1	0	A/5 2117	7.25		S	FALSE				
3	2	1	3	Cumings,	female	38	1	0	PC 17599	71.2833	C85	C	TRUE		Fare		
4	3	1	3	Heikkinen	female	26	0	0	STON/O2.	7.925		S	FALSE		Q1	10.3625	
5	4	1	3	Futrelle, M	female	35	1	0	113803	53.1	C123	S	FALSE		Q3	31.3031	
6	5	0	3	Allen, Mr.	male	35	0	0	373450	8.05		S	FALSE		IQR	20.9407	
7	6	0	1	McCarthy,	male	54	0	0	17463	51.8625	E46	S	FALSE		L Bound	-21.049	
8	7	0	3	Palsson,	male	2	3	1	349909	21.075		S	FALSE		U Bound	62.7141	
9	8	1	3	Johnson,	female	27	0	2	347742	11.1333		S	FALSE				
10	9	1	2	Nasser, M	female	14	1	0	237736	30.0708		C	FALSE				
11	10	1	3	Sandstrom	female	4	1	1	PP 9549	16.7	G6	S	FALSE				
12	11	1	1	Bonnell, M	female	58	0	0	113783	26.55	C103	S	FALSE				
13	12	1	3	Saunderco	male	20	0	0	A/5. 2151	8.05		S	FALSE				
14	13	0	3	Andersson	male	39	1	5	347082	31.275		S	FALSE				
15	14	0	3	Vestrom,	female	14	0	0	350406	7.8542		S	FALSE				
16	15	1	3	Hewlett, N	female	55	0	0	248706	16		S	FALSE				
17	16	0	3	Rice, Mast	male	2	4	1	382652	29.125		Q	FALSE				
18	17	0	3	Vander Pl	female	31	1	0	345763	18		S	FALSE				
19	18	1	2	Fynney, M	male	35	0	0	239865	26		S	FALSE				
20	19	1	2	Beesley, M	male	34	0	0	248698	13	D56	S	FALSE				
21	20	1	3	McGowan	female	15	0	0	330923	8.0292		Q	FALSE				
22	21	1	1	Sloper, M	male	28	0	0	113788	35.5	A6	S	FALSE				
23	22	1	3	Palsson,	male	8	3	1	349909	21.075		S	FALSE				
24	23	1	3	Asplund, M	female	38	1	5	347077	31.3875		S	FALSE				
25	24	0	1	Fortune, N	male	19	3	2	19950	263	C23 C25	S	TRUE				

4. '연습6-4.xlsx' 파일을 열어 텍스트 나누기 기능을 이용하여 각각 필드에 맞게 데이터를 분리하시오.

	A
1	지역 도시명 음식종류 대표메뉴 식당상호
2	제주도 서귀포시 백반 어멍정식 어멍구이
3	제주도 서귀포시 양식 짬뽕 함셰프키친
4	제주도 서귀포시 일식 모둠회 사시미블루스
5	제주도 서귀포시 일식 자연산횟감 친구네횟집
6	제주도 서귀포시 중식 짬뽕 소낭식당
7	제주도 서귀포시 한식 오리 남원생오리
8	제주도 서귀포시 한식 김치복국 대도식당
9	제주도 서귀포시 한식 삼겹살 웅담식당
10	제주도 서귀포시 한식 고기국수 가시아방국수
11	제주도 서귀포시 한식 백숙 진소계절음식점
12	제주도 서귀포시 한식 복국 김치복국
13	제주도 서귀포시 한식 흑돼지
14	제주도 서귀포시 한식 갈치국 네거리식당
15	제주도 서귀포시 한식 자리물회 대정쌍둥이식당
16	제주도 서귀포시 한식 갈치조림 덕승식당
17	제주도 서귀포시 한식 복지리 물질식당
18	제주도 서귀포시 한식 옥돔구이 삼보식당
19	제주도 서귀포시 한식 통갈치조림 삼원정
20	제주도 서귀포시 한식 백숙 속골

⇒

	A	B	C	D	E
1	지역	도시명	음식종류	대표메뉴	식당상호
2	제주도	서귀포시	백반	어멍정식	어멍구이
3	제주도	서귀포시	양식	짬뽕	함셰프키친
4	제주도	서귀포시	일식	모둠회	사시미블루스
5	제주도	서귀포시	일식	자연산횟z	친구네횟집
6	제주도	서귀포시	중식	짬뽕	소낭식당
7	제주도	서귀포시	한식	오리	남원생오리
8	제주도	서귀포시	한식	김치복국	대도식당
9	제주도	서귀포시	한식	삼겹살	웅담식당
10	제주도	서귀포시	한식	고기국수	가시아방국수
11	제주도	서귀포시	한식	백숙	진소계절음식점
12	제주도	서귀포시	한식	복국	김치복국
13	제주도	서귀포시	한식	흑돼지	
14	제주도	서귀포시	한식	갈치국	네거리식당
15	제주도	서귀포시	한식	자리물회	대정쌍둥이식당
16	제주도	서귀포시	한식	갈치조림	덕승식당
17	제주도	서귀포시	한식	복지리	물질식당
18	제주도	서귀포시	한식	옥돔구이	삼보식당
19	제주도	서귀포시	한식	통갈치조림	삼원정
20	제주도	서귀포시	한식	백숙	속골

07

데이터의 기본 추출

contents

데이터의 기본 추출

학습목표

- 조건에 따라 다른 서식을 적용하여 나타낼 수 있다.
- 자동 필터 기능을 이용하여 특정 조건에 맞는 데이터를 추출할 수 있다.
- 고급 필터 기능을 이용하여 다양한 조건을 만족하는 데이터를 추출할 수 있다.

7.1 조건부 서식

데이터 분석 과정에서 분석에 사용되는 수많은 데이터가 그림 또는 색으로 쉽게 인식할 수 있는 부가적인 정보를 더하다면 데이터를 이해하는 데 도움이 될 것이다.

조건부 서식은 셀 서식에 조건문이 합쳐진 기능으로 조건에 따라 셀의 서식을 바꿀 수 있도록 해주는 기능이다. 엑셀로 작업하다 보면 특정한 상황에서만 셀 서식을 변경해야 하는 경우가 자주 발생하는데 이때 조건부 서식을 이용하면 편리하다. 조건부 서식을 이용하면 사용자가 설정한 조건이 충족되는 경우에만 특정 셀의 서식이 자동으로 변경되게끔 할 수 있다. 조건부 서식은 셀 안의 내용이 어떤 조건에 해당하면 그 셀 또는 셀이 속해 있는 행 전체에 대해서 서식(스타일)을 자동으로 지정하는 것을 말한다.

먼저 조건부 서식을 적용할 영역을 선택해야 한다. [홈] 탭 - [스타일] 그룹 - [조건부 서식] 메뉴를 선택하면 특정 기준에 해당하는 데이터에 대한 서식을 적용할 수 있는 하위 메뉴 5가지가 나타난다.

(1) 셀 값으로 조건부 서식 설정하기

[예제1] 같은 열에 중복되는 값이 있는 경우 배경색을 빨간색으로 표시하기

[실습 파일: 실습7-1.xlsx]

1) '실습7-1.xlsx' 파일을 열고, 조건부 서식을 지정하고자 하는 [A3:A27] 셀을 범위로 지정한

후 조건부 서식 메뉴에서 [셀 강조 규칙]의 [중복 값] 항목을 선택한다.

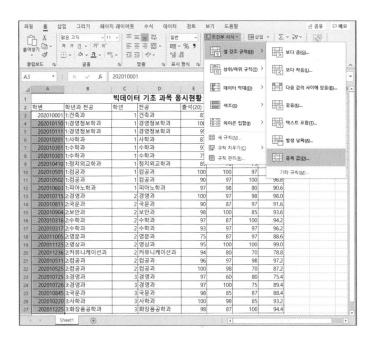

2) 선택한 범위에서 중복된 셀에만 [진한 빨강 텍스트가 있는 연한 빨강 채우기] 서식이 적용
된다. 같은 과목을 수강하는 학생은 있을 수 없기 때문에 조건부 서식을 활용하여 오류를
찾아 수정할 수 있다.

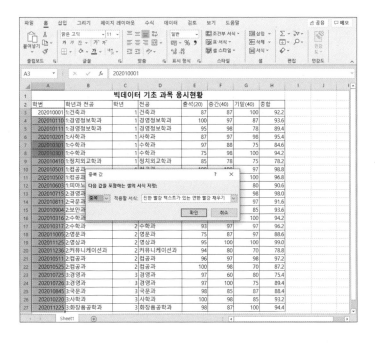

[예제2] 총합 점수가 상위 20%에 해당하는 점수는 노란색 채우기, 하위 10%에 해당하는 점수는 연한 빨간색 채우기

1) 조건부 서식을 지정하고자 하는 [H3:H27] 셀을 범위로 지정한 후 조건부 서식 메뉴에서 [상위/하위 규칙]의 [상위 10%] 항목을 선택한다.

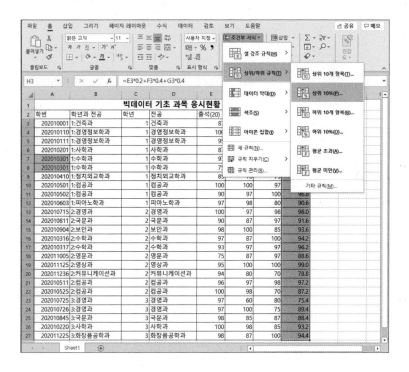

2) 20%로 변경하고, 적용할 서식에서 [사용자 지정 서식]을 선택한 후 [셀 서식] 대화상자 [채우기] 탭에서 노란색을 선택한 후 확인을 누른다.

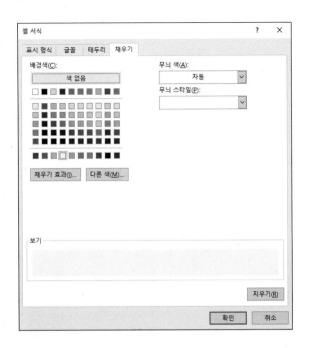

3) 조건부 서식을 지정하고자 하는 [H3:H27] 셀을 범위로 지정한 후 조건부 서식 메뉴에서 [상위/하위 규칙]의 [하위 10%] 항목을 선택한다.

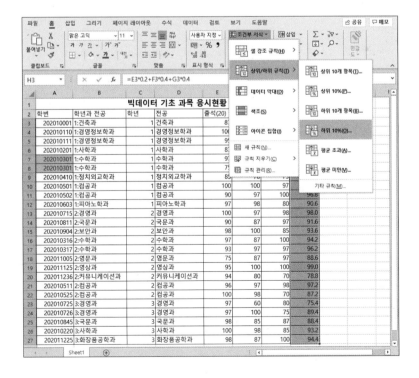

4) 아래와 같이 적용할 서식을 [연한 빨강 채우기]로 변경한 후 확인을 누른다.

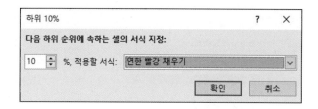

5) 상위/하위 규칙을 적용한 결과는 아래와 같다.

A	B	C	D	E	F	G	H
빅데이터 기초 과목 응시현황							
학번	학년과 전공	학년	전공	출석(20)	중간(40)	기말(40)	총합
202010001	1:건축과	1	건축과	87	87	100	92.2
202010110	1:경영정보학과	1	경영정보학과	100	97	87	93.6
202010111	1:경영정보학과	1	경영정보학과	95	98	78	89.4
202010201	1:사학과	1	사학과	87	97	98	95.4
202010301	1:수학과	1	수학과	97	88	75	84.6
202010301	1:수학과	1	수학과	75	98	100	94.2
202010410	1:정치외교학과	1	정치외교학과	85	78	75	78.2
202010501	1:컴공과	1	컴공과	100	100	97	98.8
202010502	1:컴공과	1	컴공과	90	97	100	96.8
202010603	1:피아노학과	1	피아노학과	97	98	80	90.6
202010715	2:경영과	2	경영과	100	97	98	98.0
202010811	2:국문과	2	국문과	90	98	97	91.6
202010904	2:보안과	2	보안과	98	100	85	93.6
202010316	2:수학과	2	수학과	97	87	100	94.2
202010317	2:수학과	2	수학과	93	97	97	96.2
202011005	2:영문과	2	영문과	75	87	97	88.6
202011125	2:영상과	2	영상과	95	100	100	99.0
202011236	2:커뮤니케이션과	2	커뮤니케이션과	94	80	70	78.8
202010511	2:컴공과	2	컴공과	96	97	98	97.2
202010525	2:컴공과	2	컴공과	100	98	70	87.2
202010725	3:경영과	3	경영과	97	60	80	75.4
202010726	3:경영과	3	경영과	97	100	75	89.4
202010845	3:국문과	3	국문과	98	85	87	88.4
202010220	3:사학과	3	사학과	100	98	85	93.2
202011225	3:화장품공학과	3	화장품공학과	98	87	100	94.4

Sheet1

(2) 수식을 이용한 조건부 서식

[예제3] '컴공과' 학생들의 모든 행에 글꼴색을 빨강으로 변경하기

[실습 파일: 실습7-2.xlsx]

1) '실습7-2.xlsx' 파일을 열고, 조건부 서식을 지정하고자 하는 [A3:H27] 셀을 범위로 지정한 후 [조건부 서식] 메뉴에서 [새 규칙]을 선택한다.

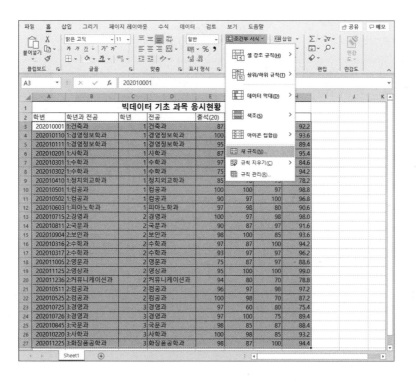

2) [새 서식 규칙] 대화상자의 [규칙 유형 선택]에서 '수식을 사용하여 서식을 지정할 셀 결정'
을 선택하고 학과가 '컴공과'인 셀이 포함된 열에 서식을 지정하기 위해 [규칙 설명 편집]에
=$D3="컴공과"라는 수식을 입력한 후 [서식]을 클릭한다.

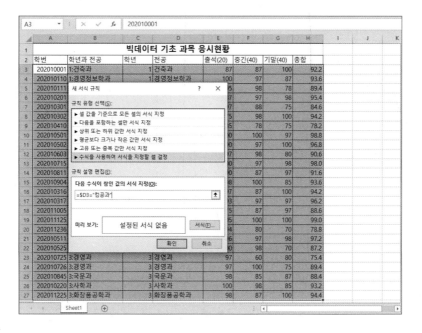

3) [셀 서식] 대화상자의 [글꼴] 탭에서 [색]은 '진한 빨강'을 선택하고 [확인]을 클릭한 후 [새 서식 규칙] 대화상자에서도 [확인]을 클릭한다.

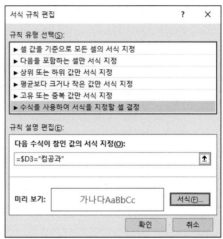

4) 조건부 서식을 모두 적용한 결과를 확인한다.

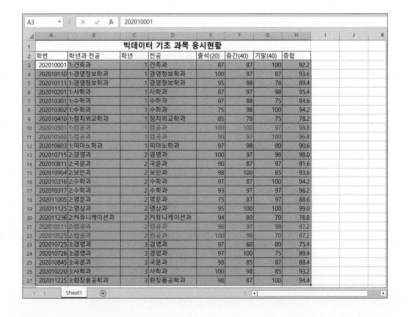

[예제4] 학년이 1학년이면서 총합의 점수가 90점 이상인 행 전체에 배경색을 노란색으로 채우기

1) 조건부 서식을 지정하고자 하는 [A3:H27] 셀을 범위로 지정한 후 조건부 서식 메뉴에서 [새 규칙]을 선택한다.

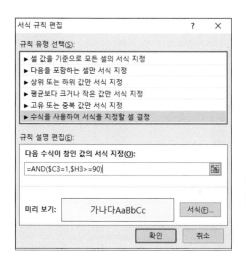

2) [새 서식 규칙] 대화상자의 [규칙 유형 선택]에서 '수식을 사용하여 서식을 지정할 셀 결정'을 선택하고 조건에 맞는 열에 서식을 지정하기 위해 [규칙 설명 편집]에 =AND ($C3=1,$H3>=90)라는 수식을 입력한 후 [서식]을 클릭한다.

3) 조건부 서식을 모두 적용한 결과를 확인한다.

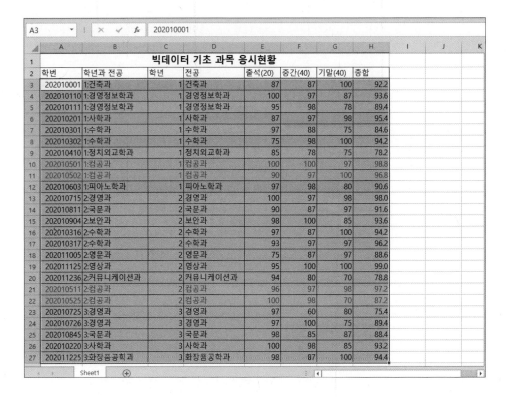

TIP [조건부 서식] – [규칙 관리]에서 규칙을 편집하고 삭제할 수 있다.

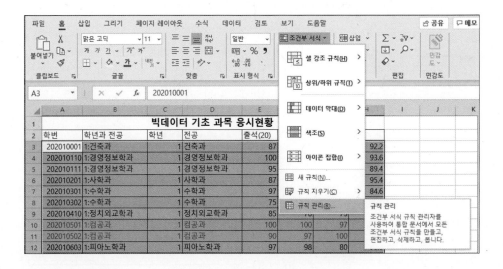

7.2 데이터 기본 추출

데이터 분석 과정에서 원하는 데이터만 선택해서 볼 수 있다면 데이터 관찰이나 분석에 대한 내용 정리가 더 편리하고 정확할 것이다. 엑셀의 필터 기능을 이용하면 데이터를 선택적으로 확인할 수 있다. 사용자가 필요한 것만 걸러내는 것을 '필터링'이라고 하는데, 단순한 조건으로 데이터를 검색할 수 있는 자동 필터 기능과 복잡한 조건을 지정할 수 있고 필터링 된 결과를 별도의 위치에 표시할 수 있는 고급 필터 기능이 있다. 데이터 목록에서 조건에 맞는 데이터를 추출하는 방법을 알아보자.

1) 데이터 목록 안의 임의의 곳에 셀 포인터를 두고 [데이터] 탭 – [정렬 및 필터] 그룹 – [필터] 메뉴를 클릭하면 필드 이름 옆에 필터 단추가 표시된다.

2) 필터 단추를 클릭하면 원하는 데이터를 선택할 수 있는 창이 뜬다. 예를 들어 '전공' 필터 단추를 클릭하면 정렬에 관련된 메뉴, 범위 검색, 해당 항목에 입력되어 있는 대푯값들이 나타난다.

(1) 자동 필터: 단순 조건에 맞는 데이터 검색하기

[예제5] 전공이 '수학과'이면서 출석 점수가 90 이상인 학생들을 검색하기

[실습 파일: 실습7-3.xlsx]

1) '실습7-3.xlsx' 파일을 불러온 후 데이터 목록 안의 임의의 곳에 셀 포인터를 두고 [데이터] 탭 – [정렬 및 필터] 그룹 – [필터]를 클릭한다.

2) '전공'의 필터 단추를 클릭하고 '(모두 선택)'을 해제한 후 '수학과'를 체크하고 [확인]을 클릭하면 전공이 '수학과'인 데이터만 화면에 나타난다.(데이터의 대푯값이 많을 경우 직접 검색어에 입력한다.)

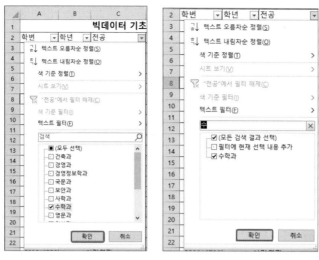

	A	B	C	D	E	F	G
1			빅데이터 기초 과목 응시현황				
2	학번 ▼	학년 ▼	전공 ▼	출석 ▼	중간 ▼	기말 ▼	총합 ▼
7	202010301	1	수학과	97	88	75	84.6
8	202010302	1	수학과	75	98	100	94.2
16	202010316	2	수학과	97	87	100	94.2
17	202010317	2	수학과	93	97	97	96.2

3) '출석' 점수가 90 이상인 데이터를 확인하기 위해 '출석'의 필터 단추를 클릭하고 [숫자 필터] – [크거나 같음]을 선택한다.

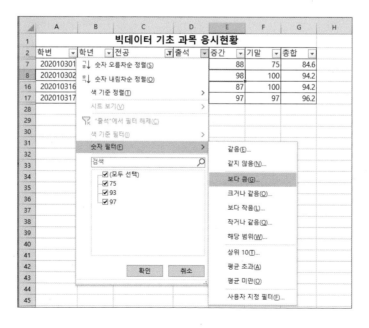

4) [숫자 필터] – [크거나 같음]을 선택한 후 [사용자 지정 자동 필터] 대화상자가 나타나면 '90'을 입력하고 [확인]을 클릭한다.

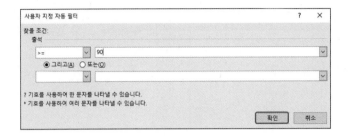

5) 전공이 '수학과'이면서 출석 점수가 90점 이상인 데이터만 추출되어 화면에 나타난다.

	A	B	C	D	E	F	G	H
1			빅데이터 기초 과목 응시현황					
2	학번	학년	전공	출석	중간	기말	총합	
7	202010301	1	수학과	97	88	75	84.6	
16	202010316	2	수학과	97	87	100	94.2	
17	202010317	2	수학과	93	97	97	96.2	
28								

(2) 고급 필터

자동 필터는 단순 조건에 대한 결과나 다중 조건일 경우 모든 조건을 만족(AND 연산)하는 경우에는 원하는 데이터를 추출할 수 있다. 하지만 두 가지 이상의 조건에 대해 OR 연산을 적용해야 하는 경우에는 자동 필터 대신 고급 필터를 사용해야 원하는 데이터를 추출할 수 있다. 고급 필터는 AND, OR 연산 모두 확인할 수 있으며 필터링 된 결괏값을 별도의 표로도 만들 수 있다.

NOTE 고급 필터 조건 지정 방법

- 고급 필터는 사용하기 전에 조건 범위를 지정해야 한다.
- 조건 범위의 첫 번째 행에는 데이터 목록 범위에 있는 필드의 이름과 동일한 필드이름을 입력하고, 두 번째 행부터는 해당 필드 값과 비교할 조건 값을 입력한다.
- 조건을 입력할 때 같은 행에 입력하면 AND 조건으로 추출한다.
- 조건을 입력할 때 다른 행에 입력하면 OR 조건으로 추출한다.

조건식1

중간	기말
>=90	>=90

조건식2

학년	총합
>=2	
	>=90

조건식3

전공	총합	학년
국문과	>=90	
		>=3

조건식1	중간이 90점 이상이고 기말이 90점 이상인 데이터 검색
조건식2	학년이 2학년 이상이거나 총합이 90점 이상인 데이터 검색
조건식3	전공이 국문과이고 총합이 90점 이상이거나 학년이 3학년 이상인 데이터 검색

[예제6] 고급 필터를 이용한 AND 연산 결과 확인

[실습 파일: 실습7-4.xlsx]

> 중간이 90점 이상이고 기말이 90점 이상인 데이터 검색

1) '실습7-4.xlsx' 파일을 불러온 후 데이터 목록 안의 임의의 곳에 셀 포인터를 두고 [데이터]
   탭 – [정렬 및 필터] 그룹 – [고급]을 클릭한다.

2) [고급 필터] 대화상자에서 [결과]는 '다른 장소에 복사'를 체크하고, '조건 범위'는 [I4:J4] 드
   래그하여 선택하고, 복사위치는 [A29] 셀로 지정한 다음 [확인]을 클릭한다.

	A	B	C	D	E	F	G	H	I	J	K
3	202010001	1	건축과	87	87	100	92.2		중간	기말	
4	202010110	1	경영정보학과	100	97	87	93.6		>=90	>=90	
5	202010111	1	경영정보학과	95	98	78	89.4				
6	202010201	1	사학과	87	97	98	95.4		조건식2		
7	202010301	1	수학과	97	88	75	84.6		학년	총합	
8	202010302	1	수학과	75	98	100	94.2		>=2		
9	202010410	1	정치외교학과	85	78	75	78.2			>=90	
10	202010501	1	컴공과				.8				
11	202010502	1	컴공과				.8		조건식3		
12	202010603	1	피아노학과				.6		전공	총합	학년
13	202010715	2	경영과				.0		국문과	>=90	
14	202010811	2	국문과				.6				>=3
15	202010904	2	보안과				.6				
16	202010316	2	수학과				.2				
17	202010317	2	수학과				.6				
18	202011005	2	영문과				.6				
19	202011125	2	영상과				0.0				
20	202011236	2	커뮤니케이션과				.8				
21	202010511	2	컴공과				.2				
22	202010525	2	컴공과	100	98	70	87.2				
23	202010725	3	경영과	97	60	80	75.4				
24	202010726	3	경영과	97	100	75	89.4				
25	202010845	3	국문과	98	85	87	88.4				
26	202010220	3	사학과	100	98	85	93.2				
27	202011225	3	화장품공학과	98	87	100	94.4				

고급 필터 대화상자

결과
- ○ 현재 위치에 필터(F)
- ● 다른 장소에 복사(O)

목록 범위(L): $A$2:$G$27
조건 범위(C): $I$3:$J$4
복사 위치(T): Sheet1!$A$29

□ 동일한 레코드는 하나만(R)

[확인] [취소]

Sheet1

3) 다음과 같이 [A29] 셀부터 시작하여 결괏값이 표시된다.

29	학번	학년	전공	출석	중간	기말	총합
30	202010201	1	사학과	87	97	98	95.4
31	202010302	1	수학과	75	98	100	94.2
32	202010501	1	컴공과	100	100	97	98.8
33	202010502	1	컴공과	90	97	100	96.8
34	202010715	2	경영과	100	97	98	98.0
35	202010317	2	수학과	93	97	97	96.2
36	202011125	2	영상과	95	100	100	99.0
37	202010511	2	컴공과	96	97	98	97.2

[예제7] 고급 필터를 이용한 OR 연산 결과 확인

학년이 2학년 이상이거나 총합이 90점 이상인 데이터 검색

4) 데이터 목록 안의 임의의 곳에 셀 포인터를 두고 [데이터] 탭 – [정렬 및 필터] 그룹 – [고급]을 클릭한 후 [고급 필터] 대화상자에서 [결과]는 '다른 장소에 복사'를 체크하고, '조건 범위'는 [I8:J9] 셀을 드래그하여 선택하고, 복사 위치는 [A39] 셀로 지정한 다음 [확인]을 클릭한다.

	A	B	C	D	E	F	G	H	I	J	K
13	202010715	2	경영과	100	97	98	98.0		국문과	>=90	
14	202010811	2	국문과	90	87	97	91.6				>=3
15	202010904	2	보안과	98	100	85	93.6				
16	202010316	2	수학과	97	87	100	94.2				
17	202010317	2	수학과	93	97	97	96.2				
18	202011005	2	영문과	75	87	97	88.6				
19	202011125	2	영상과	95	100	100	99.0				
20	202011236	2	커뮤니케이션과				8.8				
21	202010511	2	컴공과				.2				
22	202010525	2	컴공과				.2				
23	202010725	3	경영과				.4				
24	202010726	3	경영과				.4				
25	202010845	3	국문과				.4				
26	202010220	3	사학과				.2				
27	202011225	3	화장품공학과				.4				
28											
29	학번	학년	전공	출석							
30	202010201	1	사학과				.4				
31	202010302	1	수학과				.2				
32	202010501	1	컴공과	100	100	97	98.8				
33	202010502	1	컴공과	90	97	100	96.8				
34	202010715	2	경영과	100	97	98	98.0				
35	202010317	2	수학과	93	97	97	96.2				
36	202011125	2	영상과	95	100	100	99.0				
37	202010511	2	컴공과	96	97	98	97.2				
38											
39											

고급 필터 대화상자:

고급 필터 ? ×

결과
- ○ 현재 위치에 필터(F)
- ● 다른 장소에 복사(O)

목록 범위(L): $A$2:$G$27

조건 범위(C): Sheet1!$I$7:$J$9

복사 위치(T): Sheet1!$A$39

☐ 동일한 레코드는 하나만(R)

[확인] [취소]

5) 다음과 같이 [A39] 셀부터 시작하여 결괏값이 표시된다.

39	학번	학년	전공	출석	중간	기말	총합
40	202010001	1	건축과	87	87	100	92.2
41	202010110	1	경영정보학과	100	97	87	93.6
42	202010201	1	사학과	87	97	98	95.4
43	202010302	1	수학과	75	98	100	94.2
44	202010501	1	컴공과	100	100	97	98.8
45	202010502	1	컴공과	90	97	100	96.8
46	202010603	1	피아노학과	97	98	80	90.6
47	202010715	2	경영과	100	97	98	98.0
48	202010811	2	국문과	90	87	97	91.6
49	202010904	2	보안과	98	100	85	93.6
50	202010316	2	수학과	97	87	100	94.2
51	202010317	2	수학과	93	97	97	96.2
52	202011005	2	영문과	75	87	97	88.6
53	202011125	2	영상과	95	100	100	99.0
54	202011236	2	커뮤니케이션과	94	80	70	78.8
55	202010511	2	컴공과	96	97	98	97.2
56	202010525	2	컴공과	100	98	70	87.2
57	202010725	3	경영과	97	60	80	75.4
58	202010726	3	경영과	97	100	75	89.4
59	202010845	3	국문과	98	85	87	88.4
60	202010220	3	사학과	100	98	85	93.2
61	202011225	3	화장품공학과	98	87	100	94.4

[예제8] 고급 필터를 이용한 AND, OR의 중첩 연산 결과 확인

전공이 국문과이고 총합이 90점 이상이거나 학년이 3학년 이상인 데이터 검색

6) 데이터 목록 안의 임의의 곳에 셀 포인터를 두고 [데이터] 탭 – [정렬 및 필터] 그룹 – [고급]을 클릭한 후 [고급 필터] 대화상자에서 [결과]는 '다른 장소에 복사'를 체크하고, '조건 범위'는 [I12:K14] 셀을 드래그하여 선택하고, 복사 위치는 [A63] 셀로 지정한 다음 [확인]을 클릭한다.

1	빅데이터 기초 과목 응시현황										
2	학번	학년	전공	출석	중간	기말	총합		조건식1		
3	202010001	1	건축과	87	87	100	92.2		중간	기말	
4	202010110	1	경영정보학과	100	97	87	93.6		>=90	>=90	
5	202010111	1	경영정보학과	95	98	78	89.4				
6	202010201	1	사학과	87	97	98	95.4		조건식2		
7	202010301	1	수학과	97	88	75	84.6		학년	총합	
8	202010302	1	수학과	75					>=2		
9	202010410	1	정치외교학과	85						>=90	
10	202010501	1	컴공과	100							
11	202010502	1	컴공과	90					조건식3		
12	202010603	1	피아노학과	97					전공	총합	학년
13	202010715	2	경영과	100					국문과	>=90	
14	202010811	2	국문과	90							>=3
15	202010904	2	보안과	98							
16	202010316	2	수학과	97							
17	202010317	2	수학과	93							
18	202011005	2	영문과	75							
19	202011125	2	영상과	95							
20	202011236	2	커뮤니케이션과	94	80	70	78.8				

고급 필터 ? ×
결과
○ 현재 위치에 필터(F)
● 다른 장소에 복사(O)
목록 범위(L): $A$2:$G$27
조건 범위(C): .1!$I$12:$K$14
복사 위치(T): Sheet1!$A$63
☐ 동일한 레코드는 하나만(R)
[확인] [취소]

7) 다음과 같이 [A63] 셀부터 시작하여 결괏값이 표시된다.

63	학번	학년	전공	출석	중간	기말	총합
64	202010811	2	국문과	90	87	97	91.6
65	202010725	3	경영과	97	60	80	75.4
66	202010726	3	경영과	97	100	75	89.4
67	202010845	3	국문과	98	85	87	88.4
68	202010220	3	사학과	100	98	85	93.2
69	202011225	3	화장품공학과	98	87	100	94.4

연습문제

1. '연습7-1.xlsx' 파일을 열어 다음 〈조건〉에 맞게 조건부 서식을 지정하시오.

〈조건〉

① F 열: 셀 값이 400,000 미만인 셀은 글꼴 색을 '빨강'으로 지정한다.
② G 열: 다음 화면과 같이 데이터 막대(파랑 데이터 막대)를 지정한다.

	형태	지역	출발일	기간	성인 가격	옵션 비용
	배낭여행	중국(상해)	28-Dec	3박4일	₩ 469,000	₩ 50,000
	자유여행	동남아(괌)	26-Dec	3박4일	₩ 223,000	₩ 100,000
	가이드여행	일본(동경)	24-Dec	4박5일	₩ 599,000	₩ 60,000
	배낭여행	중국(장가계)	22-Dec	5박6일	₩ 499,000	₩ 30,000
	자유여행	중국(장춘)	22-Dec	5박6일	₩ 399,000	₩ 40,000
	가이드여행	동남아(푸켓)	25-Dec	4박5일	₩ 499,000	₩ 50,000
	배낭여행	일본(나고야)	24-Dec	3박4일	₩ 599,000	₩ 80,000
	자유여행	동남아(태국)	21-Dec	5박6일	₩ 499,000	₩ 30,000
	가이드여행	동남아(사이판)	27-Dec	3박4일	₩ 499,000	₩ 50,000
	배낭여행	동남아(싱가풀)	26-Dec	5박6일	₩ 399,000	₩ 20,000

2. '연습7-2.xlsx' 파일을 열어 다음 〈조건〉에 맞게 조건부 서식을 지정하시오.

〈조건〉

① '부서'가 '전산' 행 전체의 채우기 색을 '노랑'으로 지정한다.
② '등급'이 2 이하인 행 전체의 글꼴 색을 '빨강'으로 지정한다.

	A	B	C	D	E	F	G	H
1								
2				**사 원 명 부**				
3								
4		사 번	성 명	부서	등 급	성 별	주 소	
5		70021	황복동	전산	5	남	서울 강남구	
6		70022	정명식	영업	3	남	서울 도봉구	
7		70023	최봉수	총무	4	남	경기 성남시	
8		70024	김진영	기획	2	남	경기 일산시	
9		70025	김진호	구매	1	여	경기 부천시	
10		70026	김윤희	총무	5	여	경기 남양주시	
11		70027	양선희	영업	5	남	경기 하남시	
12		70028	강복희	전산	3	남	인천 계양구	
13		70029	김수희	영업	3	여	서울 강서구	
14		70030	김연우	전산	6	남	서울 강남구	
15		70031	김혜현	기획	8	여	서울 중구	
16		70032	오혜빈	총무	9	남	서울 영등포구	
17								

3. '연습7-3.xlsx' 파일을 열어 다음 〈조건〉에 맞게 데이터를 자동 필터를 이용하여 검색하시오.

〈조건〉

① 평점이 80 이상이고 결석횟수가 0인 학생들만 검색한다.

② 전공학과가 '경영'이고 출결점수가 90 이상인 학생들만 검색한다.

③ 평점이 높은 순서대로 상위 5개 데이터만 검색한다.

	A	B	C	D	E	F	G	H	I
1				**데이터분석 1학기 성적**					
2									
3		전공학과	성명	결석횟수	출결점수	과제	중간고사	기말고사	평점
5		영문	송혜란	0	100	98	80	67	86.0
10		영문	한원선	0	100	76	78	88	85.5

	A	B	C	D	E	F	G	H	I
1				**데이터분석 1학기 성적**					
2									
3		전공학과	성명	결석횟수	출결점수	과제	중간고사	기말고사	평점
4		경영	이경희	2	94	87	77	78	84.0

	A	B	C	D	E	F	G	H	I
1				**데이터분석 1학기 성적**					
2									
3		전공학과	성명	결석횟수	출결점수	과제	중간고사	기말고사	평점
6		국문	정은희	3	91	67	98	89	86.3
8		영문	정희경	1	97	83	90	90	90.0
12		영문	강은숙	2	94	78	90	84	86.5
13		국문	이광숙	1	97	90	96	89	93.0
14		영문	김상협	6	82	100	98	95	93.8

4. '연습7-4.xlsx' 파일을 열어 다음 〈조건〉에 맞게 데이터를 자동 필터를 이용하여 검색하시오.

〈조건〉

• 전공학과가 '영문'이고, 결석횟수가 0이고 평점이 80점 이상인 데이터를 고급 필터를 사용하여 검색한다.

① 고급 필터 조건은 [B17:D18] 셀 범위 내에 알맞게 입력한다.

② 고급 필터 결과 복사 위치는 동일 시트의 [B26] 셀로 지정한다.

• 출결점수가 90점 이상이거나 평점이 90점 이상인 데이터를 고급 필터를 사용하여 검색한다.

① 고급 필터 조건은 [B22:C24] 셀 범위 내에 알맞게 입력한다.

② 고급 필터 결과 복사 위치는 동일 시트의 [B30] 셀로 지정한다.

	A	B	C	D	E	F	G	H	I
1				데이터분석 1학기 성적					
2									
3		전공학과	성명	결석횟수	출결점수	과제	중간고사	기말고사	평점
4		경영	이경희	2	94	87	77	78	84.0
5		영문	송혜란	0	100	98	80	67	86.0
6		국문	정은희	3	91	67	98	89	86.3
7		경영	이현기	4	88	56	96	98	84.5
8		영문	정희경	1	97	83	90	90	90.0
9		경영	김영일	5	85	90	67	96	84.5
10		영문	한원선	0	100	76	78	88	85.5
11		국문	고동윤	0	100	65	56	86	76.8
12		영문	강은숙	2	94	78	90	84	86.5
13		국문	이광숙	1	97	90	96	89	93.0
14		영문	김상협	6	82	100	98	95	93.8
15									
16		조건1							
17		전공학과	결석횟수	평점					
18		영문	0	>=80					
19									
20									
21		조건2							
22		출력점수	평점						
23		>=90							
24			>=90						
25									
26		전공학과	성명	결석횟수	출결점수	과제	중간고사	기말고사	평점
27		영문	송혜란	0	100	98	80	67	86.0
28		영문	한원선	0	100	76	78	88	85.5
29									
30		전공학과	성명	결석횟수	출결점수	과제	중간고사	기말고사	평점
31		영문	정희경	1	97	83	90	90	90.0
32		국문	이광숙	1	97	90	96	89	93.0
33		영문	김상협	6	82	100	98	95	93.8

데이터의 고급 추출

contents

데이터의 고급 추출

학습목표

• 데이터를 내림차순, 오름차순으로 정렬할 수 있다.
• 부분합 기능을 이용하여 데이터의 그룹별로 다양한 계산을 할 수 있다.
• 피벗 테이블의 구성 옵션을 이해하고 특정 주제에 맞는 피벗 테이블을 만들 수 있다.

8.1 데이터 정렬과 부분합

데이터베이스의 구성과 정렬 기능을 살펴보고, 다양한 형태의 정렬하는 기법을 적용해보자. 또한 부분합 기능을 이용하여 데이터를 그룹별로 계산하는 방법을 알아보자.

(1) 데이터베이스 구성

	A	B	C	D	E	F	G
1	❶		빅데이터 기초 과목 응시현황				
2	학번	학년	전공 ❹	출석	중간	기말	종합
3	202010001	1	건축과	87	87	100	92.2
4	202010715	2 ❷	경영과	100	97	98	98.0
5	202010725	3	경영과	97	60	80	75.4
6	202010726	3	경영과	97	100	75	89.4
7	202010110	1	경영정보학과	100	97	87	93.6
8	202010111	1	경영정보학과	95	98	78	89.4
9	202010811	2	국문과	90	87	97	91.6
10	202010845	3	국문과 ❸	98	85	87	88.4
11	202010904	2	보안과	98	100	85	93.6
12	202010201	1	사학과	87	97	98	95.4
13	202010220	3	사학과	100	98	85	93.2
14	202010301	1	수학과	97	88	75	84.6
15	202010302	1	수학과	75	98	100	94.2
16	202010316	2	수학과	97	87	100	94.2
17	202010317	2	수학과	93	97	97	96.2
18	202011005	2	영문과	75	87	97	88.6
19	202011125	2	영상과	95	100	100	99.0
20	202010410	1	정치외교학과	85	78	75	78.2

❶ 데이터베이스: 데이터 목록 전체로 필드, 레코드, 필드명으로 구성되어 있다.

❷ 필드: 데이터베이스에서 '열'을 의미한다.

❸ 레코드: 데이터베이스에서 '행'을 의미한다.

❹ 필드명: 각 필드를 구분하는 이름을 말한다.

정렬이란 특정 기준에 맞게 데이터를 순서대로 나열하는 것을 말한다. 정렬 기준은 최대 64개까지 지정할 수 있으며, 기본적으로 행 단위로 정렬된다. 정렬 방식에는 오름차순과 내림차순이 있으며 오름차순은 작은 값에서 큰 값으로, 내림차순은 큰 값에서 작은 값으로 배열된다.

[실습 파일: 실습8-1.xlsx]

1) '실습8-1.xlsx' 파일을 열고 셀 포인터를 데이터 목록 안 임의의 곳에 두고 [데이터] 탭 – [정렬 및 필터] 그룹 – [정렬]을 선택한다.

2) [여러 개의 기준으로 정렬하기]: [정렬] 대화상자가 열리면 '정렬 기준'을 '전공, 값, 오름차순'을 선택하고 [기준 추가]를 클릭한 후 '다음 기준'을 '총합, 값, 내림차순'으로 선택하고 [확인]을 클릭한다.

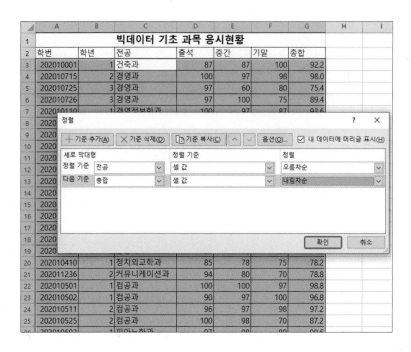

3) '전공'으로 오름차순 정렬되고 동일한 '전공' 안에서는 '총합'으로 내림차순 정렬된다.

	A	B	C	D	E	F	G
1			빅데이터 기초 과목 응시현황				
2	학번	학년	전공	출석	중간	기말	총합
3	202010001	1	건축과	87	87	100	92.2
4	202010715	2	경영과	100	97	98	98.0
5	202010726	3	경영과	97	100	75	89.4
6	202010725	3	경영과	97	60	80	75.4
7	202010110	1	경영정보학과	100	97	87	93.6
8	202010111	1	경영정보학과	95	98	78	89.4
9	202010811	2	국문과	90	87	97	91.6
10	202010845	3	국문과	98	85	87	88.4
11	202010904	2	보안과	98	100	85	93.6
12	202010201	1	사학과	87	97	98	95.4
13	202010220	3	사학과	100	98	85	93.2
14	202010317	2	수학과	93	97	97	96.2
15	202010302	1	수학과	75	98	100	94.2
16	202010316	2	수학과	97	87	100	94.2
17	202010301	1	수학과	97	88	75	84.6
18	202011005	2	영문과	75	87	97	88.6
19	202011125	2	영상과	95	100	100	99.0
20	202010410	1	정치외교학과	85	78	75	78.2
21	202011236	2	커뮤니케이션과	94	80	70	78.8
22	202010501	1	컴공과	100	100	97	98.8
23	202010511	2	컴공과	96	97	98	97.2
24	202010502	1	컴공과	90	97	100	96.8
25	202010525	2	컴공과	100	98	70	87.2
26	202010603	1	피아노학과	97	98	80	90.6
27	202011225	3	화장품공학과	98	87	100	94.4

[정렬] 대화상자

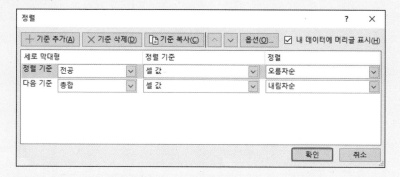

- 정렬 기준을 추가, 삭제, 복사할 수 있으며, 정렬 기준은 64개까지 추가할 수 있다.
- 정렬 기준의 순서를 바꿀 수 있다.
- 영어 대/소문자 구분, 정렬의 방향을 조절할 수 있다.
- [내 데이터에 머리글 표시]의 체크를 해제하면 첫 행도 정렬 대상에 포함된다.
- 조건부 서식이 지정된 경우는 정렬 기준에서 '셀 색', '글꼴 색', '셀 아이콘'을 선택해서 색이나 아이콘을 기준으로 정렬할 수 있다.

8.2 부분합을 이용한 데이터 집계와 분석

부분합이란 데이터 목록의 특정 필드를 기준으로 레코드를 그룹화한 다음, 그룹별로 합계, 평균, 개수 등을 계산하는 기능이다. 부분합을 실행하기 위해서는 그룹화할 항목을 기준으로 데이터를 정렬해야 한다. 예를 들어 부분합 기능을 이용하여 전공별로 중간, 기말 평균을 구하기 위해서는 '전공' 기준으로 정렬한 후 부분합을 수행해야 한다.

[예제1] 학년별 중간/기말의 평균

[실습 파일: 실습8-2.xlsx]

1) '실습8-2.xlsx' 파일을 열고, '학년' 열의 임의의 셀에 포인터를 [데이터] 탭 - [정렬 및 필터] 그룹 - [숫자 오름차순 정렬]을 클릭한다.

2) 학년 열의 숫자가 오름차순으로 정렬된다.

	A	B	C	D	E	F	G
1			빅데이터 기초 과목 응시현황				
2	학번	학년	전공	출석	중간	기말	총합
3	202010001	1	건축과	87	87	100	92.2
4	202010110	1	경영정보학과	100	97	87	93.6
5	202010111	1	경영정보학과	95	98	78	89.4
6	202010201	1	사학과	87	97	98	95.4
7	202010302	1	수학과	75	98	100	94.2
8	202010301	1	수학과	97	88	75	84.6
9	202010410	1	정치외교학과	85	78	75	78.2
10	202010501	1	컴공과	100	100	97	98.8
11	202010502	1	컴공과	90	97	100	96.8
12	202010603	1	피아노학과	97	98	80	90.6
13	202010715	2	경영과	100	97	98	98.0
14	202010811	2	국문과	90	87	97	91.6
15	202010904	2	보안과	98	100	85	93.6
16	202010317	2	수학과	93	97	97	96.2
17	202010316	2	수학과	97	87	100	94.2
18	202011005	2	영문과	75	87	97	88.6
19	202011125	2	영상과	95	100	100	99.0
20	202011236	2	커뮤니케이션과	94	80	70	78.8
21	202010511	2	컴공과	96	97	98	97.2
22	202010525	2	컴공과	100	98	70	87.2
23	202010726	3	경영과	97	100	75	89.4
24	202010725	3	경영과	97	60	80	75.4
25	202010845	3	국문과	98	85	87	88.4
26	202010220	3	사학과	100	98	85	93.2
27	202011225	3	화장품공학과	98	87	100	94.4

3) 데이터 목록 내에 셀 포인터를 둔 상태에서 [데이터] 탭 – [개요] 그룹 – [부분합]을 클릭한다.

4) [부분합] 대화상자가 열리면 [그룹화할 항목]에서 '학년', [사용할 함수]에서 '평균'을 선택하고 [부분합 계산 항목]에서 '중간', '기말'을 체크한 후 [확인]을 클릭한다.

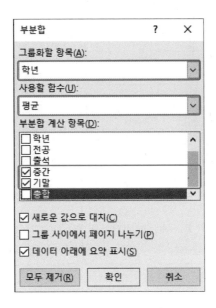

5) 부분합 결과로 평균값이 표시된다. 워크시트 왼쪽에 표시된 윤곽 기호를 이용하여 하위 수준을 숨기거나 표시할 수 있다.

1 2 3		A	B	C	D	E	F	G
	1			**빅데이터 기초 과목 응시현황**				
	2	학번	학년	전공	출석	중간	기말	총합
	3	202010001	1	건축과	87	87	100	92.2
	4	202010110	1	경영정보학과	100	97	87	93.6
	5	202010111	1	경영정보학과	95	98	78	89.4
	6	202010201	1	사학과	87	97	98	95.4
	7	202010302	1	수학과	75	98	100	94.2
	8	202010301	1	수학과	97	88	75	84.6
	9	202010410	1	정치외교학과	85	78	75	78.2
	10	202010501	1	컴공과	100	100	97	98.8
	11	202010502	1	컴공과	90	97	100	96.8
	12	202010603	1	피아노학과	97	98	80	90.6
	13		**1 평균**			93.8	89	
	14	202010715	2	경영과	100	97	98	98.0
	15	202010811	2	국문과	90	87	97	91.6
	16	202010904	2	보안과	98	100	85	93.6
	17	202010317	2	수학과	93	97	97	96.2
	18	202010316	2	수학과	97	87	100	94.2
	19	202011005	2	영문과	75	87	97	88.6
	20	202011125	2	영상과	95	100	100	99.0
	21	202011236	2	커뮤니케이션과	94	80	70	78.8
	22	202010511	2	컴공과	96	97	98	97.2
	23	202010525	2	컴공과	100	98	70	87.2
	24		**2 평균**			93	91.2	
	25	202010726	3	경영과	97	100	75	89.4
	26	202010725	3	경영과	97	60	80	75.4
	27	202010845	3	국문과	98	85	87	88.4
	28	202010220	3	사학과	100	98	85	93.2
	29	202011225	3	화장품공학과	98	87	100	94.4
	30		**3 평균**			86	85.4	
	31		**전체 평균**			91.92	89.16	

[예제2] 학년별 중간/기말의 평균과 최댓값

6) 데이터 목록 내에 셀 포인터를 두고 [데이터] 탭 – [개요] 그룹 – [부분합]을 클릭한다. [부분합] 대화상자가 열리면 '사용할 함수'에서 '최대값'을 선택하고 [새로운 값으로 대치]를 해제한 후 [확인]을 클릭한다.

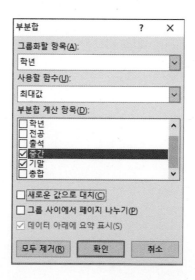

7) 평균값과 함께 최댓값이 함께 표시된다.

1 2 3 4		A	B	C	D	E	F	G
	1			빅데이터 기초 과목 응시현황				
	2	학번	학년	전공	출석	중간	기말	총합
	3	202010001	1	건축과	87	87	100	92.2
	4	202010110	1	경영정보학과	100	97	87	93.6
	5	202010111	1	경영정보학과	95	98	78	89.4
	6	202010201	1	사학과	87	97	98	95.4
	7	202010302	1	수학과	75	98	100	94.2
	8	202010301	1	수학과	97	88	75	84.6
	9	202010410	1	정치외교학과	85	78	75	78.2
	10	202010501	1	컴공과	100	100	97	98.8
	11	202010502	1	컴공과	90	97	100	96.8
	12	202010603	1	피아노학과	97	98	80	90.6
	13		1 최대값			100	100	
	14		1 평균			93.8	89	
	15	202010715	2	경영과	100	97	98	98.0
	16	202010811	2	국문과	90	87	97	91.6
	17	202010904	2	보안과	98	100	85	93.6
	18	202010317	2	수학과	93	97	97	96.2
	19	202010316	2	수학과	97	87	100	94.2
	20	202011005	2	영문과	75	87	97	88.6
	21	202011125	2	영상과	95	100	100	99.0
	22	202011236	2	커뮤니케이션과	94	80	70	78.8
	23	202010511	2	컴공과	96	97	98	97.2
	24	202010525	2	컴공과	100	98	70	87.2
	25		2 최대값			100	100	
	26		2 평균			93	91.2	
	27	202010726	3	경영과	97	100	75	89.4
	28	202010725	3	경영과	97	60	80	75.4
	29	202010845	3	국문과	98	85	87	88.4
	30	202010220	3	사학과	100	98	85	93.2
	31	202011225	3	화장품공학과	98	87	100	94.4
	32		3 최대값			100	100	
	33		3 평균			86	85.4	
	34		전체 최대값			100	100	

> **TIP** [부분합] 대화상자에서 [새로운 값으로 대치]가 선택되어 있다면 평균이 없어지고 최댓값으로 대치된다.

NOTE 부분합의 표시 방법과 제거

- 부분합이 적용된 시트 왼쪽에 있는 +, − 버튼이나 1, 2, 3, 4 버튼을 클릭해서 수준별로 데이터를 표시할 수 있다.
- 부분합을 제거하려면 [부분합] 대화상자에서 [모두 제거] 버튼을 클릭한다.

[부분합] 대화상자

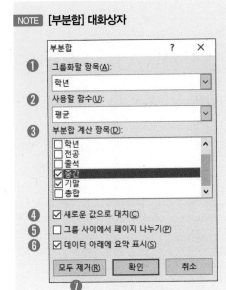

❶ 그룹화할 항목: 데이터를 그룹으로 분류하는 데 기준이 되는 필드이다.

❷ 사용할 함수: 그룹별로 계산할 때 사용하는 함수로 합계, 개수, 평균 등의 함수로 구성된다.

❸ 부분합 계산 항목: 그룹별로 계산할 필드이다.

❹ 새로운 값으로 대치: 기존 부분합 결과를 없애고 현재의 결과로 대치한다.

❺ 그룹 사이에서 페이지 나누기: 각 그룹의 다음에 페이지가 나누어진다.

❻ 데이터 아래에 요약 표시: 부분합 결과를 표시할 위치를 선택한다.

❼ 모두 제거: 부분합이 제거되며, 윤곽 기호와 페이지 나누기도 함께 제거된다.

8.3 피벗 테이블을 이용한 데이터 집계와 분석

피벗 테이블은 데이터 처리의 한 기법으로 데이터 목록의 필드를 축으로 하여 재구성함으로써 필드의 위치에 따라 데이터의 통계를 한눈에 파악할 수 있도록 정리된 표로 만들어 준다. 많은 양의 데이터를 분석하여 피벗 테이블로 표현하는 방법에 대해 알아보자.

(1) 추천 피벗 테이블 만들기

추천 테이블은 입력되어 있는 데이터에서 구할 수 있는 다양한 분석 내용을 미리 제공하는 기능이다.

[실습 파일: 실습8-3.xlsx]

1) '실습8-3.xlsx' 파일을 열고 [삽입] 탭 – [표] 그룹 – [추천 피벗 테이블]을 선택한다.

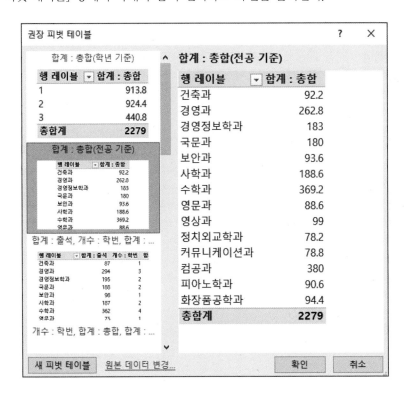

2) [권장 피벗 테이블] 창에서 아래와 같이 선택하고 확인을 클릭한다.

(2) 사용자 정의 피벗 테이블 만들기

[예제3] 빅데이터 기초 과목을 응시한 전공별 학생 수

- 전공 정보가 포함된 '전공'
- 학생 수를 세는 데 필요한 '학번' 또는 '학년'

[실습 파일: 실습8-4.xlsx]

1) '실습8-4.xlsx' 파일을 열고 데이터 목록 안의 임의의 곳에 셀 포인터를 두고 [삽입] 탭 –
   [표] 그룹 – [피벗 테이블]을 클릭한다.

2) [피벗 테이블 만들기] 대화상자가 나타나면 [확인]을 클릭한다.

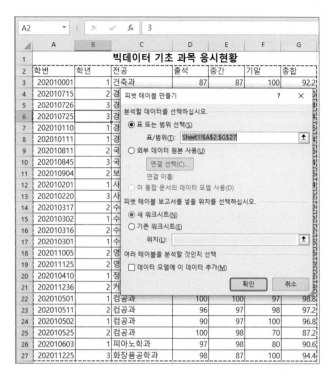

3) 새로운 시트가 삽입되면서 [피벗 테이블 필드] 작업 창이 오른쪽에 열리고 [피벗 테이블 분석]과 [디자인] 메뉴 탭이 생성된다.

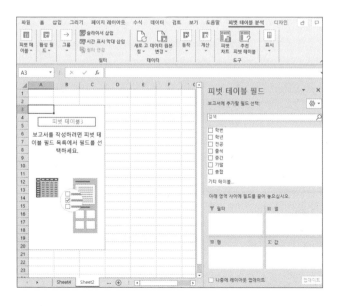

4) [피벗 테이블 필드] 창에서 필요한 항목을 선택하고 행 영역에 '전공', 값 영역에 '학번'을 추가한다. 피벗 테이블에 '학번'을 추가하면 값 영역에 '합계:총합'이 추가되는데 [값 필드 설정] 창에서 '개수'로 변경한다.

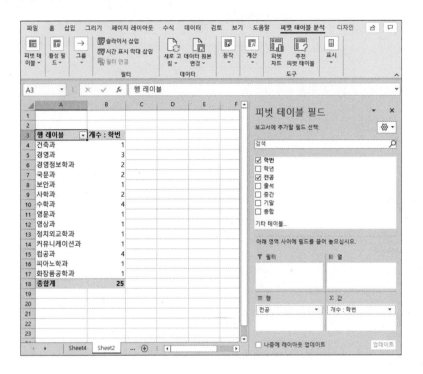

NOTE 피벗 테이블 필드

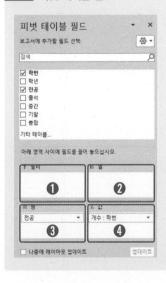

❶ 필터: 선택한 항목에 따라 전체 피벗 테이블 보고서를 필터링하는 데 사용한다.

❷ 열 레이블: 열 방향으로 그룹화할 필드이며, 필드를 보고서 위쪽에 열로 표시한다.

❸ 행 레이블: 행 방향으로 그룹화할 필드이며, 필드를 보고서 옆쪽에 행으로 표시한다.

❹ 값: 숫자 데이터를 요약해서 표시하며 합계, 평균, 최댓값, 최솟값 등을 계산한다.

[예제4] 학년 필터를 이용하여 전공별 중간/기말 최대 점수 확인

1) '실습8-4.xlsx' 파일에서 [피벗 테이블 필드] 창에서 필요한 항목을 선택하고 필터 영역에 '학년', 행 영역에 '전공', 값 영역에 '중간', '기말'을 추가한다. 값 영역 필드는 [값 필드 설정] 창에서 '평균'으로 변경한 후 〈표시 형식〉을 클릭한 후 소수점 이하 둘째 자리까지 표현하도록 설정한다.

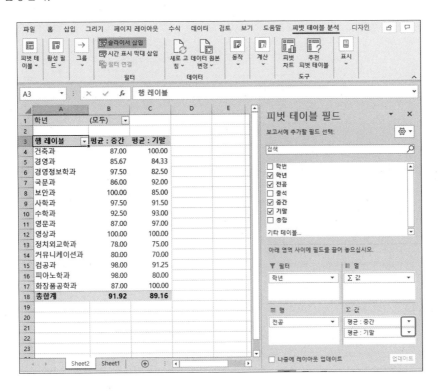

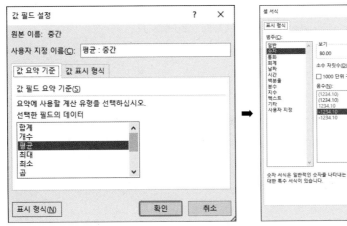 

2) 학년 필터를 이용하여 해당 학년의 정보를 확인할 수 있다.

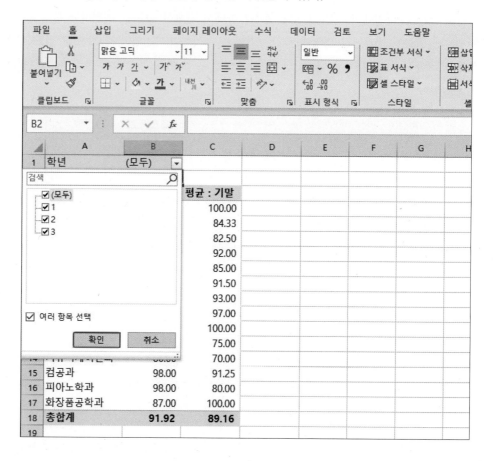

1. '연습8-1.xlsx' 파일을 열어 다음 〈조건〉에 맞게 완성하시오.

〈조건〉

① 정렬: 부서명의 오름차순, 직위의 내림차순으로 정렬한다.

② 부분합: 부서명을 그룹화하여 '외국어 점수', '신용점수', '고과점수'의 합계와 평균을 구한다.

	사원번호	부서명	직위	성명	외국어점수	신용점수	고과점수
		전체 평균			76.7	72.3	74.4
		총합계			767	723	744
		관리부 평균			65	83	61
		관리부 요약			130	166	122
	M01	관리부	부장	최봉수	67	85	57
	M02	관리부	과장	오경선	63	81	65
		생산부 평균			82.25	74.5	83.25
		생산부 요약			329	298	333
	P01	생산부	사원	장은실	96	65	84
	P03	생산부	사원	최진	98	61	81
	P04	생산부	대리	이경미	81	80	83
	P02	생산부	과장	양숙희	54	92	85
		영업부 평균			77	64.75	72.25
		영업부 요약			308	259	289
	B01	영업부	사원	정명식	74	53	69
	B02	영업부	사원	황복동	76	74	76
	B03	영업부	부장	김진호	74	55	74
	B04	영업부	대리	김진영	84	77	70

사원 인사평가

2. '연습8-2.xlsx' 파일을 열어 다음 〈조건〉에 맞게 피벗 테이블을 완성하시오.

〈조건〉

① [행]: '학과'

② [값]: '레포트', '중간', '기말'

③ [평균]: 소수 첫째 자리까지만 표시되도록 서식을 지정한다.

행 레이블	평균 : 레포트	평균 : 중간	평균 : 기말
게임	18.0	25.0	30.0
국문	19.0	40.0	38.0
디자인	20.0	38.0	32.5
실용음악	15.0	30.0	20.0
연극영화	18.0	34.0	40.0
영상	14.0	35.0	34.0
컴퓨터	19.5	40.0	35.5
총합계	18.1	35.6	33.1

3. '연습8-3.xlsx' 파일을 열어 다음 〈조건〉에 맞게 피벗 테이블을 완성하시오.

〈조건〉

① [행]: '최종 학력'

② [열]: '직급'

③ [값]: '연구비' – 표시 형식(회계)

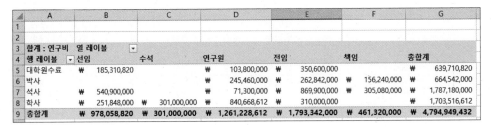

합계 : 연구비	열 레이블						
행 레이블	선임	수석	연구원	전임	책임	총합계
대학원수료	₩ 185,310,820		₩ 103,800,000	₩ 350,600,000		₩ 639,710,820
박사			₩ 245,460,000	₩ 262,842,000	₩ 156,240,000	₩ 664,542,000
석사	₩ 540,900,000		₩ 71,300,000	₩ 869,900,000	₩ 305,080,000	₩ 1,787,180,000
학사	₩ 251,848,000	₩ 301,000,000	₩ 840,668,612	₩ 310,000,000		₩ 1,703,516,612
총합계	₩ 978,058,820	₩ 301,000,000	₩ 1,261,228,612	₩ 1,793,342,000	₩ 461,320,000	₩ 4,794,949,432

4. '연습8-4.xlsx' 파일을 열어 다음 〈조건〉에 맞게 피벗 테이블을 완성하시오.

〈조건〉

① 피벗 테이블의 위치는 B15 셀에 조건에 따라 출력하시오.

② 판매가 및 분류별 상품명의 개수와 판매수량의 평균을 구하시오.

③ 판매가를 그룹화하고 열 총합계만 표시하시오.

(Hint: 그룹화, 피벗 테이블 옵션)

2020 유모차 판매 현황

상품명	분류	제조사	탑승가능 무게	판매가	판매수량
리안 트윈	쌍둥이	카멜	28	652,000	126
테크노 Z2	디럭스	그리지오	24	623,000	285
멜란지 에디션	휴대용	느와르	15	420,000	281
예츠	휴대용	느와르	17	392,000	150
페도라 S9	쌍둥이	그리지오	30	534,000	92
프로스트	디럭스	느와르	17	445,000	351
제프 V3	디럭스	카멜	15	724,000	98
그릭블루 L2	휴대용	그리지오	18	357,000	321

분류 ▼								
	디럭스			쌍둥이			휴대용	
판매가 ▼	개수 : 상품명	평균 : 판매수량		개수 : 상품명	평균 : 판매수량		개수 : 상품명	평균 : 판매수량
357000-456999	1	351					3	250.6666667
457000-556999				1	92			
557000-656999	1	285		1	126			
657000-756999	1	98						
총합계	3	244.6666667		2	109		3	250.6666667

09

데이터의 가상 분석

contents

학습목표

- 예측에 필요한 엑셀의 가상 분석 기능을 사용할 수 있다.
- 목표값을 활용해서 한 개의 변수 값을 예측할 수 있다.
- 시나리오를 활용해서 여러 가지 상황의 여러 개의 입력 변수를 사용하여 목표치의 변화를 요약 보고서로 확인할 수 있다.
- 1~2개의 입력 변수를 사용하여 목표값의 변화를 데이터 표로 나타낼 수 있다.
- 해 찾기 기능으로 제한 조건과 목적 함수를 사용하여 원하는 결과를 얻을 수 있다.

엑셀은 가상 분석 기능을 제공한다. What-If 분석, 조건 분석이라고도 하는 가상 분석은 아직 일어나지 않은 일에 대해 결과를 예측하는 것이다. 이번 장에서는 엑셀에서 제공되는 가상 분석 도구인 데이터 표, 목표값 찾기, 해 찾기, 시나리오를 사용하여 향후 데이터의 흐름과 변동 값을 예측하는 방법을 학습한다.

9.1 목표값 찾기

목표로 설정한 값은 알고 있지만, 그 결과를 얻기 위한 입력 값을 모르는 경우 [목표값 찾기] 기능을 사용한다. 엑셀에서 [목표값 찾기]는 수식이 있는 셀이 원하는 결과를 얻을 수 있도록 셀 하나의 데이터를 변경하여 원하는 값을 찾는 기능이다. 예를 들면 공장에서 관리비, 재료비, 인건비, 제품 수량과 판매액을 알고 있을 때 [목표값 찾기]를 사용해서 순이익이 1,000만 원이 되기 위한 제품 생산 수량을 예측할 경우 사용할 수 있다. 이처럼 엑셀에서의 [목표값 찾기]는 목표값으로부터 특정 값을 거꾸로 찾아내는 방법을 사용한다. 다음 실습 예제를 통해 목표값을 구하는 방법을 알아보자.

(1) 생산 수량과 목표값 찾기

공장에서 물건을 생산하여 순이익이 100만 원이 되기 위해 물건을 얼마나 생산해야 하는가? 현재 순이익을 구한 후, 순이익을 100만 원으로 변경하면 제품의 생산 수량이 몇 개가 될지

[목표값 찾기]를 통하여 구해보자.

1) 가장 먼저 현재 순이익을 구한다. 순이익 = 판매액 − (재료비 + 관리비 + 인건비)

	A	B	C	D
1				
2	제품생산수량	2000		
3				
4	지출내역	단가	수량	금액
5	재료비	8500	2000	17000000
6	관리비	1500000	1	1500000
7	인건비	5000000	3	15000000
8				
9	예상매출	단가	수량	금액
10	판매액	15000	2000	30000000
11				
12		손익		-3500000
13				=D10-(D5+D6+D7)

2) 다음으로 [데이터] 탭 − [가상 분석] − 목표값 찾기를 선택한다.

3) 수식 셀에 현재 손익 금액이 있는 [D12] 셀, 찾는 값은 목표값인 1,000만 원, 값을 바꿀 셀에는 제품생산수량이 있는 [B2] 셀을 각각 넣는다.

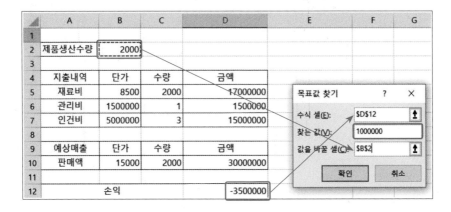

이때 수식 셀에는 결괏값이 출력되는 셀로 반드시 수식이 있어야 한다. 또한 찾는 값은 목표로 하는 값을 의미하고 고정 값을 직접 입력한다. 값을 바꿀 셀에는 목표값을 바꾸기 위해 수치 데이터인 셀 주소를 선택한다.

4) 값이 변경되어 목표값을 확인할 수 있다. 제품생산수량이 약 2,693개가 되었을 때 순이익이 100만 원이 될 수 있다는 것을 알 수 있다.

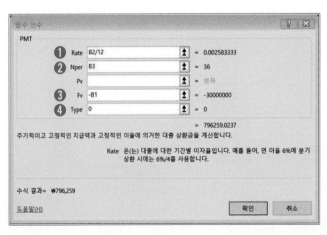

(2) 월 납입액과 목표값 찾기

3년 동안 3천만 원을 모으려고 한다. 연이율이 3.1%라면 매월 얼마를 납입해야 할까? 매월 납입 금액을 구한 후 조금 더 저축한다면 얼마를 모을 수 있을까? 매월 납입 금액을 85만 원으로 변경하면 얼마를 모을 수 있는지 [목표값 찾기]를 사용하여 구해 보자.

1) PMT 함수를 사용하여 월 납입액을 구하기 위해 [B4]을 클릭하여 함수 마법사로 PMT()를 불러온다.

> **NOTE** PMT 함수는 재무 함수 중 하나로 일정 금액을 정기적으로 납입하고 일정한 이자율이 적용되는 대출 상환 금액을 계산한다.
>
> • PMT(rate, nper, pv, [fv], [type])

rate	대출 이자율
nper	대출금 총 상환 횟수(개월 수)
pv	현재 가치, 즉 앞으로 지불할 일련의 상환금이 현재 가지고 있는 가치의 총합(원금)
Fv	미래 가치 또는 마지막 상환 후의 현금 잔액으로 하면 0으로 간주되고 대출금의 미랫값은 0이라는 의미
type	납입 시점을 0 또는 1로 나타냄.

2) 월 납입액과 목표값 구하기: [데이터] 탭 – [가상 분석] – [목표값 찾기]를 선택한 후 다음과 같이 수식 셀, 찾는 값, 값을 바꿀 셀을 입력한 후 [확인] 버튼을 누른다.

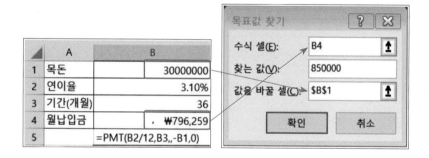

3) 다음과 같이 목표값 85만 원으로 목돈인 32024754.81원으로 변한 값을 확인할 수 있다.

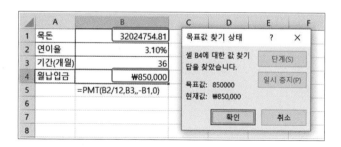

(3) 월 납입액과 기간 목표값 구하기

1) [데이터] 탭 – [가상 분석] – [목표값 찾기]를 선택한 후 다음과 같이 '수식 셀, 찾는 값, 값을 바꿀 셀'을 입력한 후 [확인] 버튼을 누른다.

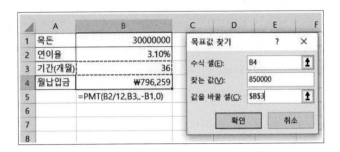

2) 다음과 같이 목표값 85만 원으로 기간이 약 34개월로 변한 것을 확인할 수 있다.

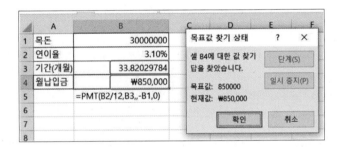

9.2 시나리오

차년도 예산을 계획하기 앞서 차년도의 상황을 예측하기 힘들다면 여러 가지 상황을 고려하여 결괏값을 비교·분석하여 계획을 세울 것이다. 엑셀에서는 이와 같은 여러 가지 상황을 고려하여 결괏값을 비교·분석할 수 있도록 시나리오 기능을 제공한다. 각 가상 상황에 따른 변수의 값을 시나리오로 저장할 수 있고, 이러한 변수의 값을 그룹으로 만들고 시나리오로 저장한 다음 시나리오를 전환하여 다양한 결과를 볼 수 있다. 시나리오는 최대 32개의 변숫값까지 적용할 수 있지만, 원하는 만큼 시나리오를 만들 수 있다.

(1) 수익 예측과 시나리오

수익에 대해 잘 모르고 예산 계획을 하는 예를 살펴보자.

1) [데이터] 탭 – [가상 분석] – 시나리오 관리자 선택한다.

여기서 변경 셀에는 입력값이 있으며, 결과 셀에는 변경 셀을 기반으로 하는 수식이 포함되어 있다. (이 그림의 셀 [B4]에는 [B2–B3] 수식이 있음.)

2) 시나리오 이름 대화 상자에서 시나리오의 이름을 지정하고, 셀 [B2]와 [B3]을 변경 셀로 지정한다.

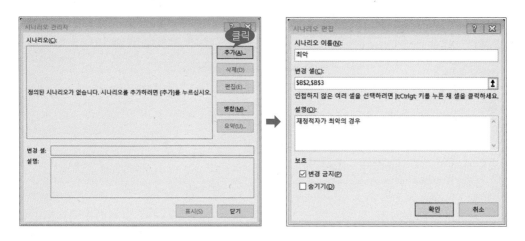

3) [시나리오 값] 대화 상자의 입력 창에 판매금액, 투입비용을 30000, 30000을 차례로 입력하면 [시나리오 관리] 창에 '최악' 시나리오를 확인할 수 있다.

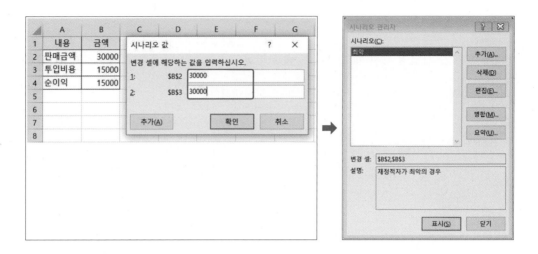

4) [시나리오 관리] 창에서 [추가] 버튼을 클릭하여 '최상' 시나리오를 추가한다.

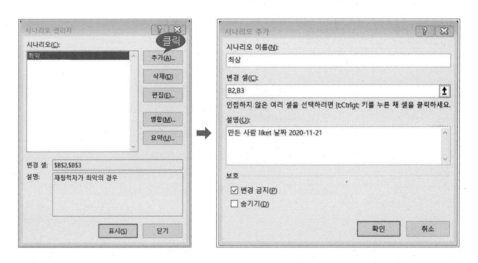

5) [시나리오 값] 대화 상자의 입력 창에 판매금액, 투입비용을 60000, 30000을 차례로 입력하면 [시나리오 관리] 창에 '최상' 시나리오가 추가된 것을 확인할 수 있다.

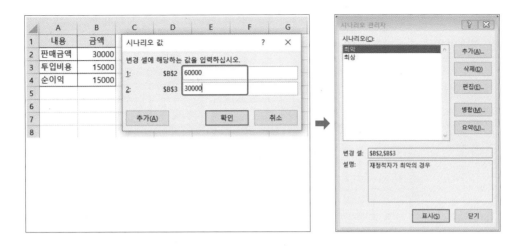

6) [시나리오 관리자] 대화 창에서 [요약]을 선택한다. 시나리오 요약 결과로 확인할 셀인 순이
익이 들어있는 셀 [B4]을 선택한 후 [확인]을 클릭한다.

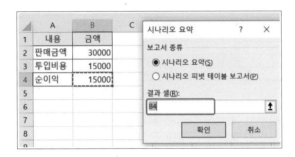

7) 새 Sheet에 시나리오 요약 보고서가 출력된다.

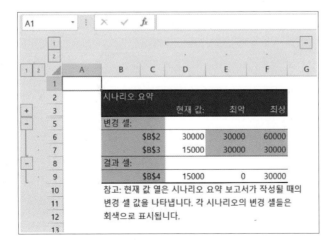

이와 같이 시나리오 분석 기능을 사용하면 최악과 최상과 같은 여러 상황에 따른 변수 입력 값을 시나리오로 저장하여 요약 보고서로 분석 결과를 확인할 수 있다.

(2) 환율 변동과 시나리오

다음과 같이 총 구매 금액에서 환율이 980원일 때, 1,200원일 때의 두 가지 시나리오를 고려하여 환율 변동에 따른 총 구매 금액이 어떻게 달라지는지 시나리오를 만들어보자.

	A	B	C	D	E	F	G
1		구매물품					
2	년월	단가	개수	금액		환율	1117
3	A	2,000	600	$1,200,000.00			
4	B	2,100	650	$1,365,000.00		KW	₩24,215,219,600
5	C	2,120	800	$1,696,000.00			
6	D	2,120	670	$1,420,400.00			
7	E	2,130	680	$1,448,400.00			
8	F	2,130	800	$1,704,000.00			
9	G	2,200	700	$1,540,000.00			
10	H	2,300	650	$1,495,000.00			
11	I	2,400	900	$2,160,000.00			
12	J	2,500	700	$1,750,000.00			
13	K	2,600	1,000	$2,600,000.00			
14	L	3,000	1,100	$3,300,000.00			
15		총 금액		$21,678,800.00			

1) 시나리오 만들기: [데이터] 탭 – [가상 분석] – [시나리오 관리자] 선택한 후, [시나리오 관리자] 대화상자에서 [추가] 버튼을 클릭한다.

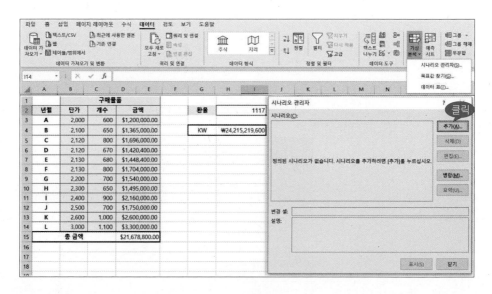

2) [시나리오 추가] 대화상자에서 시나리오 이름을 '환율 980'으로, 변경 셀을 [G2]로 설정한다.

3) [시나리오 관리] 창에서 [추가] 버튼을 클릭하여 '환율 1200' 시나리오를 추가한다.

4) [시나리오 추가] 대화상자에서 시나리오 이름을 '환율 1200'으로, 변경 셀을 [G2]로 설정한다.

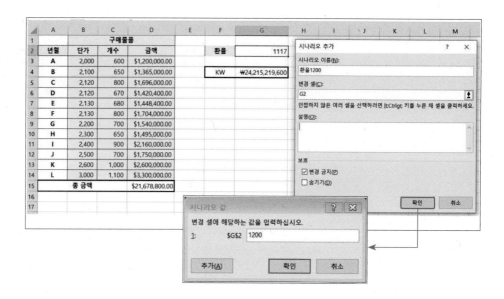

5) [시나리오 관리자] 대화 창에서 [요약]을 선택한다. 시나리오 요약 결과로 확인할 [G4] 셀을
   선택한 후 [확인]을 클릭한다.

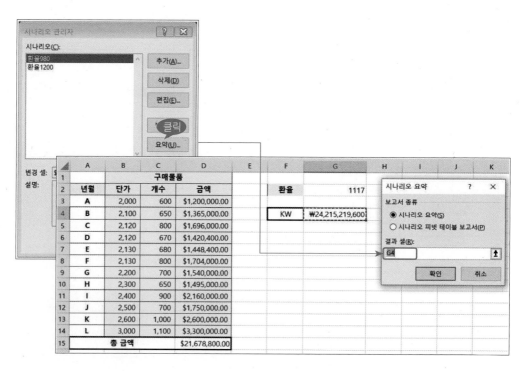

6) 새로운 시트에 요약 보고서가 출력된다.

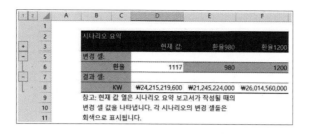

9.3 데이터 표

데이터 표는 일부 셀의 값을 변경하고 다양한 결과를 얻을 수 있는 셀 범위이다. 데이터 표의 좋은 예로는 대출금액 및 이자율로 PMT 함수를 사용하여 월 상환금액을 보여주는 것이다. 이러한 데이터 표를 사용하면 여러 결과를 한 번의 계산할 수 있고, 변숫값의 변화에 따라 달라지는 결과를 한 번에 보고 비교할 수 있다.

테스트해야 하는 변수 및 수식 개수에 따라 변수가 하나 또는 두 개인 데이터 표를 만들어 사용한다. 만약 변수의 개수가 3개 이상이 되는 경우에는 데이터 표로 분석할 수 없다. 이때는 시나리오 분석을 사용하면 된다.

(1) 변수 1개 데이터 표

연 단위 기간과 이자율, 대출금을 알고 있을 때, 월 상환금액을 구한 후 이자율의 변화에 따른 월 상환금액이 어떻게 되는지 구해보자. (변수: 이자율)

1) PMT 함수를 사용하여 월 상환금액을 구한다.

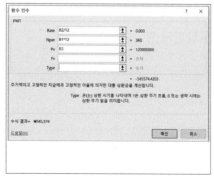

2) [D1:E14] 셀 범위를 지정한 후 [데이터] 탭 – [가상 분석] – [데이터 표]를 선택한다.

3) [데이터 표] 대화상자에서 열 입력 셀 위치에 [$B$2] 셀로 설정한 후 [확인] 버튼을 클릭하면 '데이터 표' 결과를 확인할 수 있다.

(2) 변수 2개 데이터 표

하나의 수식에서 두 개의 변수를 다르게 지정하여 결과가 어떻게 달라지는지 확인할 때, 변수 2개 데이터 표를 사용한다.

대출 기간과 이자율에 따른 월 상환금액이 어떻게 달라지는 알아보기 위한 예를 살펴보자.

1) 데이터 표에서 행으로는 기간 변경값, 열에는 이자율 변경값이 다음과 같을 때, [D1] 셀에
는 PMT() 함수를 사용하여 월 상환금액을 구한다.

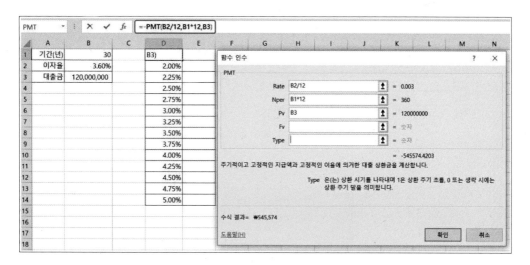

2) [D1:J14] 셀 범위를 설정한 후 [데이터] 탭 – [가상 분석] – [데이터 표]를 선택한다.

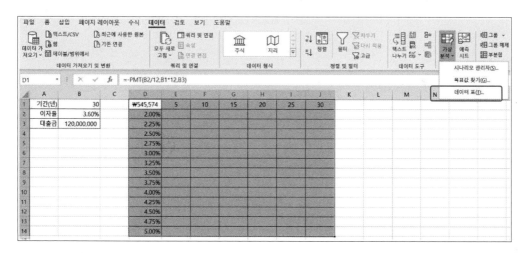

3) [데이터 표] 대화상자에서 행 입력 셀에는 기간에 해당하는 [B1] 셀로 설정하고, 열 입력 셀
에는 이자율에 해당하는 [B2] 셀로 설정한다.

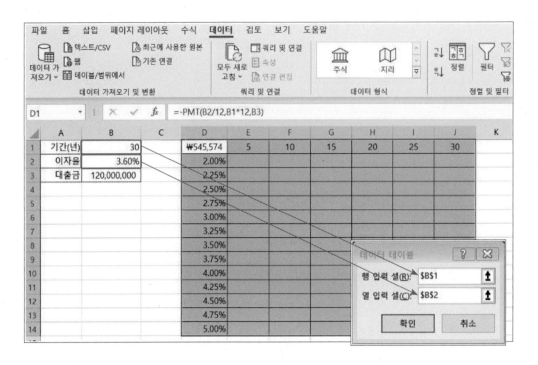

4) 데이터 표에 기간과 이자율에 따른 월 상환금액을 확인할 수 있다.

	A	B	C	D	E	F	G	H	I	J
1	기간(년)	30		₩545,574	5	10	15	20	25	30
2	이자율	3.60%		2.00%	2103331	1104161	772210.4	607060	508625.2	443543.4
3	대출금	120,000,000		2.25%	2116481	1117648	786101.7	621369.9	523356.8	458695.3
4				2.50%	2129683	1131239	800147.1	635883.5	538340.1	474145.1
5				2.75%	2142937	1144932	814346	650599.6	553573	489889.4
6				3.00%	2156243	1158729	828698	665517.1	569053.6	505924.8
7				3.25%	2169600	1172628	843202.5	680634.9	584779.5	522247.6
8				3.50%	2183009	1186630	857859	695951.7	600748.3	538853.6
9				3.75%	2196470	1200735	872666.9	711466	616957.4	555738.7
10				4.00%	2209983	1214942	887625.5	727176.4	633404.2	572898.4
11				4.25%	2223547	1229250	902734.1	743081.4	650085.7	590327.9
12				4.50%	2237162	1243661	917991.9	759179.3	666999	608022.4
13				4.75%	2250829	1258173	933398.3	775468.4	684140.8	625976.8
14				5.00%	2264548	1272786	948952.4	791946.9	701508	644185.9

9.4 해 찾기

엑셀에서는 최적화 문제를 손쉽게 해결할 수 있도록 [해 찾기] 기능을 제공한다. 제한 조건을 입력하고 목적 함수를 입력하면 해 찾기 기능에서 대수 연산을 수행해 준다.

(1) 해 찾기 기능 추가

① [파일] – [옵션]으로 이동
② [추가 기능]을 클릭한 다음 관리 상자에서 [Excel 추가 기능]을 선택한 후 [이동] 클릭
③ [사용 가능한 추가 기능] 상자에서 [해 찾기 추가 기능]을 선택하고 확인 클릭

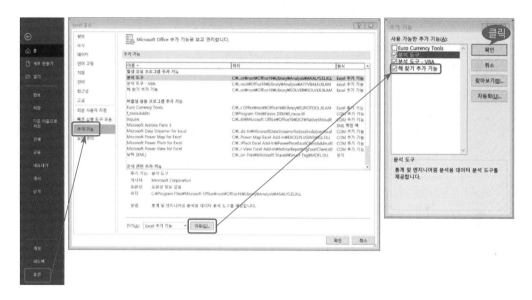

해 찾기 추가 기능을 로드 한 후에는 [데이터] 탭의 분석 그룹에서 [해 찾기] 기능을 사용할 수 있다.

(2) 총이익의 최대치와 해 찾기

총이익이 최대치가 되기 위해 각 제품의 생산량을 얼마나 해야 하는지 결정하고자 한다. 재료의 총사용량은 총공급량보다 많으면 안 되고, 제품을 생산하는 시간으로 인해 A 제품은 400 이하로, B 제품은 300개 이하로 생산을 제한한다. 이것은 해 찾기 기능을 통해 최적의 답을 찾을 수 있다.

① 목적은 최대화 또는 최소화할 '무엇'이고, 최적의 결과를 찾기 위해 목적 함수를 사용한다. 여기서 총이익은 A 제품의 총이익과 B 제품의 총이익의 합계이다.
② 목적을 달성하기 위해 변경하는 값인 결정 변수를 찾아 '값을 바꿀 셀 항목'에 입력한다. 여기서 결정변수는 A 제품과 B 제품의 생산 수량이다.
③ 제한 조건을 추가한다. 총사용량은 총공급량보다 많으면 안 되고, 제품을 생산하는 시간으로 인해 A 제품은 400이하로, B 제품은 300개 이하로 생산하는 것을 추가한다.
④ [해 찾기]를 클릭한다.

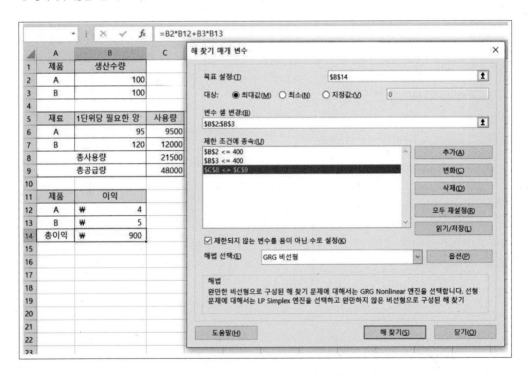

해 찾기 결과 A 제품은 400개, B 제품은 약 83개를 생산하면 총이익 2,017원을 기대할 수 있다는 사실을 알 수 있다.

원래 값은 복원하고, 시나리오를 작성한다. 시나리오 이름은 '최대이익'으로 저장한다.

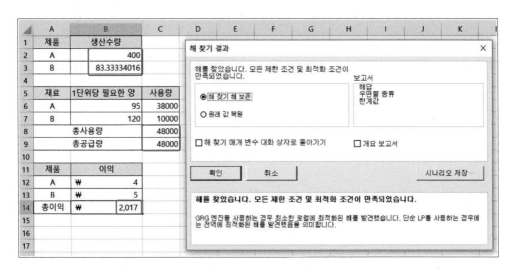

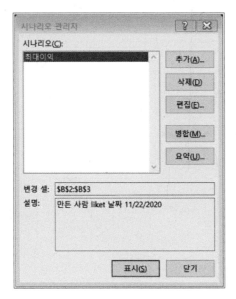

1. 판매 금액이 (KW) 900,000,000원이 되려면 환율이 얼마가 되어야 하는지 '목표값 찾기' 기능을 이용한 결과이다. 다음 질문에 답하시오. [실습 파일: 연습9-1.xlsx]

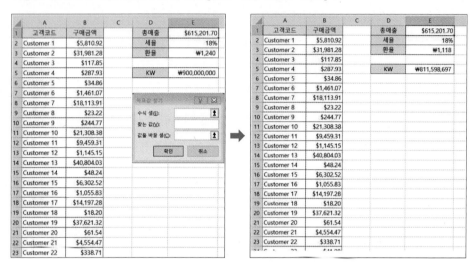

1) 목표값 찾기 대화상자의 수식 셀에 입력할 내용은 무엇인가?

2) 목표값 찾기 대화상자의 찾는 값에 입력할 내용은 무엇인가?

3) 목표값 찾기 대화상자의 값을 바꿀 셀에 입력할 내용은 무엇인가?

2. 손익계산서에서 할인율[C1]이 25%, 8%로 변동하는 경우에 손익[E12]이 어떻게 달라지는지 시나리오를 작성하시오. [실습 파일: 연습9-2.xlsx]

- 시나리오1: 시나리오 이름 – 할인율 25%, 할인율 25% 설정
- 시나리오2: 시나리오 이름 – 할인율 8%, 할인율 8% 설정

	A	B	C	D	E
1		할인율	20%		
2		제품생산수량	2000		
3					
4		지출내역	단가	수량	금액
5		재료비	8500	2000	17000000
6		관리비	1500000	1	1500000
7		인건비	5000000	3	15000000
8					
9		예상매출	단가	수량	금액
10		판매액	15000	2000	24000000
11					
12		손익			-9500000

1) 할인율 25% 손익:

2) 할인율 8% 손익:

3. 판매 순이익에서 판매 단가와 판매 수량의 변화에 따른 순이익의 변화를 데이터 표를 사용하여 구하시오. 데이터 표에서 가로는 판매 수량, 세로는 판매 단가를 나타낸다. [실습 파일: 연습9-3.xlsx]

	A	B	C	D	E	F	G	H	I	J	K	L	M	N
1														
2		제품생산수량	2000				-3500000	2000	2500	3000	3500	4000	4500	5000
3							15000							
4		지출내역	단가	수량	금액		16000							
5		재료비	8500	2000	17000000		17000							
6		관리비	1500000	1	1500000		18000							
7		인건비	5000000	3	15000000		19000							
8							20000							
9		예상매출	단가	수량	금액		21000							
10		판매액	15000	2000	30000000		22000							
11		영업이익			13000000		23000							
12							24000							
13		손익			-3500000		25000							
14							26000							
15														

4. 순이익이 10,000,000원이 되기 위한 판매 수량과 판매 단가는 얼마인지 해 찾기 기능을 사용하여 구하시오. [실습 파일: 연습9-4.xlsx]

〈조건〉

• 인건비에서 인원은 3명을 넘지 않고, 재료비의 단가는 10,000원을 넘지 않는다.

	A	B	C	D	E
1					
2					
3		제품생산수량	2000		
4					
5		지출내역	단가	수량	금액
6		재료비	8500	2000	17000000
7		관리비	1500000	1	1500000
8		인건비	3000000	3	9000000
9					
10		예상매출	단가	수량	금액
11		판매액	15000	2000	30000000
12		영업이익			13000000
13					
14		손익			2500000
15					

1) 판매 단가:

2) 판매 수량:

10

데이터의 속성 분석

contents

데이터의 속성 분석

학습목표

- 데이터의 속성에 따른 통계 기법이 무엇인지 이해하고, 이를 바탕으로 통계분석을 할 수 있다.
- 엑셀의 다양한 통계 기술 기법을 활용하여 중심성, 변동성, 정규성을 파악할 수 있다.

10.1 통계분석을 하기 전에

(1) data와 variable

통계에서 데이터는 근거가 되는 재료를 의미한다. 데이터는 숫자, 문자, 소리, 이미지 등의 다양한 형태가 존재한다. 이러한 재료를 수집할 때 개체, 요인, 변수로 구분할 수 있다. 개체는 연구 대상이고, 요인은 특성이고, 변수는 요인을 구성하는 요소를 의미한다.

만약 노인 일자리 사업에 참여한 노인을 대상으로 개인적인 특성을 조사했다면 성별, 건강 상태, 가구 형태, 학력, 나이가 변수로 구성된다.

[그림 10-1] 데이터의 개체, 요인, 변수

(2) 측정치(scale value)와 척도(scale)

측정치는 '한 대상의 어떤 속성의 크기(magnitude)'이다. 척도란 우리가 일반적으로 설문지에서 사용하는 리커트 척도(Likert Scale)처럼 측정을 위해 사용하는 도구를 말한다. 이러한 척도는 일반적으로 명목 척도, 서열 척도, 간격 척도, 비율 척도로 구분한다.

명목 척도와 서열 척도는 빈도수를 정량화할 수 있어서 범주형 데이터라고 한다. 또한 간격 척도와 비율 척도는 사칙연산이 가능하므로 평균과 편차를 계산하여 다양한 통계 방법을 적용할 수 있는 연속형 데이터라 한다.

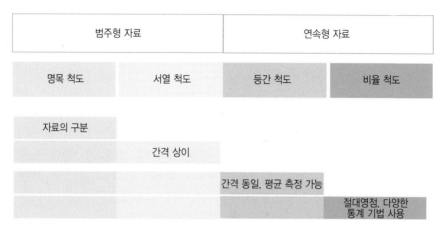

[그림 10-2] 척도의 구분

① 명목 척도

속성을 숫자로 식별하기 위한 목적으로 사용하기 때문에 숫자의 크기는 의미가 없다. (예: 여성은 2, 남성은 1), 범주형 자료이기 때문에 사칙연산, 함수 적용이 어렵다.

② 서열 척도

명목 척도의 특성을 가지고 있으면서 크기 순서대로 서열화가 가능하다. 서열 간의 간격이 다르기 때문에 '순서'만을 의미한다. (예: 과목 등수 1등, 2등…) 명목 척도와 마찬가지로 범주형 자료이기 때문에 사칙연산, 함수 적용이 어렵다.

③ 간격 척도

서열 척도의 특성을 가지고 서로의 간격이 같아 고정된 측정 단위로 표현된다. 또한 간격 간의 차이도 의미가 있어 덧셈과 뺄셈이 가능하다. 온도는 간격 척도이다. 절대 영점은 '온도가 없다.'라는 것이 아니라 물이 어느 온도인지를 의미하기 때문에 임의의 영점이 된다. (예: 온도, 토익 성적, 리커트 척도) 간격 척도는 명목 척도와 서열 척도와 달리 연속형 자료이기 때문에 평균과 분산 등을 계산할 수 있다.

④ 비율 척도

간격 척도의 특성을 갖고 있고, 크기의 비교가 가능하다. 또한 절대 영점이 있다. 다양한 사칙연산, 평균을 이용하여 다양한 통계 방법을 활용할 수 있다. (예: 길이, 무게, 시간, 거리, 각도, 나이, 기간, 기업 규모) 이러한 비율 척도는 연속형 자료로 사칙연산과 함수를 적용할 수 있다.

10.2 기술통계

(1) 통계분석이란?

탐험적 분석의 자연스러운 출발점은 주어진 데이터의 각 측면에 해당하는 개별 속성의 값을 관찰하는 것이다. 탐험적 데이터 분석의 수단은 원본 데이터를 관찰하는 방법, 다양한 요약 통계 값을 사용하는 방법, 적절한 시각화를 사용하는 방법이 있다. 이 중 다양한 요약 통계 값을 사용하는 방법을 데이터 통계분석이라고 한다.

통계분석은 크게 기술통계(descriptive statistics)와 추리통계(influential statistics)로 구분이 된다. 수집한 데이터의 주요 특성을 분석하고 기술하는 통계 방법을 기술통계라 하고, 수집한 데이터에서 표본(sample)을 추출하고, 특성을 파악하여 전체 데이터(모집단)의 특성을 일반화할 수 있는지 판단하는 것을 추리통계라 한다.

예를 들면, 대한민국 20대 청년들의 독서량을 분석하여 추이를 파악할 때는 기술통계 방법으로 연령별 독서 구매 개수, 또는 도서 대출 횟수를 통해 그 특징을 살펴볼 수 있다. 이렇게 표본에서 기술통계로 얻어진 20대 청년들의 특징에 관한 유용한 정보를 추출하여 향후 독서량을 추측하는 것을 추리통계라 한다.

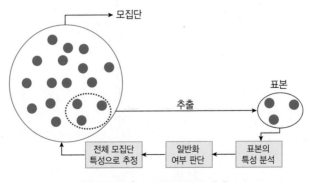

[그림 10-3] 모집단과 표본 추출

(2) 기술통계

DESCRIPTIVE
- 묘사하는
- 그려서 설명하는

기술통계에서 '기술'의 의미는 '묘사하는' 또는 '그려서 설명하는'이라는 뜻이다. 이 말의 뜻은 우리가 수집한 데이터를 묘사하고, 그려서 설명하는 통계 기법을 말한다.

기술통계 기법에는 무엇이 있을까? 우리가 수집한 데이터를 대표성을 지닌 값이 무엇인지, 어떤 값에 집중되어 있는지를 다루는 기법으로는 평균(mean), 중앙값(median), 최빈값(mode)이 있다. 이러한 기법을 데이터의 집중화 경향에 대한 기법이라고 한다. 우리가 수집한 데이터가 어떻게 분포되어있는지 설명하는 기법도 있다. 이를 분산도(variation)라고 한다. 분산도는 말 그대로 데이터가 전반적으로 어떻게 퍼져있는지 설명하는 기법이다. 대표적으로는 표준편차(deviation), 사분위(quartile)값이 있다. 또한 통계 지표도(skewness)를 통해 데이터의 분포가 한쪽으로 기울였는지를 알아낼 수 있다.

1) 사회 현상 설명

① 도수분포표(Frequency analysis)

현상에 대한 자세한 설명을 가능하게 하는 기본 분석으로 빈도와 도수 분석을 사용한다. 어떤 IQ를 점수대별로 구분하여 각각의 점수대에서 몇 명이 속하는지를 정리할 때 사용할 수 있다. 도수분포표는 전체 자료 수를 세고 최댓값과 최솟값을 찾아 몇 개의 구간으로 나눌지를 결정하고 구간의 너비를 결정한다. 너무 많은 구간을 나누지 않는데 일반적으로 5~15개의 구간으로 나눈다.

구간 수를 구하는 공식 경계 값을 정하고 구간별 자료의 개수를 측정한다.

구간 수
$1+3.3*\log_{10}$(자료의 개수)

구간 수가 정해지면 최댓값과 최솟값의 차이를 구간 수로 나누어 구간 크기를 구할 수 있다.

구간 크기
(자료의 최댓값 − 자료의 최솟값)/구간 수

[예제1] 도수분포표 실습

[실습 파일: 실습10-1.xlsx]

IQ
47
52
57
58
60
61
61
62
62
63
64
65
65
66
66
66
66
66
67
67
68
68
68
68
68
68
68
69
69
70
70
70
70
70
70
70
71
71

다음은 IQ 검사에 참여한 학생들의 점수를 기록한 것이다.

❶ 전체 자료 수를 센다.
- 자료 수 1125

❷ 전체 자료 수에서 최댓값과 최솟값을 찾는다.
- 최댓값: 153, 최솟값: 47

❸ 몇 개의 구간 수로 나눌지 결정한다.
- [H8] 셀에 다음의 수식을 입력한다.

```
=1+3.3*LOG10(1125)
```

❹ 구간의 크기를 구한다.
- [H9] 셀에 다음의 수식을 입력한다.

```
=(153-47)/H8
```

❺ 구간별 최솟값 구하기
- 각 구간의 최솟값 구하기
- [G15] 셀에 최솟값을 입력한다.

```
=E8
```

- [G16]부터 [G25] 셀을 블록 설정한 후, 이전 구간의 최댓값+1로 식을 작성한 후 Ctrl + Enter↵ 를 눌러 모든 셀에 식을 복사한다.

```
=H15+1
```

❻ 구간별 최댓값 구하기
- [H15] 셀부터 [H25] 셀을 블록 설정한 후, ROUNDDOWN(구간의 최솟값 + 구간 크기, 0) 로 작성한 후 Ctrl + Enter↵ 를 눌러 모든 셀에 식을 복사한다.

```
=ROUNDDOWN(G15+$H$9,0)
```

❼ 구간별 자료의 개수 구하기
- COUNTIFS를 사용하여 최소, 최대의 기준으로 데이터를 추출하여 카운트한다.

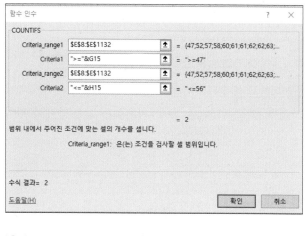

최종 결과를 보면 다음과 같다.

	구간수	11.0688	
	구간크기	9.576464	
	최대값	153	
	최소값	47	
	개수	1125	
등급	최소값	최대값	자료의 수
1	47	56	2
2	57	66	16
3	67	76	55
4	77	86	143
5	87	96	241
6	97	106	294
7	107	116	238
8	117	126	96
9	127	136	34
10	137	146	5
11	147	156	1

구간별 빈도수를 히스토그램으로 작성하는 내용은 11장에서 자세히 다루도록 하겠다.

2) 사회 현상의 요약

현상을 대표하는 수와 현상의 변화 정도를 파악하는 단계이다. 이때, 현상의 요약은 대푯값 또는 중심화 경향(measures of location 혹은 central tendency)을 찾아서 자료를 대표하는 수를 찾아낼 수 있다. 또한 자료의 변화 정도를 파악하기 위해서는 분산이나 표준편차를 사용하여 자료의 변화 여부와 변화 정도를 찾아낼 수 있다.

- 값이 간격 척도 또는 비율 척도인지 확인한다.
- '성별'과 같은 명목 척도나 '학력'과 같은 서열 척도는 평균을 구하는 것이 불가능하다.

① 중심 성향(Central Tendency): 최댓값/최솟값/중간값 구하기

평균은 모든 변숫값을 더하고 변수의 개수로 나눈 값으로 구하고, 중앙값은 모든 변수를 크기 순으로 줄을 세워 가운데 값으로 구한다. 또한 최빈값은 변수 중에서 가장 많은 빈도로 나타 난 값으로 구한다.

〈표 10-1〉 엑셀 함수의 측정 방법

측정 방법	엑셀 함수	측정 내용
평균값(mean)	average(값 또는 셀 범위)	모든 변숫값을 더하고 변수의 개수로 나눈 값
중앙값(median)	meidan(값 또는 셀 범위)	크기순으로 줄을 세운 변수의 가운데 값
최빈값(mode)	mode(값 또는 셀 범위)	변수 중에서 가장 많은 빈도로 나타난 값

> **NOTE** 일상생활에서 사용 예
>
> 우리가 점심 식사를 하고 더치페이를 할 때는 평균을 사용한다. 그러나 평균이 항상 대표성을 지니는 것은 아니다. 만약 대한민국 20대의 평균 연봉을 대푯값이라고 한다면 '고액 연봉'인 누군가로 인해 평균이 높아지는 오류가 발생할 수 있다. 이때는 중앙값을 사용하는 것이 적절하다. 또한 점심 식사 메뉴를 고를 때는 최빈값을 이용하여 가장 많은 빈도로 나타난 메뉴를 선정한다.

평균과 중앙값 그리고 최빈값이 거의 같다면 대푯값으로 평균을 말할 수 있다. 일반적으로 정 규 분포를 이루기 위해서는 평균, 중앙값, 최빈값은 대략 같은 값이 된다.

[예제2] 중심 성향 실습

[실습 파일: 실습10-1.xlsx]

IQ
47
52
57
58
60
61
61
62
62
63
64
65
65
66
66
66
66
66
67
67
68
68
68
68
68
68
68

IQ의 평균과 중앙값과 최빈값을 구해보자. 그리고 결과를 분석해 보자.

❶ 평균 구하기
• [M8] 셀에 =AVERAGE(E8:E1132) 식을 작성한다.
❷ 중앙값 구하기
• [M9] 셀에 =MEDIAN(E8:E1132) 식을 작성한다.
❸ 최빈값 구하기
• [M10] 셀에 =MODE(E8:E1132) 식을 작성한다.
❹ 결과 해석하기
• 평균과 중앙값과 최빈값이 대략적으로 같다고 볼 수 있기 때문에 대푯값으로 평균을 말할 수 있다.

평균	99.61778
중앙값	100
최빈값	98
표준편차	

이런 통계 지표를 사용할 때에는 데이터의 특성에 주의해야 한다. 예컨대 평균에는 집합 내 모든 데이터의 값이 반영되기 때문에 이상값(outlier)이 존재하는 경우 값이 영향을 받지만, 중앙값에는 가운데 위치한 값 하나가 사용되기 때문에 이상값의 존재에도 대표성이 있는 결과를 얻을 수 있다. 예컨대 회사에서 직원들의 평균 연봉을 구하면 중간값보다 훨씬 크게 나오는 경우가 많은데, 이는 몇몇 고액 연봉자들의 연봉이 전체 평균을 끌어올리기 때문이다.

② 현상의 변화 정도 파악

자료의 변화 여부와 변화 정도를 알기 위해서는 분산과 표준편차를 사용할 수 있다. 편차는 개별 자료와 전체 자료 평균 간의 차이를 의미한다. 해당 값이 평균으로부터 얼마나 떨어져 있는지 파악하는 데 사용한다. '편차가 크다.'라는 말은 자료들 간의 차이가 크다는 것을 의미한다. 이러한 편차는 [해당 값 − 평균]으로 구할 수 있다.

앞에서 살펴본 IQ 데이터를 가지고 편차를 구해보면 다음과 같다.

[실습 파일: 실습10-2.xlsx]

`=E8-$M$8`

편차	IQ	등급	최소값	최대값	자료의 수			평균	99.61778
-52.618	47	구간수	11.0688					중앙값	100
-47.618	52	구간크기	9.576464					최빈값	98
-42.618	57							표준편차	
-41.618	58	최대값		153					
-39.618	60	최소값		47					
-38.618	61	개수		1125					
-38.618	61	등급	최소값	최대값	자료의 수				
-37.618	62	1	47	56	2				
-37.618	62	2	57	66	16				
-36.618	63	3	67	76	55				
-35.618	64	4	77	86	143				
-34.618	65	5	87	96	241				
-34.618	65	6	97	106	294				
-33.618	66	7	107	116	238				
-33.618	66	8	117	126	96				
-33.618	66	9	127	136	34				
-33.618	66	10	137	146	5				
-33.618	66	11	147	156	1				
-32.618	67								
-32.618	67								
-31.618	68								
-31.618	68								
-31.618	68								
-31.618	68								
-31.618	68								
	68								

우리가 각 데이터마다 편차의 평균을 구하게 되면 0이 나온다. 따라서 분산은 -값을 살려서 0
이 나오는 결과를 막기 위해 개별편차를 제곱하고 결과를 모두 더한 후 그 값을 전체 자료 수로
나누어서 구한다. 전체 사례 수라고 가정했을 때 엑셀에서는 VAR.P()함수를 사용하여 분산을
구할 수 있다. 전체 사례 수 중에서 30개 이하로 표본을 추출한 경우에는 VAR()를 사용한다.

`=VAR.P(E8:E1132)`

편차	IQ	등급	최소값	최대값	자료의 수			평균	99.61778
-52.618	47	구간수	11.0688					중앙값	100
-47.618	52	구간크기	9.576464					최빈값	98
-42.618	57							표준편차	
-41.618	58	최대값		153				분산	228.7375
-39.618	60	최소값		47					
-38.618	61	개수		1125					
-38.618	61	등급	최소값	최대값	자료의 수				
-37.618	62	1	47	56	2				
-37.618	62	2	57	66	16				
-36.618	63	3	67	76	55				
-35.618	64	4	77	86	143				
-34.618	65	5	87	96	241				
-34.618	65	6	97	106	294				
-33.618	66	7	107	116	238				
-33.618	66	8	117	126	96				
-33.618	66	9	127	136	34				
-33.618	66	10	137	146	5				
-33.618	66	11	147	156	1				
-32.618	67								

분산 값이 너무 커서 평균과 비교하기가 힘들어졌다. 이는 분산의 값을 보면 평균과는 달리 제곱을 했기 때문에 값이 커진 것이다. 평균과의 차이로 비교하기 위해 분산의 제곱근을 구해서 다시 원래 단위로 되돌리는 '표준화 과정' 작업을 한다. 이것을 표준편차라고 한다. 전체 사례 수라는 가정하에 엑셀에서는 STDEV.P()함수를 사용하여 구할 수 있다. 전체 사례 수 중에서 30개 이하로 표본을 추출한 경우에는 STDEV()를 사용한다.

학생들의 IQ의 표준편차가 15점 정도 차이가 난다는 것을 알 수 있다.

3) 사회 현상의 해석

대푯값은 데이터 수집할 때 사용된 척도의 유형에 따라 다르다.

① 명목 척도와 대푯값

최빈값(MODE)은 빈도수가 높은 값 혹은 집단(Category)을 말한다.

② 서열 척도와 대푯값

중앙값(median)은 서열로 측정된 현상을 요약해 주는 대푯값이다. 학생들이 가장 먼저 배우고 싶은 프로그램 언어의 우선 순위를 정하는 설문에 대한 응답이라고 가정할 때 서열 척도를 사용했기 때문에 중앙값을 사용해서 대푯값을 말할 수 있다.

응답자변호	java	python	c
1	1	2	3
2	2	1	3
3	3	2	1
4	1	2	3
5	2	1	3
6	1	3	2
7	1	2	3
8	2	1	3
9	1	2	3
중앙값	1	2	3

③ 등간 척도/비율 척도와 대푯값

데이터가 등간 척도 또는 비율 척도로 측정된 경우에 데이터를 요약해 주는 대푯값은 평균이다. 그러나 앞에서 언급했듯이 중앙값과 최빈값과 평균값이 대략 같은 값일 때 대표성을 띤다고 할 수 있다.

10.3 데이터 분석 도구를 활용한 기술통계분석

데이터 분석 도구의 [기술통계]를 사용하면 평균, 표준오차, 중앙값, 최빈값, 표준편차, 분산, 왜도, 범위, 최솟값, 최댓값 등을 쉽게 구할 수 있다.

(1) 엑셀 데이터 분석 준비하기

1) 엑셀 메뉴에 데이터 분석 도구 추가 기능 설치

엑셀의 별도의 데이터 분석 기능을 추가하기 위해 다음의 절차를 따라서 [분석 도구]를 설치해야 한다.

① 제일 먼저, 엑셀의 초기 화면에서 [파일] 탭을 클릭한 후, 화면을 전환한다.

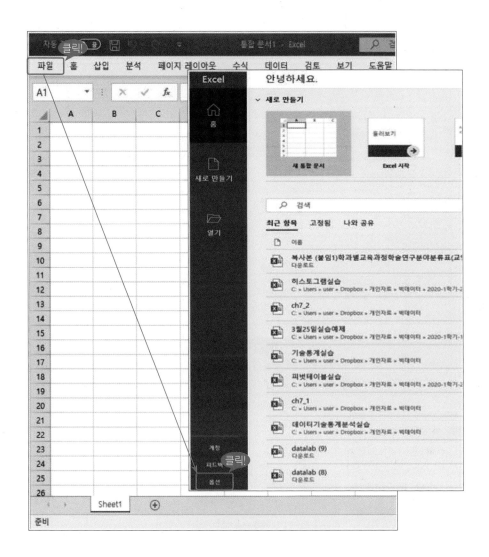

② [파일] – [옵션] 창에서 [추가 기능] 메뉴 화면에서 [분석 도구] 데이터 분석용 기능을 선택
한다.

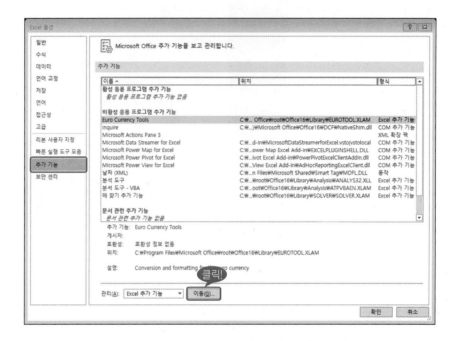

③ [사용 가능한 추가 기능] 항목 중에 [분석 도구]를 체크한 후, [확인] 버튼을 클릭하면 [데
이터 분석] 도구가 엑셀에 추가 설치된다.

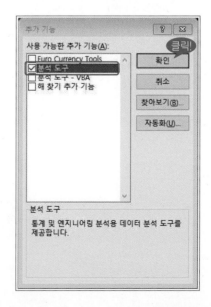

④ [홈] 탭의 초기 엑셀 화면에서 [데이터] 탭 선택한 후, [데이터] 탭 엑셀 화면의 오른쪽 상단에 새롭게 추가된 [데이터 분석]을 클릭한다.

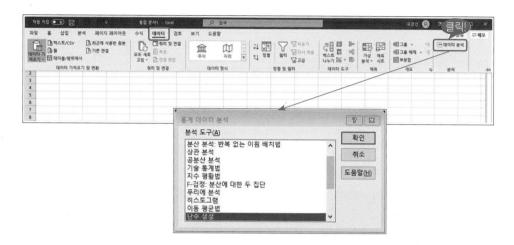

2) 기술통계 값의 의미 이해하기

분석 대상인 데이터 세트 자체로는 아무런 의사결정을 할 수 없다. 데이터 세트의 특징을 중심성, 변동성, 정규성 등의 요약값으로 특성으로 파악할 필요가 있다. 이것을 데이터 분석이라고 한다.

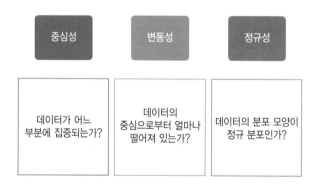

[그림 10-4] 데이터 세트의 특성

① 중심성에 필요한 통계치

특정 변수에 들어있는 데이터에 대한 중심 위치를 알기 위해 중앙값, 최빈치를 통해서 파악한다.

② 변동성에 필요한 통계치

일반적으로 분산이나 표준편차를 사용한다. 최솟값과 최댓값의 차이를 통해 범위를 사용하기도 한다.

③ 정규성에 필요한 통계치

가운데를 중심으로 데이터 분포가 대칭을 이루는지 알기 위해 왜도를 통해 파악한다. 가운데 위치에 데이터가 정규 분포보다 많이 몰려있는지 알기 위해 첨도를 사용한다.

3) 데이터 특성으로 기술통계분석 선택하기

분석 대상의 특징을 변수로 수집할 때 어떠한 기준과 방법으로 측정하는가에 따라 적절한 기술통계 방법을 사용해야 한다.

명목 척도와 서열·순위 척도인 범주형 데이터는 빈도수, 최빈값, 비율, 백분율을 통해 데이터의 중심성과 변동성 측면에서 파악한다. 등간·간격 척도와 비율 척도인 연속형 데이터는 평균, 분산, 표준편차, 범위, 첨도, 왜도 등을 통해 데이터의 중심성, 변동성, 정규성 측면에서 파악한다.

(2) 데이터 분석 도구를 활용한 기술통계분석

연속형 데이터인 IQ 데이터를 가지고 기술통계분석을 해 보자. 기술통계는 앞 절에서 추가한 [데이터 분석] 도구를 사용한다.

1) 기술통계 분석하기

[실습 파일: 실습10-2.xlsx]

① [데이터] 탭에서 [분석] 그룹에 있는 [데이터 분석]을 클릭한다.

② [통계 데이터 분석] 창에서 [기술 통계법]를 선택한 후, [확인] 버튼을 클릭한다.

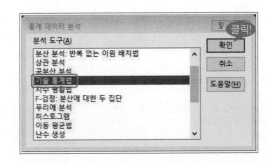

③ IQ의 데이터를 가지고 기술 통계법을 실행한다.

IQ 데이터가 있는 범위 [$E$8:$E$1132]를 드래그하여 입력 범위로 설정한다. 또한 IQ 데이터의 방향(열)로 설정하고, 결과가 출력될 위치를 [$L$14]로 한다. 기술통계 값을 출력하기 위해 요약 통계량을 체크한다. 마지막으로 두 번째로 큰 값과 두 번째로 작은 값을 구하기 위해 K번째 큰 값과 작은 값을 각각 2로 설정한다.

④ 결과 확인하기

L	M
Column1	
평균	99.61777778
표준 오차	0.451113156
중앙값	100
최빈값	98
표준 편차	15.13079525
분산	228.9409648
첨도	-0.00213333
왜도	-0.085009786
범위	106
최소값	47
최대값	153
합	112070
관측수	1125
가장 큰 값(2)	143
가장 작은 값(2)	52

2) 결과 분석하기

① 중심성

중앙값은 100이고 최빈값이 98로 100과 98 사이의 값에 집중화 경향을 보인다.

② 변동성

최댓값이 153이고, 최솟값은 47로 범위가 106인 것을 알 수 있다. 또한 사람들 간의 IQ 편차는 15.13 정도로 차이가 나는 것을 알 수 있다.

③ 정규성

왜도값은 -0.085로 0보다 작기 때문에 부적비대칭으로 좌측으로 긴 꼬리를 가진 형태로 나타나는 것을 알 수 있다. 또한 첨도는 -0.002로 0보다 작기 때문에 가운데에 데이터들이 정규 분포보다 적게 몰려있다는 것을 알 수 있다.

NOTE 왜도(Skewness)와 첨도(Kurtosis)

• 왜도(Skewness)

왜도는 중심축을 기준으로 어느 한쪽으로 치우친 정도를 나타낸다. 왜도가 0이면 분포가 좌우대칭이다. 왜도>0이면 정적비대칭으로 우측으로 긴 꼬리를 가지고 있다. 왜도<0이면 부적비대칭으로 좌측으로 긴 꼬리를 가진 형태로 나타난다. 우리는 왜도로 데이터의 분포를 한 눈에 알 수 있다.

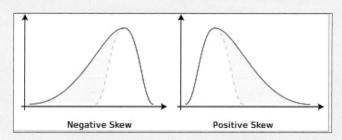

일반적으로 정적비대칭의 경우 평균>중앙값>최빈값으로 나타난다. 부적비대칭은 최빈값>중앙값>평균으로 나타난다. 따라서 값의 차이가 많이 나는 경우는 중앙값을 대푯값으로 사용한다. 엑셀에서의 함수는 SKEW()를 사용한다.

다음의 예를 살펴보자. 수입에 대한 값들의 왜도를 구하였더니 -1.1524로 계산되었다면, 부적분포를 이루는 것으로 파악할 수 있다.

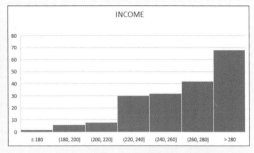

- 첨도(Kurtosis)

중간 위치에서 얼마나 더 뾰족하고 둥글게 나타내는 척도가 첨도이다. 첨도의 값이 클수록 뾰족한 모양을 가진다. 첨도 값이 0이면 데이터의 분포가 표준 정규 분포의 뾰족 정도와 같다는 것을 말하고, 첨도 값이 0보다 크면 표준정규분포보다 뾰족하다는 것을 의미한다.

위의 IQ 실습 결과에 나와 있는 값을 보면 0과 거의 같은 값을 가지기 때문에 표준 분포와 비슷한 모양임을 짐작할 수 있다.

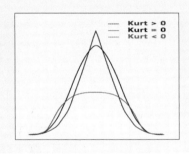

(3) 명목 척도를 활용한 기술통계분석

1) 학년 변수의 기술통계

[실습 파일: 실습10-4.xlsx]

학년 변수는 범주형 데이터이므로 빈도, 최빈치, 비율, 백분율을 통해 기술통계분석을 할 수 있다.

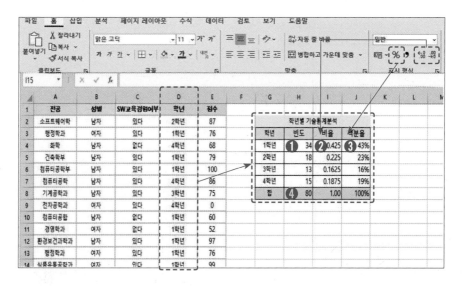

빈도는 시험에 응시한 80명의 학생들이 속한 학년별 빈도수이다. 최빈치는 학년별 빈도수 중에서 가장 빈도수가 많이 나온 학년이다. 비율은 모든 학년별 빈도수를 합한 것을 1.0으로 했을 때 학년별 빈도수가 차지하는 상대적인 크기를 수치로 나타낸다. 백분율은 학년별 빈도수를 모두 합한 것을 100%로 했을 때 학년별 빈도수가 차지하는 상대적인 크기를 % 단위로 사용한 수치로 나타낸다.

❶ 학년별 빈도수 계산

=COUNTIF($D$2:$D$81,G4)

❷ 학생들이 속한 학년별 빈도수를 1.0 기준의 비율로 계산

=H4/$H$8

❸ 학년별 빈도수를 100% 기준의 백분율로 계산 후, % 메뉴 사용

=I4

❹ 학년별 빈도수, 비율, 백분율의 총합

[H8]에서 [K8]까지 셀 지정 후, [H8]에 다음의 식을 입력 후 Ctrl+Enter↵

=SUM(H4:H6)

❺ 학년별 빈도수 중에서 가장 빈도수가 큰 팀 찾기

먼저, [D] 열과 [F] 열 사이에 셀 삽입 (MODE 함수는 숫자 데이터로만 계산 가능)

새로 삽입한 셀에 숫자 학년만 분리하여 숫자로 변형한 값 넣기

• 최빈치 학년을 구하기

=IF(MODE(E2:E81)=1,"1학년",IF(MODE(E2:E81)=2,"2학년",IF(MODE(E2:E81)=3,"3학년","4")))

기술통계분석 결과 빅데이터 수업을 수강하는 80명의 학생들 중 1학년이 많다는 것을 알 수 있다.

2) 학년 변수의 기술통계분석 내용 시각화

기술통계분석 테이블 내용 중에서 학년과 빈도수 영역을 그래프로 시각화하면 가독성을 높일 수 있다.

학년별 기술통계분석			
학년	빈도	비율	백분율
1학년	34	0.425	43%
2학년	18	0.225	23%
3학년	13	0.1625	16%
4학년	15	0.1875	19%
합	80	1.00	100%

[삽입] 탭에 있는 차트 그룹에서 그래프를 선택할 수 있다. [학년] 변수는 명목 척도 데이터이므로 빈도수와 비율을 비교하기에 좋은 막대그래프나 원형 차트로 시각화하는 것이 좋다.

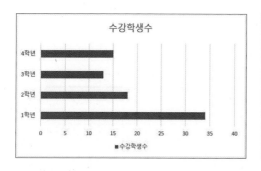

(4) 파생변수를 활용한 기술통계분석

특정 변수의 데이터를 활용하여 만든 제3의 변수를 파생변수(derived variable)라고 한다. 수집된 데이터를 적절한 가공하여 새로운 관점의 데이터를 추가하는 것은 문제해결에 도움이 된다.

8.3.3에서 다룬 데이터에서 점수 변수를 가지고 학점 변수를 만들어보자.

1) 파생변수 만들기

학점이라는 새로운 변수명을 추가한다. 등급 기준은 다음과 같다.

점수	등급
>=90	A
>=80	B
>=70	C
>=60	D
<60	F

[실습 파일: 실습10-5.xlsx]

[학점] 변수에 [점수] 변수의 데이터를 가지고 if 함수식을 사용하여 판단 결과를 나타낸다.

=IF(E2>=90,"A",IF(E2>=80,"B",IF(E2>=70,"C",IF(E2>=60,"D","E"))))

	A	B	C	D	E	F
1	전공	성별	SW교육경험여부	학년	점수	등급
2	소프트웨어학	남자	있다	2학년	87	B
3	행정학과	여자	있다	1학년	76	C
4	화학	남자	없다	4학년	68	D
5	건축학부	남자	있다	1학년	79	C
6	컴퓨터공학부	남자	있다	1학년	100	A
7	컴퓨터공학	남자	있다	4학년	86	B
8	기계공학과	남자	있다	3학년	75	C

2) 파생변수 기술통계분석

명목 척도인 [학점] 변수에 대해서는 빈도, 비율, 백분율을 구할 수 있다.

	A	B	C	D	E	F	G	H	I	J	K	L
1	전공	성별	SW교육경험여부	학년	점수	등급			등❶기술통❷석		❸	
2	소프트웨어학	남자	있다	2학년	87	B		등급	빈도	비율	백분율	
3	행정학과	여자	있다	1학년	76	C		A	14	0.18	17.5%	
4	화학	남자	없다	4학년	68	D		B	16	0.20	20.0%	
5	건축학부	남자	있다	1학년	79	C		C	26	0.33	32.5%	
6	컴퓨터공학부	남자	있다	1학년	100	A		D	20	0.25	25.0%	
7	컴퓨터공학	남자	있다	4학년	86	B		F	4	0.05	5.0%	
8	기계공학과	남자	있다	3학년	75	C		합	80	1.00	100.0%	❹
9	전자공학과	여자	있다	4학년	0	F						
10	컴퓨터공합	남자	없다	1학년	60	D						

❶ 학생들의 점수 등급의 빈도수 계산

=COUNTIF($F$2:$F$81,H4)

❷ 학생들의 점수 등급의 빈도수를 1.0 기준의 비율로 계산

=I4/$I$9

❸ 점수 등급의 빈도수를 100% 기준의 백분율로 계산 후, % 메뉴 사용

=J4

❹ 빈도수, 비율, 백분율의 총합 계산

[I8]에서 [K8]까지 셀 지정 후, [H8]에 다음의 식을 입력 후 Ctrl+Enter↵

=SUM(I4:I8)

3) 점수의 파생변수인 [등급] 기술통계분석 내용 시각화

[삽입] 탭에 있는 차트 그룹에서 그래프를 선택할 수 있다. [등급] 변수는 명목 척도 데이터이므로 빈도수와 비율을 비교하기에 좋은 막대그래프나 원형 차트로 시각화하는 것이 좋다.

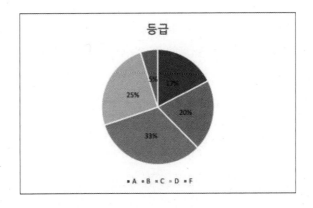

(5) 연속형 데이터 척도를 활용한 기술통계분석

1) 점수 변수의 기술통계

[실습 파일: 실습10-4.xlsx]

점수 변수는 연속형·양적 데이터이기 때문에 집중화 경향, 분포, 정규성을 기술통계로 파악할 수 있다.

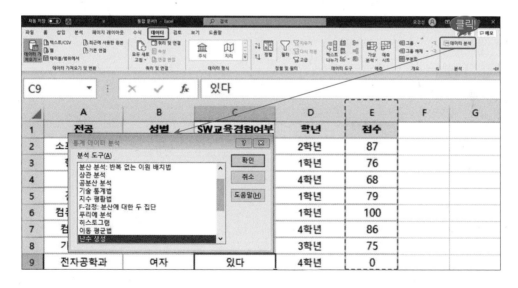

	A	B	C	D	E	F	G
				fx	있다		
1	전공	성별	SW교육경험여부	학년	점수		
2	소프트웨어학	남자	있다	2학년	87		
3	행정학과	여자	있다	1학년	76		
4	화학	남자	없다	4학년	68		
5	건축학부	남자	있다	1학년	79		
6	컴퓨터공학부	남자	있다	1학년	100		
7	컴퓨터공학	남자	있다	4학년	86		
8	기계공학과	남자	있다	3학년	75		
9	전자공학과	여자	있다	4학년	0		

주어진 데이터 세트에 들어있는 변수에 대해 한 번에 기술통계분석을 수행해 종합적으로 파악하기 위해 데이터 분석 도구를 사용한다.

- [데이터] 탭 – [데이터 분석] 도구 클릭
- 기술통계 항목을 선택

• 기술 통계법 설정

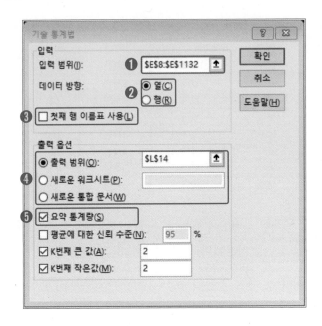

❶ 기술통계를 구할 때 원본 데이터 세트의 범위를 설정
❷ 변수의 데이터가 열 방향인지 행 방향인지 선택
❸ 데이터 세트의 첫 번째 행은 변수라면 체크
❹ 기술통계분석 결과를 출력할 위치를 선택
❺ 여러 가지 요약 통계량이 나타나도록 체크

[기술 통계] 창이 나오면 점수 [$E$2:$E$81]을 입력 범위로 하고, 점수 데이터가 열 방향으로 나열되었기 때문에 데이터 방향을 [열]로 설정한다. 출력 결과는 같은 시트의 [K3] 위치 설정한 후, 요약 통계량을 체크한다.

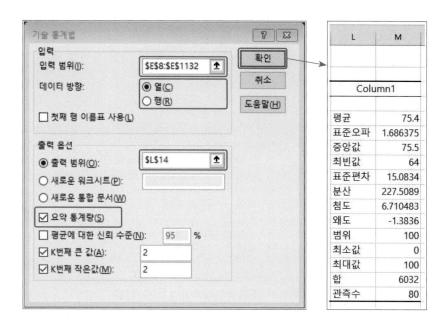

L	M
Column1	
평균	75.4
표준오파	1.686375
중앙값	75.5
최빈값	64
표준편차	15.0834
분산	227.5089
첨도	6.710483
왜도	-1.3836
범위	100
최소값	0
최대값	100
합	6032
관측수	80

2) 결과 분석하기

점수 기술통계분석		
구분		**값**
중심성	평균	75.4
	중위수	75.5
	최빈치	64
변동성	최대	100
	최소	0.00
	범위	100.00
	분산	227.5089
	표준편차	15.0834
정규성	왜도	-1.3836
	첨도	6.710483

① 중심성

중앙값은 75.5점이고 최빈값이 64점으로 75.5와 64점 사이의 값에 집중화 경향을 보인다.

② 변동성

최댓값이 100점이고, 최솟값은 0점으로 범위가 100인 것을 알 수 있다. 또한 학생들 간의 점수 편차는 15.08정 도로 차이가 나는 것을 알 수 있다.

③ 정규성

왜도값은 -1.383으로 0보다 작기 때문에 좌측으로 긴 꼬리를 가진 형태의 부적비대칭인 것을 알 수 있다. 또한 첨도는 6.71로 0보다 크기 때문에 가운데에 데이터들이 정규 분포보다 많이 몰려있다는 것을 알 수 있다.

3) 점수 변수 기술통계분석 내용 시각화하기

[삽입] 탭에 있는 차트 그룹에서 그래프를 선택하여 나타내면, 데이터를 시각화하여 직관적으로 이해할 수 있다.

① 수강생 점수 분포 현황

[실습 파일: 실습10-4.xlsx]

수강한 학생들의 점수를 측정한 데이터 분포 현황을 살펴볼 수 있다.

- [점수] 범위 선택
- [삽입] 탭 – [그래프] 그룹의 [분포]선택

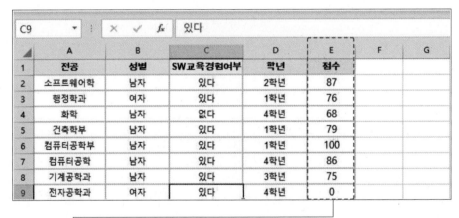

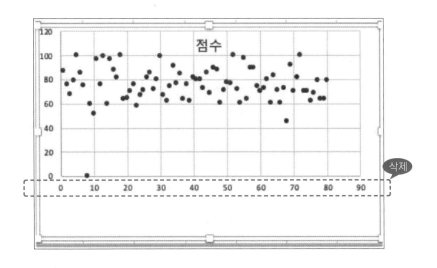

추세선을 추가하여 점수의 분포를 한눈에 들어오도록 할 수 있다.

• [차트 디자인] 탭 – [차트 추가 요소] 선택 – [추세선] – 선형

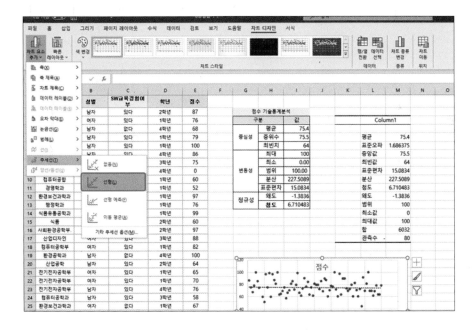

② 상자 수염 그래프로 시각화하기

상자 수염 그래프를 보면 평균값 75.4점을 중심으로 최소 45점에서 최대 100점을 기록하고 있다. 전체 점수 데이터를 4구간으로 분할했을 때 25% 지점에 해당하는 1분위수는 67점, 50% 지점인 2분위(중앙값)은 75.5, 75% 지점에 해당하는 3분위수의 경우 85.75점이라는 것을 알 수 있다.

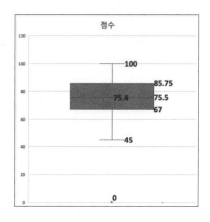

1. 다음 질문에 답하시오.

   1) 측정 척도를 선택하시오. 측정 척도로 분류할 때 Fast food chain은 무엇에 해당하는가?
      ① 비율 척도   ② 등간 척도
      ③ 명목 척도   ④ 서열 척도

   2) 다음 변수에 대한 데이터 유형 및 측정 척도를 분류하시오.
      • 신발 사이즈의 데이터 유형은 무엇인가?
      ① 숫자형   ② 범주형

      • 신발 사이즈를 척도로 분류하면 무엇인가?
      ① 연속형   ② 이산형

   3) 다음 변수에 대한 데이터 유형 및 측정 척도를 분류하시오.
      • 기업의 영업이익(percentage profit margin)의 데이터 유형은 무엇인가?
      ① 숫자형   ② 범주형

      • 기업의 영업이익(percentage profit margin)을 척도로 분류하면 무엇인가?
      ① 연속형   ② 이산형

2. 데이터 분석의 기술통계를 사용하여 A, B, C 회사의 이익률의 평균, 왜도, 분산, 표준편차, 중앙값의 결과이다. 평균이 대푯값이 될 수 있는지 설명하시오. [실습 파일: 연습10-1.xlsx]

	A		B		C
Mean	0.11563977	Mean	0.11265923	Mean	0.07646047
Standard Er	0.03224271	Standard Er	0.04687245	Standard Er	0.01504531
Median	0.15502	Median	0.034493	Median	0.0624
Mode	#N/A	Mode	#N/A	Mode	#N/A
Standard De	0.2114296	Standard De	0.30736319	Standard De	0.0986587
Sample Vari	0.04470248	Sample Vari	0.09447213	Sample Vari	0.00973354
Kurtosis	0.07210175	Kurtosis	8.1132335	Kurtosis	-0.0585392
Skewness	-0.7209398	Skewness	2.2385379	Skewness	0.30858247
Range	0.912057	Range	1.786939	Range	0.4393
Minimum	-0.42232	Minimum	-0.32601	Minimum	-0.1112
Maximum	0.489737	Maximum	1.460929	Maximum	0.3281
Sum	4.97251	Sum	4.844347	Sum	3.2878
Count	43	Count	43	Count	43

3. 데이티 분석의 기술통계를 사용하여 1996년도부터 다우지수의 평균, 왜도, 분산, 표준편차, 중앙 값을 구하고, 결과를 해석하시오. [실습 파일: 연습10-2.xlsx]

4. 데이터 분석의 기술통계를 사용하여 다음의 결과가 나오도록 실행한 후, GM과 Cisco의 1990년대 월별 수익률을 분석하시오. [실습 파일: 연습10-3.xlsx]

GM		CSCO	
Mean	0.009276966	Mean	0.055573
Standard Error	0.007864031	Standard Error	0.010701
Median	-0.005420048	Median	0.05007
Mode	#N/A	Mode	0.051429
Standard Deviation	0.089663746	Standard Deviation	0.12201
Sample Variance	0.008039587	Sample Variance	0.014887
Kurtosis	0.474825023	Kurtosis	-0.319515

Skewness	0.223940162	Skewness	0.10465
Range	0.516939536	Range	0.541492
Minimum	−0.240320429	Minimum	−0.202509
Maximum	0.276619107	Maximum	0.338983
Sum	1.20600562	Sum	7.224442
Count	130	Count	130

5. 데이터 분석의 기술통계를 사용하여 선수들의 연봉의 평균, 왜도, 분산, 표준편차, 중앙값을 구하고, 적절한 그래프를 선택하여 시각화하여 표현하시오. [실습 파일: 연습10-4.xlsx]

6. 학생들의 점수를 활용하여 파생변수 합격 여부를 만들어 다음과 같이 분석하시오. 60점 이상이면 '합격' 그렇지 않으면 '불합격' 합격 여부 열에 추가한 후, 합격 여부의 빈도와 비율 백분율을 구하시오. 또한 원형 그래프로 시각화하시오. [실습 파일: 연습10-5.xlsx]

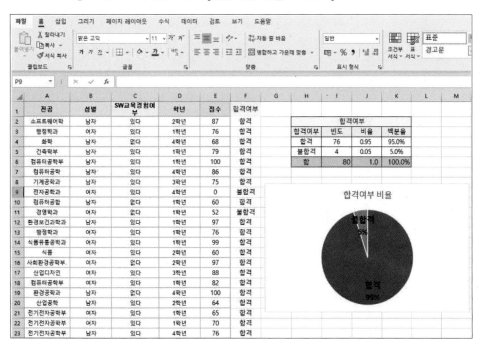

11

데이터 관계 시각화

contents

데이터 관계 시각화

학습목표

- 데이터를 히스토그램으로 시각화하여 데이터의 분포, 변동성, 집중 경향을 파악할 수 있다.
- 데이터 시각화를 통해 데이터의 관계와 구조를 파악할 수 있다.
- 데이터 분석 도구에서 제공하는 회귀 분석을 통해 특정 값을 예측할 수 있다.

데이터로부터 인사이트를 발견하기 위해서는 정확한 분석을 해야 한다. 정확한 분석은 데이터의 정확한 이해가 있어야 한다. 데이터의 시각화를 통해 데이터에 대한 정확한 이해를 할 수 있다. 데이터 시각화는 막연히 숫자로 보는 것보다는 시각화로 나타낼 때 이해를 높여 중요한 부분에 집중할 수 있도록 한다. 또한 데이터 시각화를 통해 데이터의 관계, 구조를 명확하게 파악할 수 있다. 이번 장에서는 주어진 자료가 연속형일 때 변숫값을 몇 개의 구간으로 나누고, 각 구간에 속하는 자료의 도수를 막대그래프로 나타낸 도수분포표를 가지고, 히스토그램으로 나타내는 방법과 두 변수 간의 상관관계를 파악할 수 있도록 산점도로 나타내는 방법에 대해 알아본다.

11.1 도수분포표와 히스토그램

(1) 도수분포표(Frequency table)

'도수'는 빈도수를 의미하고 도수표는 빈도표를 의미한다. 즉, 주어진 데이터가 연속형일 때, 구간을 나눠서 각 구간에 속하는 데이터가 몇 개인지 나타낸 표를 말한다. 왜 구간을 나누는 것일까? 구간을 나눠서 보면 전체적인 데이터의 모양을 요약해서 볼 수 있기 때문이다.

1) 도수분포표 만들기

① 구간 수 나누기

빈도를 구하기 위한 데이터를 동일한 간격으로, 중복이 되지 않도록 나눈다. 이때 너무 많은 구간을 나누지 않도록 해야 한다. 일반적으로 구간 수는 1+logN/log2을 사용한다. 또한 구간의 수를 홀수로 정하면 중간점을 쉽게 정할 수 있어서 좋다.

② 구간의 크기 구하기

데이터의 최댓값과 최솟값을 이용하여 구간의 크기를 구한다. 구간의 크기는 '(최댓값−최솟값)/구간 수'로 계산한다.

③ 구간의 크기에 따라 데이터의 구간을 설정하여 표를 작성한다.

[예제1] 도수분포표 실습

[실습 파일: 실습11-1.xlsx]

국어 점수의 도수분포표를 작성해 보자. 가장 먼저 주어진 데이터의 특성을 파악하기 위해 기술통계분석을 한다. 국어 점수를 가지고 도수분포표로 작성한다.

1) 기술통계분석

- [데이터] 탭 – [분석] 그룹 – [데이터 분석] 클릭
- [통계 데이터 분석] 창에서 [기술 통계법] 선택 – [확인] 클릭

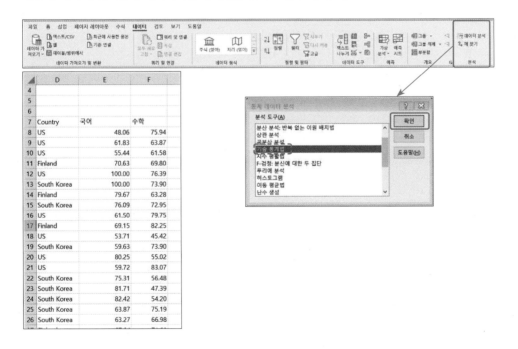

2) 기술 통계법 창의 입력1

[입력 범위]에 데이터가 있는 영역을 선택하여 지정하고, [첫째 행 이름표 사용 옵션]을 선택하여 기술 통계량 표에 이름이 출력되도록 한다. 출력 옵션에서는 [출력 범위]에 출력을 원하는 셀의 위치를 클릭하여 지정하고, [요약 통계량]을 체크한 후 [확인]을 클릭한다.

- 입력 범위: $E$7:$E$472
- 데이터 방향: 열
- 첫째 행 이름표 사용: 체크
- 출력 범위 지정: $H$7
- [통계 데이터 분석] 창에서 [기술 통계법] 선택 – [확인] 클릭

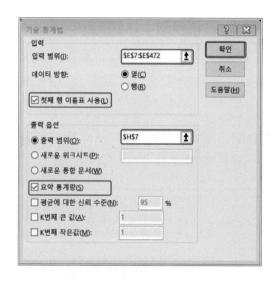

3) 기술 통계법 창의 입력2

[입력 범위]에 데이터가 있는 영역을 선택하여 지정하고, [첫째 행 이름표 사용 옵션]을 선택하여 기술 통계량 표에 이름이 출력되도록 한다. 출력 옵션에서는 [출력 범위]에 출력을 원하는 셀의 위치를 클릭하여 지정하고, [요약 통계량]을 체크한 후 [확인]을 클릭한다.

- 입력 범위: $E$7:$E$472
- 데이터 방향: 열
- 첫째 행 이름표 사용: 체크
- 출력 범위 지정: $H$7
- [통계 데이터 분석] 창에서 [기술 통계법] 선택 – [확인] 클릭

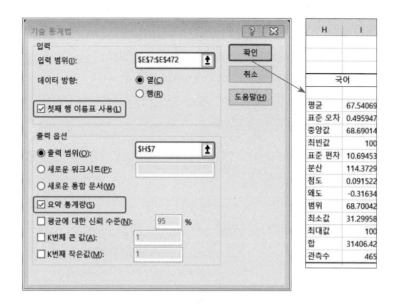

4) 도수분포표 작성하기1: 구간 수와 구간 크기 구하기

① 구간 수를 정하기 위해 1+logN/log2의 수식을 사용한다. 국어 점수 465개의 데이터에 대한 구간 수는 9.86이므로 반올림하여 9로 정한다.

② 구간 크기는 '(최댓값−최솟값)/구간 크기'이므로 기술 통계량의 최댓값과 최솟값의 차를 이용하여 9로 나누어 구하면 7.63이므로 반올림 7로 정한다.

- 구간 수 수식: =ROUND(1+LOG(I21)/LOG(2),0)
- 구간 크기 수식: =ROUND((I19−I18)/9,0)

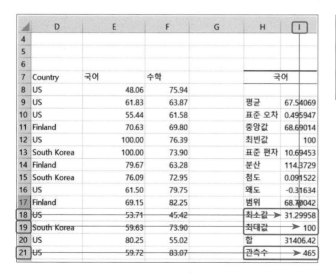

K	L	M	N
구간수	10	=ROUND(1+LOG(I21)/LOG(2),0)	
구간크기	7	=ROUND((I19-I18)/10,0)	

5) 도수분포표 작성하기2: 도수분포표 범위 작성

① 1구간의 최솟값은 기술 통계량에 있는 31로 정하고, 최댓값은 1구간의 '최솟값-1+구간 크기'로 계산한다.
② 2구간의 최솟값은 1구간의 최솟값+1, 최댓값은 2구간의 최솟값-1+구간 크기로 정한다.
③ 나머지 구간은 수식을 복사하여 계산한다.

H	I	J	K	L	M	N
	국어					
평균	67.54069		구간수	10	=ROUND(1+LOG(I21)/LOG(2),0)	
표준 오차	0.495947		구간크기	7	=ROUND((I19-I18)/10,0)	
중앙값	68.69014					
최빈값	100					
표준 편차	10.69453		범위		범위수식	
분산	114.3729		31	37	31	=K14-1+$L$9
첨도	0.091522		38	44	=L14+1	=K15-1+$L$9
왜도	-0.31634		45	51	=L15+1	=K16-1+$L$9
범위	68.70042		52	58	=L16+1	=K17-1+$L$9
최소값	31.29958		59	65	=L17+1	=K18-1+$L$9
최대값	100		66	72	=L18+1	=K19-1+$L$9
합	31406.42		73	79	=L19+1	=K20-1+$L$9
관측수	465		80	86	=L20+1	=K21-1+$L$9
			87	93	=L21+1	=K22-1+$L$9
			94	100	=L22+1	=K23-1+$L$9

6) 도수분포표 작성하기3: 빈도수 구하기

각 구간에 속하는 데이터의 개수는 frequency()를 사용해서 구한다. frequency()는 빈도수를 구하는 함수이며 데이터 배열에서 각 구간에 해당하는 값의 발생 빈도수를 계산하여 세로 형태의 배열로 결괏값을 출력한다. 따라서 수식을 입력할 때 배열 수식을 사용해야한다. 배열 수식은 수식 입력 후, Ctrl Shift + Enter↵를 누르면 된다.

- [P1:P23]까지 셀 지정
- =FREQUENCY(E8:E472,L14:L23)
- ctrl_shift+enter

H	I	J	K	L	M	N	O	P
국대림 영역			구간수	10	=ROUND(1+LOG(I21)/LOG(2),0)			
			구간크기	7	=ROUND((I19-I18)/10,0)			
평균	67.54069							
표준 오차	0.495947							
중앙값	68.69014			범위		범위수식	빈도수	빈도수수식
최빈값	100		31	37	31	=K14-1+$L$9	2	{=FREQUENCY(E8:E472,L14:L23)}
표준 편차	10.69453		38	44	=L14+1	=K15-1+$L$9	3	{=FREQUENCY(E8:E472,L14:L23)}
분산	114.3729		45	51	=L15+1	=K16-1+$L$9	29	{=FREQUENCY(E8:E472,L14:L23)}
첨도	0.091522		52	58	=L16+1	=K17-1+$L$9	61	{=FREQUENCY(E8:E472,L14:L23)}
왜도	-0.31634		59	65	=L17+1	=K18-1+$L$9	74	{=FREQUENCY(E8:E472,L14:L23)}
범위	68.70042		66	72	=L18+1	=K19-1+$L$9	129	{=FREQUENCY(E8:E472,L14:L23)}
최소값	31.29958		73	79	=L19+1	=K20-1+$L$9	106	{=FREQUENCY(E8:E472,L14:L23)}
최대값	100		80	86	=L20+1	=K21-1+$L$9	52	{=FREQUENCY(E8:E472,L14:L23)}
합	31406.42		87	93	=L21+1	=K22-1+$L$9	6	{=FREQUENCY(E8:E472,L14:L23)}
관측수	465		94	100	=L22+1	=K23-1+$L$9	3	{=FREQUENCY(E8:E472,L14:L23)}

7) 도수분포표 작성하기4: 상대도수 구하기

① 도수분포표에서 상대도수는 각 구간의 도수를 전체 도수로 나눈 값으로 한 집단 내에서 각 구간에서의 도수를 비교하는데 유용하게 사용된다.

② =O14/SUM($O$14:$O$23)

③ 나머지 구간은 드래그하여 수식을 복사한다.

범위		빈도수	상대도수	상대도수수식
31	37	2	0.004301	=O14/SUM($O$14:$O$23)
38	44	3	0.006452	=O15/SUM($O$14:$O$23)
45	51	29	0.062366	=O16/SUM($O$14:$O$23)
52	58	61	0.131183	=O17/SUM($O$14:$O$23)
59	65	74	0.15914	=O18/SUM($O$14:$O$23)
66	72	129	0.277419	=O19/SUM($O$14:$O$23)
73	79	106	0.227957	=O20/SUM($O$14:$O$23)
80	86	52	0.111828	=O21/SUM($O$14:$O$23)
87	93	6	0.012903	=O22/SUM($O$14:$O$23)
94	100	3	0.006452	=O23/SUM($O$14:$O$23)

(2) 히스토그램

[실습 파일: 실습11-2.xlsx]

히스토그램은 연속형 데이터가 주어졌을 때 도수분포표를 바탕으로 시각화하여 나타내는 방법이다. 엑셀에서는 [차트]를 삽입하여 만드는 방법과 [데이터 분석] 도구를 사용하여 만드는 방법을 제공한다.

1) 차트 메뉴로 히스토그램 만들기

데이터의 범위와 상대도수의 범위를 선택한다. 히스토그램 그래프를 삽입하기 위해 [차트]에서 [히스토그램]을 선택한다. 이 방법을 사용하면 도수분포표 없이 쉽게 히스토그램으로 시각화할 수 있다.

[예제2] 히스토그램 실습1

[실습 파일: 실습11-2.xlsx]

[예제1]에서 작성한 국어 점수의 도수분포표를 바탕으로 히스토그램을 작성해 보자.

① 히스토그램으로 시각화하기: 데이터 범위 선택

그래프로 나타낼 데이터 범위를 선택한 후 히스토그램을 나타내기 위해 [삽입] 탭의 [차트] 그룹에서 [히스토그램]을 선택한다.

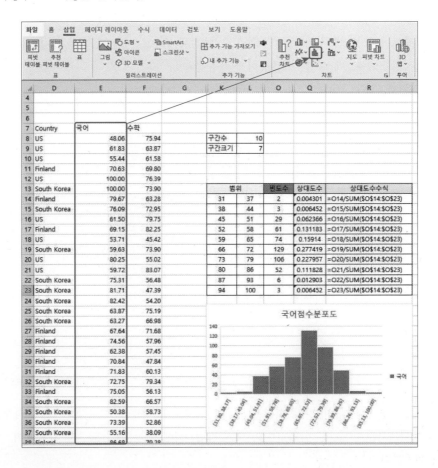

② 히스토그램으로 시각화하기: 히스토그램 설정하기

히스토그램의 구간의 크기 혹은 구간 수로 나눠서 나타내기 위해서는 히스토그램을 편집해야한다. 히스토그램에서 데이터 계열을 더블클릭하여 데이터 계열 서식 창에서 계열 옵션을 클릭한다. 계열 옵션에서 계급 구간을 크기 또는 구간 수로 입력한다. 여기서는 구간 수 10을 입력하였다.

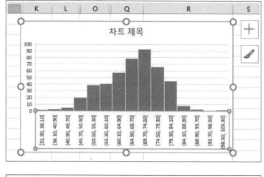

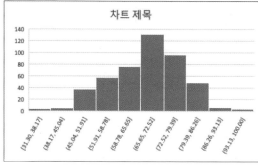

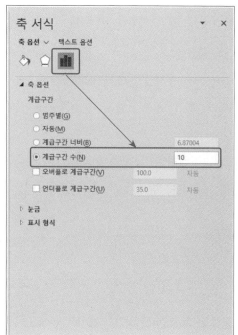

③ 히스토그램으로 시각화하기: 히스토그램 완성하기

차트 제목을 더블클릭하여 '국어점수분포도'로 수정하고, [차트 디자인] 탭에서 [차트 추가 요소]를 선택하여 [범례]를 추가한다.

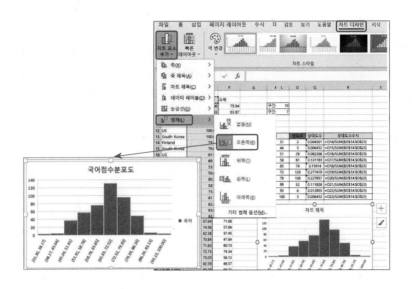

2) [데이터분석] 도구로 히스토그램 만들기

[데이터] 탭의 [분석] 그룹의 [데이터 분석] 도구를 사용하여 히스토그램을 만들 수 있다.

[예제3] 히스토그램 실습2

[실습 파일: 실습11-3.xlsx]

[예제1]에서 작성한 국어 점수의 도수분포표를 바탕으로 히스토그램을 작성해 보자.

① 히스토그램 만들기: 데이터 분석 도구 선택

- [데이터] 탭 – [분석] 그룹 – [데이터 분석] 도구 클릭
- [통계 데이터 분석] 창에서 [히스토그램] 선택 – 확인 클릭

② 히스토그램 만들기: 통계 데이터 분석 입력

[통계 데이터 분석] 창에서 입력 범위에 국어 점수 범위를 지정하고, 계급 구간에 앞에서 작성한 도수분포표의 구간을 지정한다. 출력할 셀의 위치를 선택하고, 차트 출력을 체크한 후 [확인]을 클릭한다.

- 입력 범위: $E$8:$E$472
- 계급 구간: $L$14:$L$23
- 출력 범위: $T$25
- 자료 출력: 체크

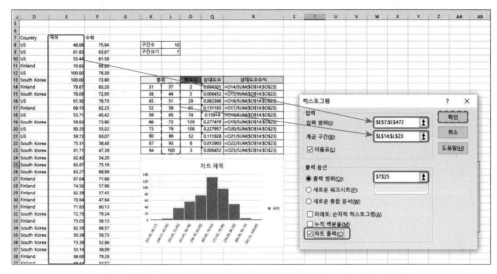

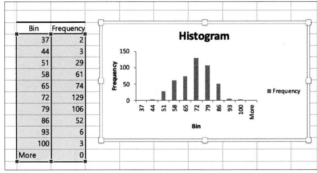

③ 히스토그램 만들기: 히스토그램 편집

출력된 히스토그램은 구간별 막대그래프의 간격이 있다. 막대 계열을 수정하여 히스토그램을 완성한다.

- 막대 계열을 더블클릭
- [데이터 계열 서식] – [계열 옵션]에서 너비는 0%로 조정

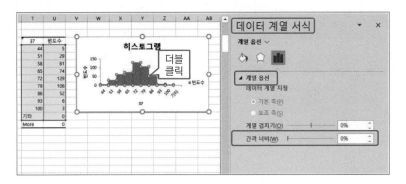

11.2 상관관계

상관관계는 두 변수 간의 상호 연관성에 대해 파악하여 얼마나 밀접한 관계를 가지고 있는지 알려준다. 이는 상관 분석을 통해 알아낼 수 있다. 환절기와 질병과의 상관관계를 분석함으로 날씨에 따라 발병할 수 있는 질병을 예측할 수도 있다. 더 나아가 한 변수의 값을 알면 관련 있는 다른 변수의 값을 예측할 수 있다. 이와 같이 알려지지 않은 변수의 값을 예측하는 분석을 회귀 분석이라 한다. 엑셀에서 제공하는 데이터 분석 도구의 상관 분석, 회귀 분석을 활용하기에 앞서 손쉽게 시각화하는 방법을 살펴보자.

(1) 산점도

상관관계는 서열 척도, 등간 척도, 비율 척도로 측정된 변수들 간의 관련성 정도를 알아보기 위한 것으로 하나의 변수가 다른 변수와의 어느 정도 밀접한 관련성을 갖고 변화하는가를 알아보기 위해 사용한다. 두 변수의 관련성 정도를 직관적으로 파악할 수 있는 가장 손쉬운 방법은 산점도를 이용하여 데이터를 나타내는 것이다.

양의 상관관계

음의 상관관계

관련 없음

[그림 11-1] 상관관계의 산점도

두 변수간의 상관관계는 선형적인 증가, 감소와 관련된 상호관계를 나타내는 것이지 한 변수가 다른 변수에 영향을 주는 관계를 의미하지는 않는다. 만약 한 변수가 다른 변수에 영향을 주는 관계를 알려면 회귀 분석을 진행해야한다.

[예제4] 산점도 실습1

[실습 파일: 실습11-4.xlsx]

월에 따른 판매실적의 영향에 대해 데이터 분석을 하기 전에 산점도를 이용하여 관계를 대략적으로 알아보자.

1) 월별 판매실적간의 관계를 산점도로 표현하기위해서는 월과 판매실적 데이터 범위를 선택한 후 [삽입] 탭에서 [차트] 그룹의 [분산형]을 클릭한다.

- 데이터 범위 지정
- [삽입] 탭 – [차트] 그룹의 [분산형] 선택

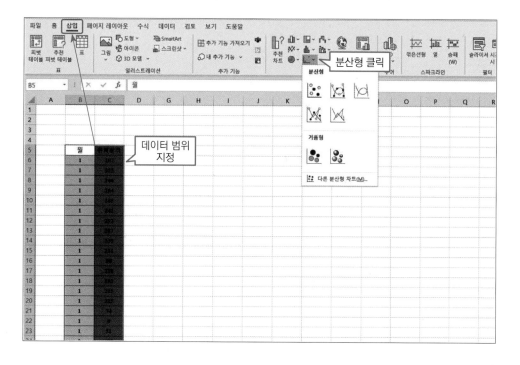

2) 삽입된 그래프에서 [가로축] 제목을 추가하고 [축 제목]에 '월별판매실적'을 입력한다.

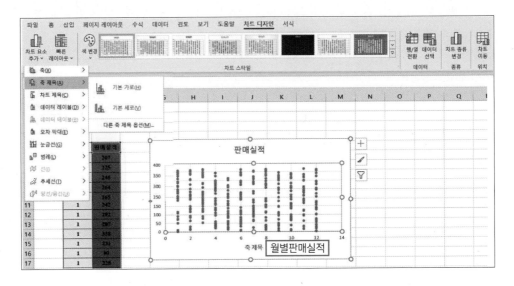

산점도로 표현된 그래프를 보면, 월별에 따라 판매실적이 영향을 받고 있지 않다는 것을 알 수 있다.

[예제5] 산점도 실습2

[실습 파일: 실습11-5.xlsx]

영어와 국어 점수간의 상관관계를 산점도를 통해 알아보자.

1) 영어과 국어 점수간의 관계를 산점도로 표현하기 위해서는 국어 점수와 국어 점수 데이터 범위를 선택한 후 [삽입] 탭에서 [차트] 그룹의 [분산형]을 클릭한다.

- 데이터 범위 지정
- [삽입] 탭 - [차트] 그룹의 [분산형]선택

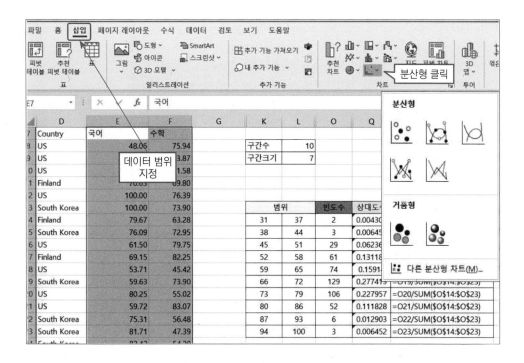

2) 삽입된 그래프에서 [축] 제목을 '국어와 수학 간의 관계'라고 입력한다.

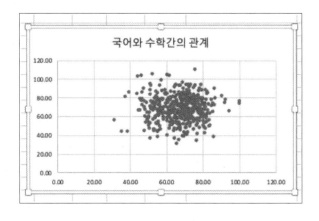

주어진 데이터 분석 결과 국어 점수와 수학 점수 간에는 상관관계가 없다는 것을 알 수 있다.

[예제6] 산점도 실습3

[실습 파일: 실습11-6.xlsx]

1년간 지출 내역의 데이터를 보고 친목(comunication)과 저축(saving) 간의 관계를 산점도로 파악해 보자

1) communication과 saving 간의 관계를 산점도로 표현하기 위해서는 communication와 saving 데이터 범위를 선택한 후 [삽입] 탭에서 [차트] 그룹의 [분산형]을 클릭한다.

- 데이터 범위 지정
- [삽입] 탭 – [차트] 그룹의 [분산형] 선택

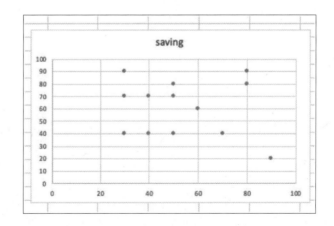

결과를 확인하면 두 변수 간의 선형성 정도를 파악할 수 있다.

11.3 상관관계 분석

상관 분석은 선형적인 증가, 감소와 관련된 상호관계를 파악하는 방법이다. 두 변수 사이의 관련 정도를 수치로 나타내는 상관계수가 있다. 상관계수가 1에 가까울수록 양의 상관관계를 의미하고, −1에 가까울수록 음의 상관관계를 의미한다. 상관계수가 0에 가깝다는 것은 두 변수 간에는 관계가 없다는 것을 의미한다. 엑셀에서 제공하는 데이터 분석 도구를 활용하여 상관 분석을 파악해 보자.

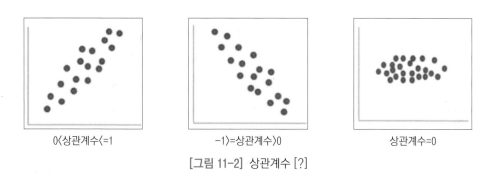

0⟨상관계수⟨=1   −1)=상관계수)0   상관계수=0

[그림 11-2] 상관계수 [?]

상관계수의 절댓값이 0.7~1 사이라면 강한 선형관계이고, 0.3~0.7 사이라면 선형관계가 있다는 의미고, 0.1~0.3 사이라면 약한 선형관계에 있다고 할 수 있다.

[예제7] 상관관계 분석 실습1

[실습 파일: 실습11-7.xlsx]

창의력경진대회에 참가한 8팀에 대해 심사위원 심사결과는 다음 표와 같다. 심사위원 A와 B 사이에 상관관계를 갖고 있는지 알아보자.

1) [데이터] 탭에서 [분석] 그룹의 [데이터 분석] 도구를 클릭하면 [통계 데이터 분석] 창이 실행된다. [통계 데이터 분석] 창에서 [상관 분석]을 선택한 후 [확인]을 선택한다.

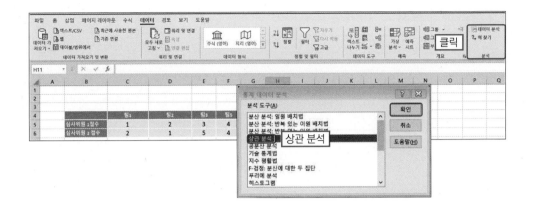

2) [상관 분석] 창이 나오면 [입력]의 [입력 범위]에는 평가점수 데이터 영역을 지정한다. [첫째 행 이름표 사용] 옵션을 체크한다. 마지막으로 [출력 옵션]의 [출력 범위]에 결과를 확인할 수 있는 적절한 셀의 위치를 클릭하고 [확인]을 클릭한다.

- 입력 범위: $B$5:$J$6
- 데이터 방향: 행
- 첫째 행 이름표 사용
- 출력 범위: $B$9

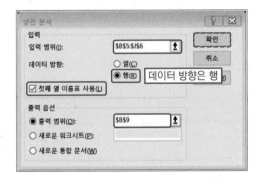

3) 결과 확인과 해석

심사위원 1과 심사위원 2의 상관계수는 0.595로 0.3~0.7 사이에 존재하기 때문에 상관관계 가 뚜렷하게 있다는 것을 알 수 있다. 즉, 심사위원 1의 점수가 높으면 심사위원 2의 점수도 높아진다는 것을 의미한다.

	심사위원 1점수	심사위원 2 점수
심사위원 1점수	1	
심사위원 2 점수	0.595238095	1

[예제8] 상관관계 분석 실습2

[실습 파일: 실습11-8.xlsx]

학습자의 태도의 변화를 알기위해 설문을 실시한 결과이다. 각 문항 간의 상관관계를 분석해
보자.

1) [데이터] 탭에서 [분석] 그룹의 [데이터 분석] 도구를 클릭하면 [통계 데이터 분석] 창이 실
   행된다. [통계 데이터 분석] 창에서 [상관 분석]을 선택한 후 [확인]을 선택한다.

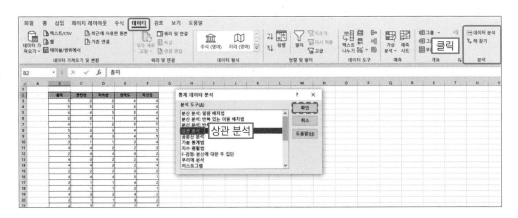

2) [상관 분석] 창이 나오면 [입력]의 [입력 범위]에는 평가점수 데이터 영역을 지정한다. [첫째
   행 이름표 사용] 옵션을 체크한다. 마지막으로 [출력 옵션]의 [출력 범위]에 결과를 확인할
   수 있는 적절한 셀의 위치를 클릭하고 [확인]을 클릭한다.

- 입력 범위: $B$2:$F$202
- 데이터 방향: 열
- 첫째 행 이름표: 체크
- 출력 범위: $H$2

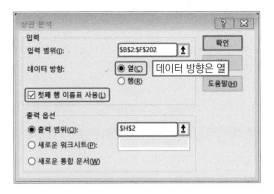

3) 결과 확인과 해석

관련성과 흥미, 지속성과 관련성, 만족도와 지속성, 자신간과 흥미, 자신감과 관련성 간의 상관계수가 0.3 이상으로 양의 상관관계가 있다는 것을 알 수 있다. 그러나 만족도와 흥미, 만족도와 관련성 간에는 관계가 없다는 것을 알 수 있다.

	H	흥미	관련성	지속성	만족도	자신감
흥미		1				
관련성		0.33809892	1			
지속성		0.16362694	0.42087376	1		
만족도		0.02474056	0.04756825	0.30698871	1	
자신감		0.41829284	0.30676471	0.15769133	-0.0418316	1

11.4 회귀 분석

상관 분석은 두 변수 간에 관계가 있는지 정도를 파악했다면, 회귀 분석은 두 변수 간의 인과관계를 파악하는 방법이다. 회귀 분석은 독립변수로 지정한 변수로 인해 종속변수의 변화를 수학적 모형으로 파악하여 두 변수 사이의 관계를 파악하고 예측하기 위해 사용한다. 만약 '온라인 학습과 학습자의 시력'에 대해 실험한다고 하면, 독립변수는 '온라인 학습'이 되고 종속변수는 '학습자의 시력'이 된다. 두 변수 사이의 관계가 선형이면 선형회귀이고, 비선형이면 비선형회귀이다. 독립변수가 하나이고 종속변수가 하나인 경우를 단순선형회귀라고 한다. 엑셀에서 제공하는 데이터 분석 도구를 활용하여 회귀 분석을 해 보자.

[예제9] 회귀 분석 실습

[실습 파일: 실습11-9.xlsx]

학습자의 태도의 변화를 알기 위해 설문을 실시한 결과이다. 관련성이 높으면 흥미도 높아지는지 회귀 분석을 통해 밝혀 보자.

1) [데이터] 탭에서 [분석] 그룹의 [데이터 분석] 도구를 클릭하면 [통계 데이터 분석] 창이 실행된다. [통계 데이터 분석] 창에서 [회귀 분석]을 선택한 후 [확인]을 선택한다.

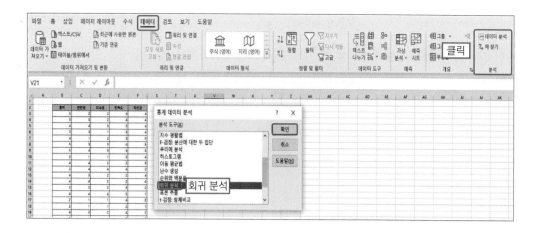

2) [회귀 분석] 창이 나오면 [입력]의 [Y 입력 범위]에는 종속변수인 흥미 평가점수 데이터 영역을 지정한다. [입력]의 [X 입력 범위]에는 독립변수인 관련성 평가점수 데이터 영역을 지정한다. [이름표 사용] 옵션을 체크한다. 마지막으로 [출력 옵션]의 [출력 범위]에 결과를 확인할 수 있는 적절한 셀의 위치를 클릭하고 [확인]을 클릭한다.

- 입력 범위 Y: $B$2:$B$202
- 입력 범위 X: $C$2:$C$202
- 이름표 옵션: 체크
- 출력 범위: $H$2

3) 결과 확인과 해석

관련성과 흥미 간의 상관계수가 0.33 이상으로 양의 상관관계가 있다는 것을 알 수 있다. 결정계수는 11% 정도로 관련성 정도에 의해 결정되는 흥미 정도가 11% 정도로 높지 않다는 것을 설명한다.

회귀 분석 결과 Y(흥미도)의 절편은 2.447이고 회귀직선의 기울기가 0.299이다. 따라서 추정되는 회귀직선은 0.299*X+2.447이다.

H	I	J	K	L	M	N	O	P
	흥미	관련성	지속성	만족도	자신감			
흥미	1							
관련성	0.33809892	1						
지속성	0.16362694	0.42087376	1					
만족도	0.02474056	0.04756825	0.30698871	1				
자신감	0.41829284	0.30676471	0.15769133	-0.0418316	1			
SUMMARY OUTPUT		독립변수가 1개이므로 상관 분석의 상관계수와 같다.						
Regression Statistics								
Multiple R	0.33809892							
R Square	0.11431088	독립변수인 관련성이 흥미 값에 결정하는 정도가 10% 정도로 낮음						
Adjusted R S	0.1098377							
Standard Err	1.09289882							
Observations	200							
						0에 가까울 수록 회귀 모형에 적합		
ANOVA								
	df	SS	MS	F	Significance F			
Regression	1	30.523291	30.523291	25.5547388	9.7591E-07			
Residual	198	236.496709	1.19442782					
Total	199	267.02	회귀직선 Y(흥미)의 절편					
	Coefficients	t		P-value	Lower 95%	Upper 95%	Lower 95.0%	Upper 95.0%
Intercept	2.44769629		7.04539	2.1597E-24	2.0353083	2.86008427	2.0353083	2.86008427
관련성	0.29948284	회귀직선의 기울기	5.516951	9.7591E-07	0.18265483	0.41631085	0.18265483	0.41631085

4) 추세선 추가하기

관련성과 흥미도에 해당하는 데이터 범위를 선택한 후 [삽입] 탭에서 [차트]그룹의 [분산형]을 클릭하여 차트를 삽입한다.

[차트 디자인] 탭의 [차트 추가 요소] – [추세선] – [선형 예측]을 클릭한다.

요약 출력

회귀분석 통계량	
다중 상관계수	0.33809892
결정계수	0.11431088
조정된 결정계수	0.1098377
표준 오차	1.09289882
관측수	200

분산 분석

	자유도	제곱합	제곱 평균	F 비	유의한 F
회귀	1	30.523291	30.523291	25.5547388	9.7591E-07
잔차	198	236.496709	1.19442782		
계	199	267.02			

	계수	표준 오차	t 통계량	P-값	하위 95%	상위 95%	하위 95.0%	상위 95.0%
Y 절편	2.44769629	0.20911984	11.7047539	2.1597E-24	2.0353082	2.86008427	2.0353083	2.86008427
관련성	0.29948284	0.05924289	5.05516951	9.7591E-07	0.18265483	0.41631085	0.18265483	0.41631085

5) 추세선에 수식 추가하기

[추세선]을 더블클릭하여 추세선 서식 작업 창을 활성화한다. [추세선 옵션]에서 [수식을 차트에 표시], [R-제곱 값을 차트에 표시]를 체크한다.

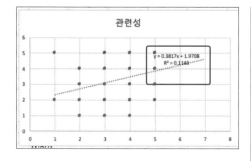

두 변수간의 선형관계가 약한 경우에는 추세선 옵션에서 지수, 로그, 다항, 거듭제곱 등 적합한 회귀 모형을 선택할 수 있다. 또한 [추세선 옵션]의 [예측]의 앞으로 몇 구간을 지정하여 예측한 결과를 추세선에 확대하여 적용할 수 있다.

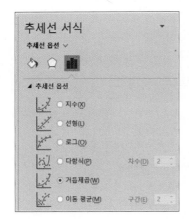

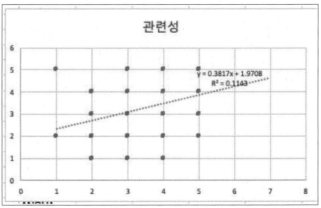

● 연습문제

1. 2020년도 고등학교 1학년을 대상으로 IQ 검사를 실시하였다. 이중 표본 200명을 추출하여 분석하고자 한다. 200명에 대한 IQ 점수의 히스토그램을 작성하시오. [실습 파일: 연습11-1.xlsx]

   〈조건〉
   • [삽입] 탭의 [차트] 그룹의 [히스토그램]을 이용하시오.

2. 2020년도 고등학교 1학년을 대상으로 IQ 검사를 실시하였다. 이중 표본 200명을 추출하여 분석하고자 한다. 200명에 대한 IQ 점수의 히스토그램을 작성하시오. [실습 파일: 연습11-2.xlsx]

   〈조건〉
   • [데이터] 탭의 [데이터 분석] 도구를 이용하시오.
   • 구간의 개수: $1 + \log N / \log 2$

3. 온라인 학습 시간과 시험 점수에 대한 데이터이다. 온라인 학습 시간과 시험 점수가 서로 관련성이 있는지 상관계수를 구하여 확인하시오. 두 변수를 가지고 산점도로 나타내시오. [실습 파일: 연습11-3.xlsx]

   〈조건〉
   • 상관계수는 [데이터 분석] 도구를 사용하여 구하시오.
   • 가로축에는 온라인 학습 시간, 세로축에는 시험 점수를 나타내는 분산형 차트를 이용하여 산점도로 나타내시오.

4. 온라인 학습 시간과 시험 점수에 대한 데이터이다. 온라인 학습 시간이 시험 점수에 영향을 주는지 알아보기 위해 회귀 분석을 하시오. 회귀 분석 후, 추세선과 수식을 추가하시오. [실습 파일: 연습11-4.xlsx]

〈조건〉

- 회귀 분석은 [데이터 분석] 도구를 사용하여 구하시오.
- 독립변수는 온라인 학습 시간, 종속변수는 시험 점수이다.
- 온라인 학습과 시험 점수의 회귀 분석이 유의하다고 가정했을 때, 온라인 학습 시간이 10시간일 때 시험 점수는 얼마가 될지 예측하시오.

5. 우유와 콘플레이크의 판매 실적을 나타낸 데이터이다. 우유 판매량에 따라 콘플레이크의 판매량이 달라지는지 알아보기 위해 회귀 분석을 하시오. 그리고 4분기 콘플레이크의 판매량을 예측하시오. [실습 파일: 연습11-4.xlsx]

〈조건〉

- 데이터 분석 도구를 사용하여 회귀 분석을 실시하시오.
- 추세선을 추가한 후, 추세선에 수식이 나타나도록 설정하시오.
- 4분기 콘플레이크 판매량을 예측해 보시오.

12

데이터 통계분석 활용

contents

데이터 통계분석 활용

학습목표

- 범주형 데이터를 바탕으로 엑셀의 함수를 사용하여 교차 분석을 할 수 있다.
- 가설검정이 무엇인지 이해하고, 효과 크기 기준에 적용하여 P-value의 의미로 결과를 파악할 수 있다.
- 다양한 상황에 맞는 검정 방법이 무엇인지를 알고, 엑셀의 분석 도구를 활용하여 결과를 추론할 수 있다.

세상은 미래의 사건을 예측하기 위해 주의 깊게 데이터를 분석하여 추론하여 세밀하게 평가할 필요가 있다. 이번 장에서는 엑셀의 통계분석을 활용하여 신중하게 추론할 수 있는 가설검정 방법을 다루고자 한다.

12.1 통계분석을 활용한 가설검정

(1) 가설검정이란?

표본(Sample)을 통한 가설검정은 증명된 바 없는 주장이나 가설을 표본 통계량으로 진위 여부를 판별하는 통계적 추론 방법이다. 제한된 상황에서 여러 가지 아이디어, 해결 방법, 수단 등이 있을 때 어떤 것이 효과가 있는지 알기 위해 사용하는 것이 가설검정이다. 이때, 귀무가설(null hypothesis)과 대립가설(alternative hypothesis)을 설정하여 현재 세운 가설이 맞는지 아닌지를 판단한다. 귀무가설은 '가치 없는 가설'이라는 뜻처럼 '두 실험에서 어떠한 차이도 없다.'는 의미로 처음부터 기각(reject)이 목표인 가설이다. 대립가설은 기존의 인습과 관습적인 방식과 다른 가설이라는 뜻처럼 '두 실험은 차이가 있다.'는 의미이다. 귀무가설이 기각되면 대립가설을 받아들인다. 이렇듯 가설검정은 비교 대상 간에 '효과 차이가 없다.'라는 귀무가설과 '효과 차이가 있다.'라는 대립가설을 놓고 검증한다. 검증할 때는 효과 크기 비교의 기준, 결과에 대한 신뢰도를 가지고 판단해야 한다.

1) 효과 크기 비교 기준

처음부터 통계 기법을 적용하는 것보다는 어떤 방식을 접근할 것인지 충분히 고려하여 목적에 맞게 효과의 차이를 비교하는 기준을 적용한다.

〈표 12-1〉 통계 기법의 비교 방법

비교 방법	설명
이분형	Y/N 두 개의 명목 척도로 빈도/비율을 계산해서 상호 비교함.
명목 다항목형	여러 개의 명목 척도로 빈도/비율을 계산해서 비교함.
서열 다항목형	여러 개의 서열 척도로 빈도/비율을 계산해서 비교함.
등간/비율 연속형	연속 수치로 된 등간/비율 척도로 평균값을 계산해서 비교함.

2) 결과에 대한 신뢰도

효과 차이를 비교했을 때 실제로 효과가 없는데도 차이가 있다는 결과가 도출될 가능성은 어느 정도인지 파악하여 결과의 정확성을 판단할 필요가 있다. 일반적인 오류허용치(유의수준: Significance level) 대비 실제 표본데이터의 오류 가능성(유의확률치: Significance probability value)을 비교하는 방법을 사용한다. 보통 유의수준은 0.05로 설정한다. 유의수준보다 유의확률이 크다면 귀무가설은 기각하지 않는다. 반대로 유의수준보다 유의확률이 작다면 귀무가설은 기각되고 대립가설을 채택한다. (유의확률은 p-Value로 나타낸다.)

〈표 12-2〉 결과에 대한 신뢰도 판단

0.05 〈 p-Value	0.05 〉 p-Value
일반적인 오류 허용치인 0.05보다 표본 분석 결과의 오류 가능성이 더 큼.	일반적인 오류 허용치인 0.05보다 표본 분석 결과의 오류 가능성이 더 작음.
귀무가설을 기각하고 대립가설을 채택하는 것은 부정확한 판단	귀무가설을 기각하고 대립가설을 채택하는 것은 정확한 판단
"효과 없음.", "차이 없음."	"효과가 있다.", "차이가 있다."

12.2 교차 분석

교차 분석이란 두 범주형 데이터 간에 상호관련성을 알고자 할 때 사용하는 방법이다. 2개의 명목 혹은 서열형 척도 변수를 사용하여 분석한다. 엑셀에서 행과 열에 두 개의 변수를 사용하여 이들 간의 관련성을 살펴보는 방법을 알아보자.

(1) 범주형 데이터를 처리하는 분석 방법

[실습 파일: 실습12-1.xlsx]

범주형 데이터와 관련된 가장 중요한 가설검정은 독립에 대한 카이제곱 검정이다. 이해를 돕기 위해 염색에 선호하는 머리색과 성별에 대해 생각해보자. 머리색과 성별은 모두 범주형 변수이다. 모두가 남성 또는 여성이라고 가정해 보자. 머리색에는 검은색, 갈색 노란색, 빨간색이 있다.

	A	B	C	D	E	F	G
1							
2			머리색				
3		성별	검정색	갈색	노란색	빨간색	Total
4		남성	370	352	198	100	1020
5		여성	359	290	110	94	853
6		Total	729	642	308	194	1873

여기서 머리색과 성별이 독립적이라는 것은 무엇을 의미할까? 검은색, 갈색, 노란색, 빨간색 머리카락을 가질 확률은 성별과 관련이 없음을 의미한다.

먼저 여성 중에 검정 머리색의 비율을 구해 보자. 총 여성의 수에서 검정 머리색을 가진 여성을 나눠준다.(=C4/$G$4) 여성의 약 36%가 검정 머리색을 가지고 있다. 이와 같은 방법으로 식을 작성한다.

성별	머리색 검정색	갈색	노란색	빨간색	Total
남성	=C4/$G$4	=D4/$G$4	=E4/$G$4	=F4/$G$4	=SUM(C10:F10)
여성	=C5/$G$5	=D5/$G$5	=E5/$G$5	=F5/$G$5	=SUM(C11:F11)
성별 머리색 비율 수식					

식을 완성하면 각 성별 비율은 모두 합쳐서 100%가 나온다.

성별	머리색 검정색	갈색	노란색	빨간색	Total
남성	0.362745098	0.3451	0.19412	0.09804	100%
여성	0.420867526	0.33998	0.12896	0.1102	100%
성별 머리색 비율					

그렇다면 이제 가설을 생각해 보자.

머리색과 성별에 대해서 귀무가설은 '머리색과 성별은 독립적이다.' 또는 '머리색과 성별은 관계가 없다.'이고, 대립 가설은 '머리색과 성별은 독립적이지 않다.' 또는 '머리색과 성별은 관계가 있다.'이다. 여성과 남성의 경우 성별에 의해 머리색이 결정되는 것이 아니라는 의미이다.

우리는 카이제곱 검정을 통해 독립적인지에 대해 알 수 있다. 관찰된 빈도가 기대되는 빈도와 의미 있게 다른지의 여부를 검증하기 위해 사용되는 검증 방법으로 데이터가 빈도로 주어졌을 때, 특히 명목 척도 자료의 분석에 이용된다. 즉, 카이제곱으로 두 가지 범주형 변수가 관련 또는 연관이 됐는지, 서로 종속되어 있는지를 알아낼 수 있다.

① 가장 먼저, 머리색과 성별이 서로 독립적이라고 가정할 때, 예상되는 사람들의 수를 구한다. 전체 인원수에 대한 성별의 머리색을 가진 사람의 수를 구하기 위해서는 다음과 같이 식을 작성한다.

[수식] = 성별*해당성별/전체인원수*머리색/전체인원수

C16: =$G$6*($G4/$G$6)*(C$6/$G$6)

	A	B	C	D	E	F	G
1							
2			머리색				
3		성별	검정색	갈색	노란색	빨간색	Total
4		남성	370	352	198	100	1020
5		여성	359	290	110	94	853
6		Total	729	642	308	194	1873

	머리색				
성별	검정색	갈색	노란색	빨간색	Total
남성	=$G$6*($G4/$G$6)*(C$6/$G$6)	식 입력 후 행으로 드래그해서 복사			0
여성					0
성별에따른 머리색 예상 인원수					

② 남성의 예상 인원수가 모두 계산되면 복사하여 여성의 예상 인원수를 계산한다.

	머리색				
성별	검정색	갈색	노란색	빨간색	Total
남성		397.00	349.62	167.73	105.65	1020
여성					0
남성 행 전체를 셀 지정한 후 드래그해서 복사					

③ 예상되는 인원수는 다음과 같다.

성별	머리색				Total
	검정색	갈색	노란색	빨간색	
남성	397.00	349.62	167.73	105.65	1020
여성	332.00	292.38	140.27	88.35	853
성별에따른 머리색 예상 인원수					

④ 두 변수가 독립적인지 알아보기 위해 먼저, 각 셀의 카이제곱 검정 통계 값을 구해보자. 검정 통계 값은 '(해당 셀의 실제 인원수−해당 셀의 예상 인원수)^2/해당 셀의 예상 인원수'로 계산한다.

[수식] C23: =(C4−C16)^2/C16

	A	B	C	D	E	F	G
1							
2			머리색				
3		성별	검정색	갈색	노란색	빨간색	Total
4		남성	370	352	198	100	1020
5		여성	359	290	110	94	853
6		Total	729	642	308	194	1873
7							
13							
14			머리색				
15		성별	검정색	갈색	노란색	빨간색	Total
16		남성	397.00	349.62	167.73	105.65	1020
17		여성	332.00	292.38	140.27	88.35	853
18		성별에따른 머리색 예상 인원수					

성별	머리색		갈색	노란색	빨간색	Total
	검정색					
남성	=(C4-C16)^2/C16		식 입력 후 행으로 드래그해서 복사			
여성						
성별에따른 머리색 예상 인원수						

성별	머리색					Total
	검정색	갈색	노란색	빨간색		
남성	1.84	0.02	5.46	0.30		
여성						
남성 행 전체를 셀 지정한 후 드래그해서 복사						

성별	머리색				Total
	검정색	갈색	노란색	빨간색	
남성	1.84	0.02	5.46	0.30	
여성	2.20	0.02	6.53	0.36	

이 카이제곱 값은 독립성이 있는 귀무가설과 일치하는지 파악하기 위해 엑셀에서는 두 가지 방법을 제공하고 있다.

1) 첫 번째 방법은 CHISQ.DIST.RT를 사용하는 것이다. 여기서 자유도는 관측된 값의 행과 열의 개수로 구할 수 있다.

자유도=(열의수-1)*(행의 수-1)

여기서는 열의 개수가 4이고, 행의 개수가 2이다. 따라서 자유도는 (4-1)*(2-1)=3이다. 이것을 CHISQ.TEST에 카이제곱 합계와 자유도를 넣으면 검정에 대한 p-값을 얻을 수 있다.

[수식] =CHISQ.DIST.RT(G25,3)

▲	A	B	C	D	E	F	G
20							
21			머리색				
22		성별	검정색	갈색	노란색	빨간색	Total
23		남성	1.84	0.02	5.46	0.30	
24		여성	2.20	0.02	6.53	0.36	
25		검정통계량					16.72

CHISQ.DIST.RT(G25,3)

P-Value 값이 0.008로 유의수준 0.05보다 작기 때문에 귀무가설은 기각된다. 즉, 성별과 선호 머리색은 독립적이지 않다는 결론을 얻을 수 있다.

2) 두 번째 방법으로는 CHISQ.TEST함수를 사용하는 것이다. CHISQ.TEST 경우 관측 빈도 수와 기대 예상 수로 쉽게 구할 수 있다.

[수식] =CHISQ.TEST(C4:F5,C16:F17)

		머리색				
성별	검정색	갈색	노란색	빨간색	Total	
남성	370	352	198	100	1020	
여성	359	290	110	94	853	
Total	729	642	308	194	1873	

		머리색				
성별	검정색	갈색	노란색	빨간색	Total	
남성	397.00	349.62	167.73	105.65	1020	
여성	332.00	292.38	140.27	88.35	853	
성별에따른 머리색 예상 인원수						

=CHISQ.TEST(C4:F5,C16:F17)

P-Value 값이 0.008로 유의수준 0.05보다 작기 때문에 귀무가설은 기각된다. 즉, 성별과 선호 머리색은 독립적이지 않다는 결론을 얻을 수 있다.

(2) 피벗 테이블로 명목 척도 변수 다루기

[실습 파일: 실습12-2.xlsx]

저녁 식사를 함께 하는 것이 가족 형태와 소득 정도에 영향을 받는지 알아본다고 하자. 가족의 형태는 대가족이거나 소가족을 의미하고, 대가족은 2명 이상의 자녀가 있고, 소가족은 아예 없거나 가족 구성원이 2명까지 있는 경우다. 소득은 높을 수도 있고 낮을 수도 있다. 이렇게 아무 숫자가 적혀있지 않은 데이터를 보고 사람들이 어떤 이유로 저녁 식사를 같이하고, 어떤 사람들이 저녁 식사를 같이하는지에 대한 것을 알 수 있을까? 이런 상황에서는 피벗 테이블이 아주 유용하게 쓰일 수 있다.

1) 피벗 테이블 생성하기

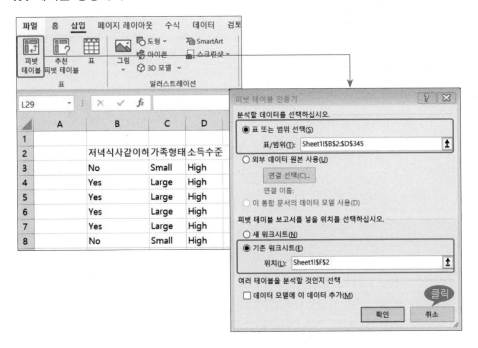

피벗 테이블에 사용할 데이터 범위는 [B2]부터 [D345]까지로 설정한다. 그리고 바로 아래 있는 기존 워크시트를 선택하고 원하는 셀 위치로 설정한다.

2) 피벗테이블 필드 설정하기

먼저, 사람들이 저녁 식사를 같이 하는지 아닌지를 알기 위해서 [저녁식사같이하는가] 변수를 열과 값에 각각 드래그하여 넣는다.

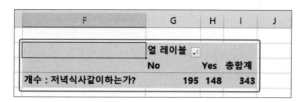

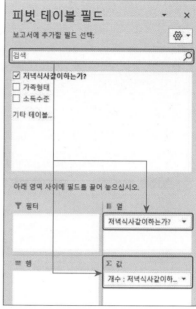

그리고 나서 인구 통계나 다른 질적 변수를 행 필드에 나열한다. 순서는 중요하지 않지만 여기서는 [가족형태] 변수 그다음 [급여] 순으로 넣는다.

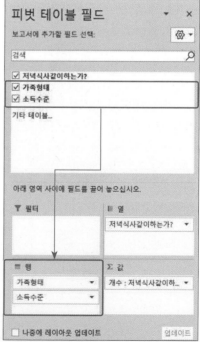

3) 그룹별 백분율 산출하기

각 그룹별로 몇 명의 사람이 있는지 산출할 수 있다. 예를 들어, 높은 급여를 가진 대가족 중에는 저녁에 식사를 같이하는 사람이 100명 있다. 각 그룹별로 백분율을 산출하게 되면 전체적인 비중을 한눈에 알아볼 수 있다. 즉 각 인구 통계 그룹별로 저녁 식사를 같이하는 경우를 백분율을 알아보는 것이다.

- 값이 들어 있는 셀에서 마우스의 오른쪽 버튼을 클릭
- 바로가기 메뉴 중 [값 필드 설정] 클릭
- [데이터 표시 형식]을 선택한 후, [행 합계 비율] 클릭

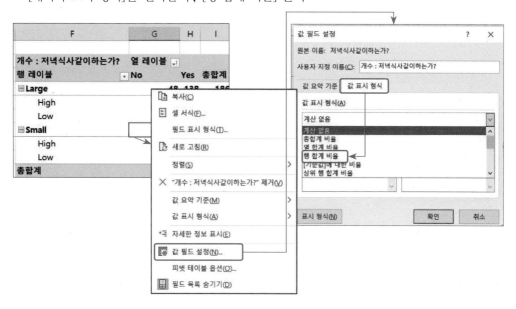

행의 방향으로 비율로 표시된 것을 확인할 수 있다.

개수 : 저녁식사같이하는가?	열 레이블		
행 레이블	No	Yes	총합계
⊟Large	25.81%	74.19%	100.00%
High	25.37%	74.63%	100.00%
Low	26.92%	73.08%	100.00%
⊟Small	93.63%	6.37%	100.00%
High	92.86%	7.14%	100.00%
Low	95.56%	4.44%	100.00%
총합계	56.85%	43.15%	100.00%

대가족의 경우 소득에 상관없이 약 70%가 저녁 식사를 같이하는 것을 알 수 있다. 소가족의 경우는 소득과 상관없이 약 6% 정도가 저녁 식사를 같이하는 것을 알 수 있다. 이것은 소득이 아닌 가족의 형태가 저녁 식사를 같이하는 것에 더 큰 영향을 주었다는 것을 의미한다.

4) 전체 그룹별 백분율 추출

전체 총합 대비 각 그룹의 비율을 파악하기 위해 총합계 비율로 나타낸다.

- 앞에서 출력된 피벗 테이블 [복사] – [붙이기]
- 추가된 피벗 테이블 안의 셀에서 마우스 오른쪽 버튼 클릭
- 바로가기 메뉴 중 [값 필드 설정] 클릭
- [데이터 표시 형식]을 선택한 후, [총합계 비율] 클릭

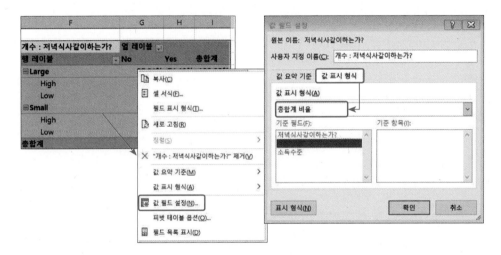

가족 형태별 소득 수준에 따른 저녁 식사 유무는 총 8개 유형으로 나타난다. 소가족 소득 수준이 낮은 유형은 저녁 식사를 함께하지 않는 비율이 가장 낮다는 것을 알 수 있다. 그룹별 비율과 마찬가지로 소득 수준과 상관없이 대가족 형태가 소가족 형태에 비해 해당 비율이 더 높은 수치인 것을 확인할 수 있다.

총합비율: 저녁식사같이하는가?	열 레이블		
행 레이블	No	Yes	총합계
⊟Large	13.99%	40.23%	54.23%
High	9.91%	29.15%	39.07%
Low	4.08%	11.08%	15.16%
⊟Small	42.86%	2.92%	45.77%
High	30.32%	2.33%	32.65%
Low	12.54%	0.58%	13.12%
총합계	56.85%	43.15%	100.00%

피벗 결과로 나온 것을 통해 대립가설로 '대가족 형태가 소가족 형태에 비해 저녁에 같이 식사하는 비율이 더 높을 것이다.'로 정하고, 귀무가설은 '가족 형태에 따라 저녁에 같이 식사를 하는 비율에는 차이가 없을 것이다.'로 정할 수 있다.

5) 효과 차이 검증하기

앞에서 가족 형태에 따라 저녁 식사를 같이 하는 것에 차이가 있다는 가설에 대한 검증을 하기 위해 관찰 빈도와 기대 빈도 값을 계산하여 활용한다.

[실습 파일: 실습12-3.xlsx]

① 기대 비율 계산

4)의 피벗 테이블에서 확인된 독립적으로 발생가능한 가족 형태별 비율 수치를 활용한다. 저녁 식사의 유무에 따른 12가지 유형별 기대되는 발생 가능 확률을 계산한 테이블을 직접 시트에 추가하여 생성한다. 발생 가능 확률은 식을 직접 입력하는 것보다 피벗 데이터를 클릭하면서 작업하는 것이 편리하다.

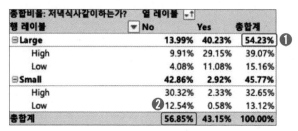

= 입력 후 ❶ 클릭 * ❷ 클릭

=GETPIVOTDATA("저녁식사같이하는가?",$F$15,"가족형태","Large")*GETPIVOTDATA("저녁식사같이하는 가?",$F$15,"저녁식사같이하는가?","No")

구분		No	Yes	합계
Large		0.30828991	0.23	0.5423
	High	0.22210134	0.17	0.3907
	Low	0.08618858	0.07	0.1516
Small		0.26022321	0.2	0.4577
	High	0.18563694	0.14	0.3265
	Low	0.07458627	0.06	0.1312
합계		0.56851312	0.43	1

② 기대 빈도 계산

①에서 추가 생성한 기대 비율에 총응답자 수를 각각 곱해 기대 비율을 기대 빈도수로 환산한 교차 테이블을 직접 시트에 추가한다.

식은 '전체 응답자 수*해당 셀'의 기대 비율이다. [G35]의 경우, 다음과 같다.

=GETPIVOTDATA("저녁식사같이하는가?",$F$43)*G26

	A	B	C	D	E	F	G	H	I
24		No	Small	High					
25		No	Small	Low		구분	No	Yes	합계
26		No	Small	Low		Large ❶	0.30828991	0.234	0.54227
27		Yes	Large	High		High	0.22210134	0.1686	0.39067
28		No	Large	High		Low	0.08618858	0.0654	0.1516
29		No	Small	High		Small	0.26022321	0.1975	0.45773
30		No	Large	Low		High	0.18563694	0.1409	0.32653
31		Yes	Large	High		Low	0.07458627	0.0566	0.1312
32		Yes	Large	High		합계	0.56851312	0.4315	1
33		Yes	Large	High					
34		Yes					No	Yes	합계
35		No		= ❶ 클릭 * ❷ 클릭			105.74344	80.257	186
36		No					76.180758	57.819	134
37		No	Small	High		Low	29.5626822	22.437	52
38		No	Small	Low		Small	89.2565598	67.743	157
39		No	Large	High		High	63.6734694	48.327	112
40		No	Large	High		Low	25.5830904	19.417	45
41		No	Small	High		합계	195	148	343
42		No	Small	Low					
43		No	Small	High		개수 : 저녁식사같이하는가?	열 레이블		
44		No	Small	High		행 레이블	No	Yes	총합계
45		No	Small	High		⊟Large	48	138	186
46		No	Large	High		High	34	100	134
47		No	Small	High		Low	14	38	52
48		Yes	Small	High		⊟Small	147	10	157
49		No	Small	High		High	104	8	112
50		Yes	Large	High		Low	43	2	45
51		Yes	Large	Low		총합계	195	148	343 ❷
52		No	Small	Low					

③ 효과 차이 검정

가족 형태에 따른 저녁 식사를 같이하는지에 대한 효과 차이를 검정한다. 가족 형태에 따른 저녁 식사 여부는 피벗 테이블의 관찰 빈도로 확인할 수 있다. 또한 기대 비율에 총 응답자 수를 각각 곱한 기대 빈도수를 확인할 수 있다. 가족 형태에 따라 저녁 식사를 같이하는지를 관찰 빈도와 기대 빈도 값을 활용해 가설검정을 한다.

이 유의확률을 구하는 식은 =CHISQ.TEST(관찰 빈도, 기대 빈도)를 사용한다.

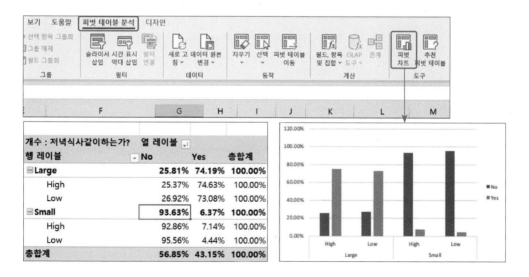

가설검정 결과 유의확률 0.00으로 유의수준인 0.05보다 작기 때문에 귀무가설은 기각되고, 대립가설을 채택할 수 있다. 소득 수준에 상관없이 가족 형태가 저녁 식사를 같이 하는데 있어서 차이가 난다는 것을 의미한다.

즉, 교차 분석 결과, 저녁 식사를 함께하는 것은 소득 수준보다는 가족의 형태가 더 중요한 요인임을 알 수 있다. (소득 수준이 가족 형태보다 덜 중요한 요인임을 알 수 있다.)

④ 시각화하기

피벗 데이터 분석에서 피벗 차트를 사용하면 데이터에서 적절한 그래프로 시각화 할 수 있다.

· [피벗 데이터 분석] – [피벗 차트] 선택

피벗 테이블의 막대그래프에서 주황색은 저녁 식사를 함께 하는 비율을 나타낸다.

이를 통해 대가족은 소득 수준이 높고 낮음에 상관없이 많은 사람이 저녁 식사를 함께한다는 것을 알 수 있다. 반대로 소가족 형태는 소득 수준이 높고 낮음에 상관없이 많은 사람들이 저녁 식사를 함께하지 않는 것을 볼 수 있다.

12.3 F-Test와 Z-Test

〈표 12-3〉 F-Test와 Z-Test

설명	F-Test와 Z-Test
각 모집단의 큰 표본 크기 (n) = 30)와 두 모집단의 표본은 독립적	z-test Two Samples for Means
최소 하나의 모집단에 대한 작은 표본 크기 (n ⟨30), 모집단은 정상, 분산은 알 수 없지만 같으며 두 모집단의 표본은 독립적	t-Test Two sample Assuming Equal Variances
최소 하나의 모집단의 작은 표본 크기 (n ⟨30), 모집단은 정상, 분산은 알 수 없지만 같지 않으며 두 모집단의 표본은 독립적	t-Test Two sample Assuming Unequal Variances
두 모집단은 정상이며 두 모집단의 관측치는 자연스러운 방식으로 쌍을 이룸	t-Test Paired Two Sample for Means

(1) F-Test

[실습 파일: 실습12-4.xlsx]

F-검정은 분산을 비교할 때 사용한다. 분산 비교를 직접 이용하는 것은 어떤 경우일까? 예를 들면 같은 수업을 온라인과 오프라인 수업으로 진행했을 때 시험 점수의 분포가 차이가 있는지 없는지를 알고 싶은 경우이다. 귀무가설은 온라인 수업의 시험 점수의 분산이 오프라인 수업 점수의 분산과 동일하다는 것이고, 대립가설은 분산이 상당히 다르다는 것이다. 이처럼 두 데이터 분산에 유의한 차이가 있는지 밝혀야 하는 상황에 사용한다. 이때, 해당 가설들에 대한 P값을 구하는 방법을 보여주는 F-TEST를 사용해서 분산의 정도를 파악할 수 있다.

[수식] =F.TEST(B3:B16,C3:C20)

F-검증을 통해서 약 22% 값을 얻었다. 유의수준 0.05보다 높은 수치를 가지기 때문에 온라인 학습과 오프라인 학습에 대한 분산 차이가 통계적으로 유의하지 않다는 것을 알 수 있다. 즉, 차이가 없다는 의미이다.

(2) Z-Test

[실습 파일: 실습12-5.xlsx]

Z-Test는 정규분포를 가정하며, 추출된 표본이 동일 모집단에 속하는지 가설검증을 하기 위해 사용한다. 이때, Z-검정은 모집단 평균과 표준 편차를 알고 있다고 가정한다. 다음과 같은 경우 Z-Test를 사용할 수 있다.

- 표본 크기가 30보가 크다.
- 데이터가 서로 독립적이다.
- 데이터가 정규 분포이다.
- 각각의 데이터는 모집단에서 동일한 확률로 선택되어야 한다.
- 비교 검정에서 샘플 크기는 가능한 같아야 한다.

여러분이 MBA 프로그램에서 취업을 안내하는 사람이라고 가정했을 때 A 전공 졸업생 또는 B 전공 졸업생의 초봉이 차이가 나는지 궁금할 것이다. 여기서 귀무가설은 A 전공 MBA의 초봉은 B 전공 MBA의 평균과 동일하다가 될 것이다. 대립가설은 초봉이 같지 않다는 것이다. 우선 전공별 평균과 분산과 인원수를 계산해 보면 다음과 같다.

A 전공 227명의 초봉 평균은 99,000달러이고, B 전공의 211명의 초봉 평균은 약 109,000달러이다. 표본 분산은 Z-Test 분석에서 입력값으로 필요하기 때문에 Var()를 사용하여 미리 계산한다. 데이터 분석 도구를 사용하여 Z-Test를 실행한다. [데이터 분석] 창에서 [Z-Test] 선택한 후 [확인] 클릭하면 [Z-Test] 입력 창에 다음과 같이 입력한다.

- 변수1: A 전공 초봉 데이터 범위($C$9:$C$235)
- 변수2: B 전공 초봉 데이티 범위($D$9:$D$219)
- 가설 평균 차이: 0
- 변수1 분산: 131.66
- 변수2 분산: 144.02
- 출력은 현재 시트의 적절한 위치: $G$19

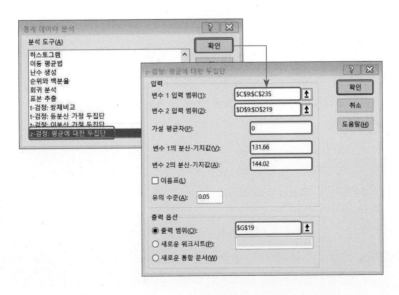

검정 결과 P-값을 얻을 수 있다. 일반적으로 P-값이 0.05보다 작거나 같으면 귀무가설을 기각하고 0.05보다 크면 귀무가설을 수락한다. P-값은 0인 것을 확인할 수 있다.

여기서 양측 검정을 했으므로 P-값은 0.05보다 모두 작기 때문에 귀무가설을 기각하게 된다.즉 A 전공자의 평균 초봉은 B 전공자의 평균 초봉과 다르다는 결론을 내릴 수 있다.

	변수 1	변수 2
평균	98.6475771	109.189573
기지의 분산	131.66	144.02
관측수	227	211
가설 평균차	0	
z 통계량	-9.3820335	
P(Z<=z) 단측 검정	0	
z 기각치 단측 검정	1.64485363	
P(Z<=z) 양측 검정	0	
z 기각치 양측 검정	1.95996398	

12.4 T-Test

T-Test란 두 집단 간의 평균의 차이가 유의미한지 검증하는 가장 보편적인 통계분석이다. T-Test는 모집단의 분산을 알지 못하는 경우 사용한다. 실제 상황에서는 모집단은 알 수 없다. 우리는 일부 추출한 표본만을 알고 있기 때문에 대부분 T-test로 검증한다. T-test는 두 집단의 분산이 같은 경우와 두 집단의 분산은 같지 않은 경우 실시하는 방법이 있다.

(1) 등분산 T-Test

[실습 파일: 실습12-6.xlsx]

온·오프라인 병행 수업에서 [SW] 수업을 받은 학생들이 점수가 있다. 온라인 강의를 수강한 학생들과 오프라인 강의를 수강한 학생들 모두 시험은 오프라인으로 실시했다. 이 데이터를 보고, 여러분이 교과목 담당자라면 '온라인 수업을 수강한 학생들의 성취도는 오프라인 수업을 수강한 학생들과 차이가 있을까?'라는 궁금증이 생길 것이다. 여기서 귀무가설은 '온라인 수업을 수강한 학생의 학업성취도와 오프라인 수업을 수강한 학생의 학업성취도는 차이가 없다.'이다. 대립가설은 '온라인 수업을 수강한 학생의 학업성취도와 오프라인 수업을 수강한 학생의 학업성취도는 차이가 있다.'가 될 것이다. 이때, 우리는 두 그룹 간에 평균 차이가 있는지 알고 싶다고 하자. 우선 두 그룹의 평균을 보면 온라인 수업에서는 약 86점, 오프라인 수업에서는 약 87점인 것을 알 수 있다.

	A	B	C
1	평균	85.92857143	87.61111111
2	평균수식	=AVERAGE(B4:B17)	=AVERAGE(C4:C21)
3		온라인	오프라인
4		87	88
5		94	96
6		86	84
7		89	82
8		74	81
9		84	85
10		85	90

가장 먼저, 동일한 분산을 알기 위해 F-TEST를 사용한다. 검정 결과 0.22가 나오는 것을 확인할 수 있다. 통계상으로 온라인과 오프라인 수업에서의 점수 분산에 큰 차이가 없음을 알 수 있다. 따라서 분산이 동일하다는 것을 가정하고 정규 모집단이 있으므로 T-Test를 사용한다.

F.Test	0.220824903
F.Test 수식	=F.TEST(B4:B17,C4:C21)

동등한 분산을 가정하고 T-Test를 한다. 데이터 분석 도구를 선택한 후, 동등분산 T-Test를 클릭한다.

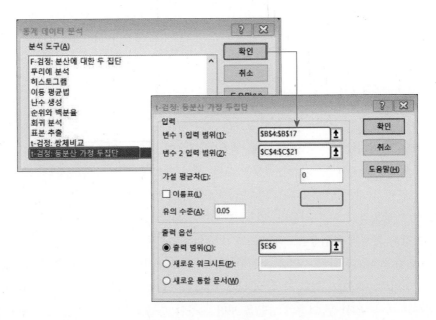

- 변수1 범위: 온라인 수강 학생들의 점수 범위 $B$4:$B$17
- 변수2 범위: 오프라인 수강 학생들의 점수 범위 $C$4:$C$21
- 가설 평균 차이: 0
- 출력은 현재 시트의 적절한 위치: $E$6

	변수 1	변수 2
평균	85.92857143	87.6111111
분산	33.91758242	18.0163399
관측수	14	18
공동(Pooled) 분산	24.90687831	
가설 평균차	0	
자유도	30	
t 통계량	-0.946086723	
P(T<=t) 단측 검정	0.175831421	
t 기각치 단측 검정	1.697260887	
P(T<=t) 양측 검정	0.351662843	
t 기각치 양측 검정	2.042272456	

계산 결과 필요한 것은 P 값이다. P 값은 양측 검정을 했기 때문에 두 군데에 나온다. 양측 검정에 대한 P 값은 단측 검정의 P 값보다 2배이기 때문에 0.35로 나온다. 유의수준이 0.05일 경우 35% 정도의 확률로 잘못된 판단을 내릴 수 있다는 의미이다. 즉, 두 집단의 차이가 없음에도 귀무가설을 기각할 확률이 35%라는 것이다. 이 결과, '온라인과 오프라인 수강을 한 학생들의 학업성취도 평균은 같다.'라고 볼 수 있다.

(2) 비동질성 분산 T-Test

[실습 파일: 실습12-7.xlsx]

체지방을 줄일 수 있는 신약이 있고, 그 약을 받았다고 하자. 약을 받은 18명의 사람들이 있고 14명의 사람들에게 비타민을 주었다. 일정 시간이 지난 후 체지방 감소를 살펴보았다. 그렇다면 신약을 처방받은 경우 비타민을 받은 사람보다 체지방의 평균 감소가 더 클까?

여기 있는 평균을 보면 서로 크게 다르다는 결론을 내릴 수 있을까? 그럼 해당 평균들을 살펴보자.

	A	B	C	D
1				
2		첨도	-0.210442346	0.059402805
3		첨도수식	=KURT(C9:C22)	=KURT(D9:D26)
4		왜도	-0.596802462	0.603755653
5		왜도수식	=SKEW(C9:C22)	=SKEW(D9:D26)
6		평균	2.137211045	9.586845833
7		평균수식	=AVERAGE(C9:C22)	=AVERAGE(D9:D26)
8			비타민	신약
9			2.907128099	10.41907
10			4.400150252	7.99349
11			5.492933538	8.61935
12			4.55906034	9.152468
13			7.550102971	8.599242
14			-2.771635457	8.922706
15			-3.853827835	9.382386
16			1.075803667	9.259688
17			3.0537916	9.446886
18			3.256406799	10.71418
19			2.996793223	11.12724
20			2.99563997	9.476701

비타민의 평균은 2.13이고, 신약의 평균은 9.58이다. 단순히 평균만 비교를 했을 때는 신약의 효과가 훨씬 큰 것으로 보인다. 이 평균값의 차이가 유의미한 값인지 판단하기 위해 T-Test를 통해 '비타민과 신약에 대한 평균 감소가 동일하다.'라는 귀무가설의 채택 여부를 판단할 필요가 있다.

제일 먼저, 표본에 대해 왜도와 첨도를 확인한 다음 분산이 동일한지를 확인해야 한다. 비타민과 신약에 대한 첨도를 확인해 보면 0에 가깝다는 것을 알 수 있다. 비타민 왜도의 경우 0에 가깝고 -1보다 작지 않다는 것을 알 수 있다. 신약 왜도의 경우 +1과 -1 사이에 있다는 것을 알 수 있다. 이로써 신약과 비타민은 정규 분포를 이룬다고 가정할 수 있다.

두 번째로 두 집단에 대한 분산의 비동질성을 판단해야 한다. 비타민과 신약의 분산은 동일한지 동일하지 않을까? 이에 대해서는 F-Test로 판단할 수 있다.

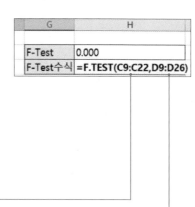

	A	B	C	D
1				
2		첨도	-0.210442346	0.059402805
3		첨도수식	=KURT(C9:C22)	=KURT(D9:D26)
4		왜도	-0.596802462	0.603755653
5		왜도수식	=SKEW(C9:C22)	=SKEW(D9:D26)
6		평균	2.137211045	9.586845833
7		평균수식	=AVERAGE(C9:C22)	=AVERAGE(D9:D26)
8			비타민	신약
9			2.907128099	10.41907
10			4.400150252	7.99349
11			5.492933538	8.61935
12			4.55906034	9.152468
13			7.550102971	8.599242
14			-2.771635457	8.922706
15			-3.853827835	9.382386
16			1.075803667	9.259688
17			3.0537916	9.446886
18			3.256406799	10.71418
19			2.996793223	11.12724
20			-2.98563997	9.476701
21			1.396865427	9.680459
22			2.843021974	8.138261
23				10.3785
24				8.954938

	G	H
F-Test	0.000
F-Test수식	=F.TEST(C9:C22,D9:D26)

P-값이 낮으면 동일하지 않은 분산을 가정할 수 있다. 약 0에 가까운 P-값을 확인할 수 있다.

P-값이 매우 작기 때문에 동일하지 않은 분산 검정을 할 수 있다.

세 번째, 비동질성을 확인했기 때문에 비동질성 T-Test을 실행한다.

- 변수1 범위: 비타민 복용 시 체지방 감소 범위($C$8:$C$22)
- 변수2 범위: 신약 복용 시 체지방 감소 범위($D$8:$D$26)
- 라벨 박스: 체크(변수 범위에 라벨을 포함했음.)
- 가설 평균 차이: 0
- 출력 범위: 적절한 위치($G$19)

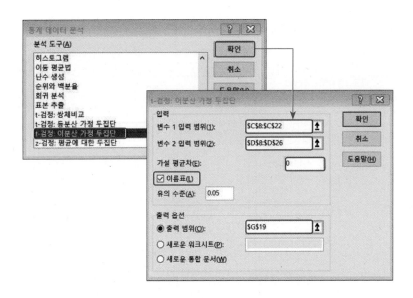

모든 P-값은 0.00으로 유의수준 0.05보다 작기 때문에 귀무가설을 기각하게 된다. 비타민의 평균은 2.13이고, 신약의 평균은 9.58이고, 체지방 감소에 있어 비타민과 신약에는 큰 차이가 있다는 것이 결론이다.

(3) 대응 두 표본 T-Test

[실습 파일: 실습12-8.xlsx]

표본 대응은 무엇을 의미할까? 다음 세 가지 예시를 살펴보자.

신약이 비타민보다 체지방을 줄이는 데 있어 더 나은지 알아본다고 가정해보자. 앞에서도 다뤘던 내용이다. 여기서 만약 10명은 비타민을 처방받고 10명의 사람들이 신약을 처방받은 사람들 사이에 차이의 효과를 알아본다고 하자. 가장 먼저 나이, 체중, 체지방과 같은 신체적 특성이 대응되는 두 사람의 10쌍을 표집한다. 그런 다음 무작위로 각 쌍에서 한 명은 비타민, 다른 한 명은 신약을 받게 한다. 여기서 각 쌍의 유일한 차이점은 처방받는 약이다.

또 다른 예시로 냉방비를 줄이는 새로운 종류의 에어컨을 검정한다고 하자. 그래서 무작위로 고른 10가구는 에어컨을 설치하고 다른 10가구는 설치하지 않는다. 제일 먼저, 지난 여름에 같은 전기세, 같은 주거 형태(아파트 또는 일반 주택 등)와 평수, 세대원 수가 같은 두 쌍의 10가구를 찾아야 한다. 그런 다음 각 가구 중에 새 에어컨을 설치할 가구와 기존 에어컨을 계속 쓸 가구를 무작위로 정한다. 여기서 전기세에 대한 각 쌍의 유일한 차이점은 무엇인가? 지난 여름 가구들이 같은 전기세와 주거 형태와 평수, 세대원 수가 나오도록 조절되었기 때문에 기존 에어컨과 새로운 에어컨이 될 것이다.

마지막 예시로 요가가 달리기의 능력을 향상시키는지를 검정한다고 하자. 즉 매일 요가를 하고 달리기를 하면 더 빨리 달릴 수 있을까? 요가를 할 15명의 달리기 선수와 요가를 하지 않을 15명의 수영 선수를 선발한다. 제일 먼저, 경기에서 같은 기록을 지닌 달리기 선수 2명의 15쌍을 고른다. 그런 다음 선수 중에서 요가를 할 선수와 요가를 하지 않을 선수를 무작위로 정한다. 여기서 달리기에 대한 각 쌍의 유일한 차이점은 무엇인가? 달리기 기록이 같기 때문에 요가를 했는지 여부가 될 것이다.

대응 표본 T-Test의 예시로 에어컨 예시를 중점으로 살펴보자. 새 에어컨을 사용하면 기존 에어컨보다 전기세를 아낄 수 있는지 검정해 보자. 두 집의 10쌍을 예시로 보면 각 쌍에서 집은 평수가 같고, 같은 설계로 지어졌다. 또한 작년의 전기세가 동일하다. 새 에어컨을 사용할 가구와 기존 에어컨을 사용할 가구를 무작위로 정한다. 전기세에서 나타난 변화를 살펴보자.

1번째에 있는 −34는 기존 에어컨을 설치한 가구의 전기세를 34,000원 절감했다는 의미이다.

1번째에 있는 23은 새 에어컨을 사용하는 집의 전기세가 23,000원 올랐다는 뜻이다.

	A	B	C	D	E
1					
2			평균	-2.9	-14.3
3			평균수식	=AVERAGE(D5:D14)	=AVERAGE(E5:E14)
4			관찰변수	기존에어컨	새로운에어컨
5			1	-34	23
6			2	6	16
7			3	31	-28
8			4	10	29
9			5	-2	30
10			6	-12	-72
11			7	49	-46
12			8	-15	-55
13			9	-45	21
14			10	-17	-61

평균을 보면 기존 에어컨을 설치한 가구의 전기세가 2,900원 감소했고, 새로운 에어컨의 가구의 전기세는 14,300원 감소가 된 것으로 나온다. 이것은 새 에어컨의 설치가 전기세를 감소시켰다는 뜻일까? 이를 확실히 알기 위해서 데이터 분석을 해 봐야 한다.

• 변수1 범위: 기존 에어컨 가구($D$4:$D$14)
• 변수2 범위: 새 에어컨 설치 가구($E$4:$E$14)
• 가설 평균 차이: 0

- 라벨: 체크
- 출력 범위: 같은 시트 내 적절한 위치($H$12)

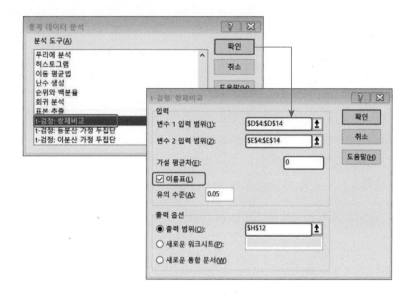

P 값은 양측 검정의 경우 0.53으로 유의수준 0.05보다 크기 때문에 귀무가설을 수락한다.

여기서 결론은 무엇일까? 기존 에어컨과 새 에어컨이 있는 집 10채 사이에서 여러 가지의 선기 세 변산을 고려해 볼 때 11달러의 평균 차이는 유의미하지 않다.

	기존에어컨	새로운에어컨
평균	-2.9	-14.3
분산	806.32222	1750.2333
관측수	10	10
피어슨 상관 계수	-0.2068623	
가설 평균차	0	
자유도	9	
t 통계량	0.6529715	
P(T<=t) 단측 검정	0.2650497	
t 기각치 단측 검정	1.8331129	
P(T<=t) 양측 검정	0.5300994	
t 기각치 양측 검정	2.2621572	

1. 피봇 차트와 피봇 테이블을 만들어서 병원에서 죽거나 사는 환자의 비율을 나타내시오. [실습 파일: 연습12-1.xlsx]

   1) 피봇 차트와 피봇 테이블을 만들어서 병원에서 고위험군으로 분류되지 않은 환자가 사망한 비율을 나타내시오.

   2) 고위험군 환자가 사망하는 경우가 가장 적은 병원은 어디인가?

   3) 고위험군이 아닌 환자가 사망하는 경우가 가장 적은 병원은 어디인가?

   4) 위험군과 상관없이 사망률이 가장 적은 병원은 어디인가?

2. 가솔린과 에탄올을 사용하는 자동차 20대에 대해 수집한 연비이다. $\alpha=0.01$일 때, 에탄올이나 가솔린의 연비에는 상당한 차이가 있는가? 아니면 그렇지 않은가? [실습 파일: 연습12-2.xlsx]
   - 귀무가설: 에탄올과 가솔린의 연비에 대한 차이는 없다.
   - 대립가설: 에탄올과 가솔린의 연비에 대한 차이가 있다.

Nomal	ECO
18	29
21	29
20	31
21	30
16	26
18	26
18	27
18	26

16	25
20	28
19	27
15	25
17	25
17	25
15	25
15	24
17	25
16	23
16	26
15	23

① F-Test로 분산의 동질성 검증하기

② T-Test를 통해 P-Value 값 구하기

③ P-Value 값으로 귀무가설의 채택 여부 결정하기

3. 성별에 따라 선호하는 음악 종류를 수집한 데이터 결과이다. 성별과 선호하는 음악 종류는 독립적인가? 아니면 그렇지 않은가? [실습 파일: 연습12-3.xlsx]

- 귀무가설: 성별에 따른 선호 음악은 독립적이다.
- 대립가설: 성별에 따른 선호하는 음악은 종속적이다.

	랩	포크	헤비메탈	합계
남성	200	50	200	450
여성	165	43	160	368
합계	365	93	360	

① 기대 인원수 구하기

② 카이제곱을 구하기

③ P-Value 값으로 귀무가설의 채택 여부 결정하기

4. 하나의 과목이 3개의 반에서 진행하였다. 각 반의 합격과 불합격의 인원수는 다음과 같다. 반에 따라 합격 여부가 관련이 있는가? [실습 파일: 연습12-4.xlsx]

- 귀무가설: 반과 합격 여부는 독립적이다.
- 대립가설: 반에 따라 합격 여부가 종속적이다.

	합격	불합격	rowtotal
A	180	10	
B	100	5	
C	95	10	
column total			

① 기대 인원수 구하기
② 카이제곱을 구하기
③ P-Value 값으로 귀무가설의 채택 여부 결정하기

찾아보기

저자 소개

장은실(Jang Eunsill) | esjang@joongbu.ac.kr
2001년 동국대학교 교과교육학과 컴퓨터교육 전공 (교육학석사)
2007년 동국대학교 일반대학원 컴퓨터공학과 (공학박사)
2008년~2011년 동국대학교 산업기술연구원 전임연구원
2016년~2018년 ㈜명리 개발지원팀 이사
2018년~2020년 성균관대학교 소프트웨어대학 초빙교수
2020년~2021년 한양대학교 소프트웨어학부 SW교육전담교수
2021년~현재 중부대학교 학생성장교양학부 조교수
관심분야 : SW교육, SW융합교육, 프로그래밍교육, 컴퓨팅기반문제해결, 인공지능교육, etc.

오경선(Oh KyungSun) | skyal@konkuk.ac.kr
2002년 상명대학교 교과교육학과 정보 · 컴퓨터교육 전공 (교육학석사)
2016년 성균관대학교 일반대학원 교과교육학과 컴퓨터교육 전공 (교육학박사)
2017년~2019년 단국대학교 SW중심대학사업단 강의전담조교수
2019년~현재 건국대학교 상허교양대학 조교수
관심 분야: SW교육, 컴퓨터교과교육, 컴퓨팅사고, 프로그래밍교육, 인공지능교육, etc.

양숙희(Yang Sukhee) | ysh8460@skku.edu
2002년 동국대학교 교과교육학과 컴퓨터교육 전공 (교육학석사)
2016년 동국대학교 경영대학원 경영정보 (경영학박사)
2003년~현재 신구대 겸임교수, 대학교(건국대, 경기대, 단국대, 이화여대) 외래교수
2012년~현재 연소프트 기술지원 팀장
2018년~현재 성균관대학교 소프트웨어대학 겸임교수
관심 분야: SW교육, SW융합교육, 컴퓨팅사고, 프로그래밍교육, 인공지능교육, etc.